科學化
跑步功率訓練

徹底了解功率計關鍵數據
規劃最佳訓練及恢復期，突破自我極限

RUN WITH
POWER
THE COMPLETE GUIDE TO
POWER METERS FOR RUNNING

頂尖國家級教練
吉姆·萬斯 Jim Vance [著]

張芷盈 [譯]

歡迎來到未來

　　跑步這項運動已經邁入革命性的新時代。訓練跑步的科學與藝術，至今已發展成前所未見的緊密關係。隨著跑步功率計的出現，我們現在可以直接客觀測量運動員的表現，更能精確地持續監測。不僅能在長時間訓練中，測量跑者的功率表現，就算是競賽過程中，也能進行監測。如此一來，就能根據每項賽事特殊的需求及跑者個人的優勢，進行事前規劃。跑步功率計是有史以來，分析跑姿、體適能和跑者潛力最強大的工具。若能正確使用，功率計可以幫助你跑得更快、更好。

　　我接下來要說的，你可能覺得已經聽過，就某方面而言，也的確如此。心率監測器剛問世時，有一陣子很多人根本不會想去學怎麼使用這項新科技。但現在如果你只用心率監測器，或只用碼錶，就會被認為過時了，因為你沒有搭配使用 GPS。GPS 的出現非常關鍵，至今仍是相當實用的訓練工具。然而，一旦你知道功率計的所有功能，就會發現 GPS 其實只是隔靴搔癢。對那些目標設得很高的跑者來說，GPS 更是不足以滿足其需求。

未來趨勢是什麼？

　　兩小時內跑完馬拉松，是現今跑步領域眾人亟欲打破的一個障礙，這就如同 1954 年當時，羅傑‧班尼斯特（Roger Bannister）成功在四分鐘內跑完一英里的創舉。現在大家對於是否能在兩小時內跑完馬拉松，也有同樣的質疑，很多人都不認為人類可以跑得那麼快。無數的文章、刊物、論壇都討論

和爭辯過這項挑戰。不管是能否打破這項障礙、何時會打破（如果真能打破的話）、運動員要如何突破這個目標、賽道條件等種種討論，許多頂尖跑者與專家對此都看法分歧。

多年來，大家都覺得不太可能可以在一小時內完成半馬。但這個障礙卻在 1993 年首次被打破，到了 2011 年，更被打破超過了 150 次。

回顧 1990 年代中期，長跑界出現了一群來自東非的年輕人，他們出現後便不斷重寫 5,000 和 10,000 公尺的紀錄。薩伊德‧亞伊塔（Saïd Aouita）在 1987 年以低於 13 分的時間跑完 5,000 公尺，我們一開始還好奇，除了薩伊德‧亞伊塔之外，是否還有人能夠突破這項紀錄，到了 2011 年，此項賽事中已有超過 250 次跑進 13 分的紀錄。我下筆的此時（編注：本書英文版的出版時間為 2016 年），現有紀錄保持在 12:37，將近是四分鐘跑一英里的速度了。媽呀，沒想到男子一英里的紀錄已經變成 3:43，平均每圈比班尼斯特的紀錄還要快四秒鐘！女子一英里世界紀錄則保持在 4:12。是否有女性跑者一英里能跑進四分鐘呢？我覺得很快就會有人破紀錄了。

有人可能會覺得我過度樂觀，但我相信很快就有人可以打破兩小時內完賽馬拉松的紀錄，可能最慢在 2028 年的奧運就會出現。而這只是開始而已。2028 年聽起來的確好像還很久，但對很多人來說，1990 年代那一波又一波創下的紀錄，也好像昨日才發生一般歷歷在目。

覺得特定成就不可能實現，或是難以在我們有生之年達成，會抱持這種

態度的人，他們的問題在於只看結果，而不是逐步達成目標的過程。我身為一名專業教練，我相信隨著訓練的過程改進，這些成就也就不遠了。

　　做為一名教練，我很熱衷鑽研數據和科技訓練工具。在自行車的領域，功率計大幅改善了訓練與運動員的表現。游泳方面，從測力板（force plates）和循環泳池（swim flumes）的重要研究、用於泳姿分析的錄影科技，到大膽且富有見識的教練所開創的週期模型（periodization models）和訓練計畫，這些發展都幫助了游泳這個領域的訓練。許多耐力運動的訓練過程和產出表現都隨著科技演進而改善。但在跑步界，卻鮮少使用或鼓勵使用科技工具。不過，這樣的狀況已經改變。

跑步的未來發展會如何？

　　一直以來，跑步訓練缺少了持續測量產出表現的方法，包括在整個賽季、比賽過程，以及不同地勢、賽道高度、天氣狀況下等的持續測量。現在，這項工具不僅出現了，而且還十分簡單，讓人難以相信這項產品竟然拖了這麼久才問世。不過我相信，突破兩小時內完成馬拉松的障礙會是新的開始。從馬拉松到 100 公尺賽跑，所有的世界紀錄都將被刷新。其實，隨著功率計開始能運用在其他運動項目後，不管是跳遠、跳高、撐竿跳，到各類擲部項目（編注：「田賽」分為擲部和跳部，擲部為標槍、鐵餅、鉛球、鏈球等；跳部則為跳高、撐竿跳、跳遠、三級跳遠等），所有的紀錄都將被打破。

這都將歸功於功率計這項簡單的工具，現在，你也可以使用功率計來幫助你跑步。有了功率計，你可以在實際跑步的過程中，直接測量你的表現，而不是間接透過記錄時間或其他跑步後的指標進行測量。有了功率計，我們將可以獲得前所未有的龐大數據，使用從未想過或以為根本不存在的指標與測量方式，這些資訊將開啟另一扇新的大門，幫助我們進一步達成更卓越的表現。

　　新科技可能很嚇人，一定也會有人拒絕使用功率計。他們會說自己對於現有方法已經很滿意。但我敢保證，如果你願意嘗試學習使用功率計進行訓練，你將會跑得更快、成為更聰明的跑者，因為功率數據可以改善你的訓練課表。一開始排山倒海而來的數據、提供給教練和運動員的回饋，這些資訊可能會令人一時難以負荷，但若能好好研究，善用獲得的資訊讓自己變得更強，將能讓你進一步領先群倫。一旦最頂尖的運動員開始與最優秀的教練合作，而這些教練也知道如何運用新的科技與數據規劃訓練的進度、改善運動員的弱點，將會帶來下一波的革新發展，隨之而來的表現也絕對會讓人瞠目結舌。如果你不相信我，可以回頭看看跑步和訓練的歷史進程，一切都有跡可證，因為歷史會重複。未來，已經到來。

5 用功率達到效率 89

6 功率區間 121

7 規劃你的訓練課表 141

CONTENTS

1

為什麼要使用
跑步功率計？

你是否設定了很高的目標呢？你是否試著想達到某項賽事的資格，或是在比賽中名列前茅？或者你只是單純地想跑得比之前更快一點。不管你對自我的期許如何，一旦你訂下更高的目標、想變得更強，就必須投入更多，才能邁進下一個階段。而隨著目標變得更具挑戰性，你在訓練過程中和實際表現的誤差範圍也會縮小。你的競爭對手中，有很多都跟你一樣厲害，有些甚至更強。因此，能正確訓練變得更加關鍵。

訓練會對身體造成壓力。這是理所當然，因為「體適能」其實就是身體能夠忍受某種程度壓力的能力。跑得愈快，身體承受的壓力就愈大，以達成一定程度的體適能。但在跑步訓練的歷史中，我們測量這個壓力的能力一直都很有限。

要追蹤跑步的量很容易，只需要簡單一本訓練日記就能記錄每天訓練的時間和程度。但這種測量身體承受壓力的方式，並不太精確。

運動強度是達成體適能的真正關鍵，但通常我們測量強度的方式，都是主觀的評量方式，例如，運動自覺量表（scale of perceived exertion）。過去我們會用心率（heart rate，HR）來推論強度，但這並不準。除了因為心率不是直接測量跑步的強度，還會受到飲食、溫度、壓力等與訓練無關的因素影響。

 **有了功率計，你可以控制自己的訓練和比賽，全面改善你的跑步生涯。**

乍看之下，配速（編注：pace，一種計算速度的單位，指跑完每公里所需要的時間，是最基本也是最重要的跑步強度表示法。詳見第 20、49 頁）可能和跑量看起來一樣直截了當，但其實很難量化；不同的地形與高度，對配速會造成很大的影響。有風、熱或冷的環境都會影響配速，進一步增加了量

化強度的挑戰。

這些工具可以幫助我們片段了解體適能的狀況，但沒有一個能夠以客觀且持續精確的方式監測訓練的強度。可是如果我們用錯誤的方式測量壓力，訓練就會受到影響。我們會因此更容易受傷。可能會因為復原時間不足而受到影響。測量到的強度可能是錯的。以上任一種狀況都可能會破壞訓練規劃。

我們需要的，顯然是一種更好的方法，可以測量每日訓練造成的壓力。這恰恰就是跑步功率計能提供的功能，這也是為什麼跑步功率計或許可以對你的跑步訓練帶來革命性的變化。

功率計可以協助你測量跑步的表現與訓練的壓力，達到前所未有的精確程度，幫助你控制訓練與比賽的狀況，全面改善你的跑步生涯。你不用再毫無頭緒地猜想自己是否達到了訓練規劃中設定的強度、復原、配速、跑量等目標。那些關於訓練的疑惑都將就此消散，現在你可以全面監測跑步過程中各種變化與進步的狀況。

為什麼要用功率監測？

如果你是鐵人三項運動員、自行車選手或這兩種專業運動其中一種的粉絲，你大概早就非常熟悉自行車領域常使用的功率計。功率計革新了自行車世界的訓練與比賽，超越了所有其他的訓練工具，因為功率計可以正確、持續監測整體的體適能，而且也沒有心率、速度、運動自覺強度等測量方式的缺點。自行車功率計的優點實在太多了，在自行車和鐵人三項競賽中的誤差範圍又非常小。若忽略功率計所能提供的資訊和優點，就像是比賽還沒開始就將勝利拱手讓人。

近來在跑步的世界中，可以看到 GPS 裝備不僅愈來愈受歡迎，體積也變得愈來愈小。就如同自行車的領域一樣，這股趨勢顯示，跑步界也開始擁抱

新科技及其帶來的好處。

GPS 裝備固然有用，但和功率計擺在一起，GPS 能帶來的功效便相形見絀。用科技的演變來比喻，就像是打字機和電腦的差別。在跑步世界的科技演變中，碼錶大概就等同於打字機，光就本身的功能來說，還蠻不錯的，但能運用的範圍卻十分受限。發展到心率器時，彷彿又打開了一扇大門，但現在回顧，其實也就不過像是從打字機，進階到笨重且速度緩慢的老式桌上型電腦。現今的 GPS 腕錶就像是第一代的掀蓋式手機。可攜式跑步功率計則是下一步，有如筆記型電腦、平板電腦、智慧型手機一次集大成之作。如果你覺得有桌機就足夠完成很多事情，那再搭配上筆電、平板電腦、智慧型手機，相信在許多方面都能變得更加有效率。這就是功率計對於競賽跑步的訓練和比賽，所能帶來的貢獻。

我相信你一定在想，這項科技產品到底為何如此厲害。以下，是跑步功率計有助訓練與表現的幾個面向：

明確

運動訓練的一個核心原則就是「明確」。簡單來說，如果要把某項工作做得更好，一定要針對這項工作進行練習和訓練。例如，在非賽季期間進行越野滑雪，當然對跑步有幫助，但絕不能期望，單靠練習越野滑雪就能成為卓越的跑者。反之亦然，單單只是把所有時間都花在練習跑步上，也不可能成為優秀的越野滑雪運動員。

功率計能幫助我們了解，特定的訓練如何改善我們的體適能。更重要的是，如果你正準備參加某項賽事，功率計能協助你針對特定需求進行準備。如果你準備要參加山路（hilly course），或是配速上需要突然大幅增加好幾次的比賽（亦即輸出的功率），你可以利用功率計進行準備，以極為精確的方

式測量衝刺或爬坡時進步的狀況。

一旦你知道自己要準備哪些部分，功率計能幫助你針對賽事做更好的規劃及策略擬定，讓你在比賽當天發揮最大潛力。

技術進步

想像你在跑法上做了小小的調整，然後在功率表現上看到明顯的改變（不管是變好或變壞）。功率計能協助你了解自己的跑步技術中，哪些面向要再加強，哪些可以改進或甚至淘汰。當你在學習或嘗試某項新的技術時，這樣的資訊特別有幫助。在比賽到了後段時，開始疲累或需要專注在衝刺時，這也是非常寶貴的資訊。功率計可以監測你的配速和功率，正確告訴你還有哪些武器尚未完全發揮。

客觀測量體適能

體適能看起來好像很容易測量——看你能跑得多快就知道了。但不是所有的賽道都是一樣的，環境條件也會不斷改變。如果你全程都逆風跑，怎麼辦？或者一直順風跑？配速當然是分析訓練一個很好的工具，但若能結合功率與配速，更能有效測量訓練的狀況與體適能。再加上心率，你就會有更客觀的數據可以運用。

你可以從這些變項知道關於體適能的狀況，例如，快要面臨卡關的高原期，訓練可能需要進行調整。若能避免在高原期卡關，同時還能持續進步，你的自信心將會因此提升，你的表現當然也可能提升，這樣就能幫助你準備得更好，持續邁向設定的目標。

受傷的時候，也可以利用這些測量方式，了解你的體適能掉了多少。或更好的是，能讓你知道你的體適能其實只掉了一些，藉此提振你的信心。

在某些情況中，功率計蒐集到的資訊甚至可以告訴你，之前你以為已經復原的傷勢是不是其實還在困擾著你（或者，更有可能的是你其實是故意忽略傷勢），藉此避免更糟的狀況發生。一旦你開始用功率測量體適能，你對自己的跑步技術將會產生前所未有的全新看法。

量化訓練壓力

有了功率數據，我們不僅能得到客觀的體適能測量結果，根據運動的強度，也可以更準確測量出運動員在當時體適能的狀態下，所承受的訓練壓力和疲勞。在第 8 章，我們會定義「訓練壓力分數」（Training Stress Score，TSS），這是量化跑者跑量的重要計算方式，也能確保訓練達到正確的壓力和恢復。就這點來說，功率數據也比配速更能預測疲勞和訓練壓力。

恢復得更好

如果沒有適當恢復，那訓練時，其實就不是在訓練；你只是在折磨自己而已。你可能知道「訓練 = 壓力 + 休息」（Training = Stress + Rest）這個公式。不過壓力要多大才夠？多大是太大？多久需要休息一下？一段密集的訓練週期後，要花多久時間恢復？

密集訓練後要多久才能恢復，相當因人而異。如果你只是因為訓練團體裡的其他人都在休息，而決定放自己一天假，或自己猜測自己需要多長時間恢復，你可能會因此錯失進步的機會。相反的，如果你能根據功率計數據，知道自己需要恢復的正確時間，將有助於訓練。訓練得更好，表現也會因此更好。

精準減量

　　減量訓練和成效，因運動員而異，差異可能非常大。有些運動員覺得自己根本就不應該減量，有些試著想知道到底要花多少時間減量，還有一些則在摸索自己該從事哪類型的減量訓練。有了功率計測量出的訓練壓力與疲勞數據，你可以將減量訓練規劃得更好，將目標化為確切設定的數字。經過精準的減量訓練，當你站在起跑點的那一刻，你會知道自己已經準備好了。

有效暖身

　　成功的跑者，很少會起跑前不暖身，不過暖身的程度則因人而異，差異很大。比賽前，除非絕對必要，否則不該浪費太多力氣。有了功率表的數據，我們可以設定確切的強度和生理狀態，藉由高品質的暖身，幫助你為比賽做好準備。

功率體重比

　　隨著功率計出現在自行車界，對於運動員表現與潛力的一個重要測量方式，就是計算自行車手的功率除以其體重，計算方式是瓦特除以公斤（w/kg），一旦有選手達到特定門檻，就意味著這位自行車手將能展現絕佳表現。跑步功率計也能進行同樣的計算。你將身體輸出的瓦特轉換成速度的能力，和自身質量有很大的關係，我們在第 5 章會討論。如果你想在三小時內完成馬拉松，那達到特定的功率體重比應該會是很有效的指標，你可以根據這個指標設計訓練與飲食。

每瓦特產生速度

我們或許可以說，這本書中最重要的概念，同時也是功率計最大的優勢，就是能幫助你了解身體產出的瓦特如何轉換成速度。過去，你無法如此深入了解個人跑步的狀況，但這儼然已經是過去式。

週期模型的客觀回饋

賽季進入尾聲時，你從功率計累積的數據將非常寶貴，能用來評估你的訓練計畫進行得如何，以及接下來又該如何繼續進行訓練。過去一年來，訓練的狀況如何？是否有哪一項訓練對你特別有幫助？哪項訓練對你比較沒有成效？是不是在某個時刻開始退步，表現開始變差？做為一名運動員，能看到這些面向，能幫助你更了解自己，你的功率計數據也能呈現你在賽季中的表現起落，這是其他工具所難以企及的。

配速

你的體適能若夠強，比賽時便能承受一定程度的誤差表現，就算是配速出了差錯。如果你的配速出了問題，只要你體能夠好，就能將失誤減到最低。但如果再加上激烈的競賽、極具挑戰的賽道、艱困的外在環境等種種因素影響，你可能就沒有辦法克服因配速出錯造成的失誤。所以配速是得勝所必備的關鍵技巧，尤其當你為自己設定了很高的目標。

功率計能幫助你設定並保持正確的配速，就算是在要維持正確節奏都相當困難的賽道，也能做到。例如，假設你要為山路路跑賽事進行準備，這類賽道的選手需要具備絕佳配速，功率計可以幫助你算出在整段賽程中，不同地形所需保持的正確配速。

功率計對配速還有另一個功用——很多跑者將配速做為調節器；他們在比賽過程中，利用配速控制自己的速度，確保自己不會才剛開始比賽就跑得太快，或是比賽進入中段就跑得太過忘我。不過有時候若能減量，休息得當，反而可以跑得比原先預期的更快；在這種情況中，將自己控制在預先設定好的速度上，可能會讓跑者無法完全發揮。功率計提供跑步狀況的客觀評估，就算是在比賽過程中，也能幫助你決定當下狀態是否適合加速衝刺。

使用心率與功率訓練

如果你在訓練和比賽時，已經使用了心率監測器，可能會疑惑為何還需要功率計。主要是因為參考心率總是慢半拍。功率反應即時的精確狀況，呈現的永遠是你當時正在從事活動的狀況，心率則像是後照鏡——心率呈現的是已經發生過的事情。如果你突然加快配速，開始衝刺，肌肉需要的氧氣增加，但心臟要花一點時間才能回應（血流量提升）。你的功率輸出增加，花的力氣更多，但心率卻還在反應前一拍。從快速的配速減慢時，也是同樣的道理：你的速度和功率輸出減少，但心跳要到身體重新平衡之後，才會減慢。

然而，這並不是代表訓練及比賽紀錄的心率數據毫無價值。需要和其他表現指標擺在一起進行比較，在分析時才會有價值。當我們將心率數據和配速、功率等實際表現輸出比較，會有很大的不同。我們可以開始測量經濟性和效率，這兩個重要的訓練概念能大幅改善你的訓練成果。簡單來說，經濟性是測量用氧量——每毫升的氧氣能讓你跑多少公尺。效率則是測量你所輸出的瓦特可以帶給你多少速度。之後幾章會再討論這些概念。現在你只要記得，如果你本來就有參考心率，功率計可以再大幅提升這些數據對你的價值。

功率訓練VS自我感覺訓練

我發現很多自行車手和鐵人三項運動員都有一個錯誤觀念（我相信有些跑者也是），他們以為使用並分析功率計的數據，就代表不能再透過自我感覺進行訓練，或是只能運用功率計上的數字訓練和比賽。我不知道這樣的誤解到底從何而來；可能是因為有些人覺得用了功率計思考規劃後，就不能有任何偏離。但功率計並不會思考，這項工具設計的初衷也不是為了要扼殺訓練過程中的創新表現。相反的，功率計的設計其實正是要激發訓練過程中更多的創新。

最優秀的教練和運動員能夠創新，並設計訓練課表及週期規劃，每天固定達成個人訓練上的需求，就優點和弱點持續練習改進。有時候，當運動員覺得自己狀態不錯，甚至可以再加強訓練的強度，但有時候練習的內容明明就跟前一天差不多，卻怎麼也練不順。

能夠察覺疲勞、傾聽身體狀況再善加調整訓練，這樣的能力，需要教練和跑者的細心觀察，唯有如此，才能發揮出跑者的所有潛力。功率計就有這樣的功能，這是因為功率計的功能不是配速（時間、距離、步頻）；功率計監測的是功率以及實際輸出的做功。

如果你採用自我訓練的方式，有一個很大的挑戰，就是沒有客觀的專家在一旁，在你做決定時，協助你撇除所有情緒的因素。功率計恰恰可以補足這樣的功能，功率計提供實際數據，讓你可以評估訓練的狀況，為之後的訓練規劃做出最聰明的決定。

當然，這世界上沒有什麼是最完美的，功率計也是如此。有些功率計可以將風向、風速納入考量，有些不行。有些可以把你穿的鞋子類型、跑步的地形都列入參考，但有些功率計就做不到。

　　功率計不能告訴你，你的腳感覺如何，或你的思緒已飄到哪裡，也不能在比賽途中告訴你何時要採取下一步。但功率計可以幫助你瞭解你自身的強項與弱點，補足你的直覺與個人能力不足之處，讓身體做好準備。不管是在訓練或比賽中，功率計都能告訴你何時可以再加強，哪些時候該控制速度，也能告訴你該加強的程度。最重要的是，功率計可以讓你跑得更快、體適能變得更好，達到個人前所未有的絕佳狀態。

　　這本書將幫助你深入瞭解目前功率計科技的狀況，以及可以如何運用這項工具。本書是此領域第一本相關書籍，我也不怕告訴各位，未來關於功率計還有很多可以研究。但我敢肯定，功率計現在就能幫助你改善訓練與體適能。我也有信心這本書提供了正確的資訊，能讓你開始有效地使用功率計。在接下來幾章，會定義功率的概念，以及如何在日常訓練與比賽時運用功率測量你的跑步狀況。現在，就讓我們一起探索如何跑得更好。

2

定義跑步功率

讀完第 1 章，對於功率計能如何幫助訓練，希望你已經有基本的概念，也希望你會期待開始用功率計來進行訓練。當然，如果你不熟悉功率的概念，你可能會好奇功率到底是什麼？為什麼可以提供我們這麼多資訊？一開始，先回答以上這些問題。

功率是什麼？

簡單來說，功率（power）就是做功的速率——測量你用多快的速率，做了多少功。你從訓練過程中，本來就大概能感覺出功率是什麼；比如說，你知道在一定距離內跑得愈快，為了產出這樣速度的功率輸出一定就更大。

功（work）則是測量你實際的產出。跑步時，你要做的功就是將身體向前移動。移動需要在地面施加作用力。我們透過雙腿、腳踝、雙腳施加作用力，然後再藉由彈回的反作用力幫助我們離開地面。我們感覺不到這股彈回來的力，但這個作用力確實存在；牛頓第三運動定律（Newton's Third Law of Motion）中的作用力（施加的力）與反作用力（加速向前），提到每個作用力都會產生同樣大小但相反的反作用力。我們之所以能夠移動，靠的就是作用力與反作用力。施加的力愈大、移動的距離愈長，就代表你所做的功愈大。

我們可以用一個簡單的等式定義功，以 W 代表功，F 是作用力，D 是距離。

功 = 作用力 × 距離（W= F × D）

也就是說，「功」等於「作用力」乘以「距離」。

如前面講到的，功率就是做功的效率。簡而言之，我們可以用另一個等式來定義功率，P 是功率，T 是時間：

功率 = 功／時間（P = W/T）

功率等於「做功」除以「時間」。這就是功率的基本定義。這個簡潔的等式告訴我們，你在跑步時做的功，除以跑步花費的時間，就是你所輸出的功率。

但問題是，我們在進行跑步訓練時，這道等式對我們不是很有幫助。畢竟提到跑步時，我們採用的一個重要指標是速度（velocity），我們想知道自己到底跑得有多快。跑步時，我們通常會結合速度和步頻（cadence），步頻就是腳步移動的速度。跑完之後，我們會用跑步經歷的時間來分析速度——剛剛那段跑步，花了多少時間？

速度的測量很簡單，就是用距離除以時間，而距離和時間是我們平常訓練最重要的兩個測量方式。那要怎麼加入速度這項指標？還好，不是太難。首先，可以先將功率的等式拆開，插入前面討論過的功的等式：

功率 =（作用力 × 距離）／時間（P = (F × D)/T）

意思就是說，「功率」等於「作用力」乘以「距離」，再除以「時間」。把距離再拉回來討論，現在我們有了可以定義速度的要素。你可能還記得以前在學校做應用題時碰過，距離等於速度乘以用該速度所移動的時間，或者寫成：

距離 = 速度 × 時間（D = V × T）

現在運用基本代數，把距離的等式帶入功率的等式。先前功率的等式「功

率＝（作用力 × 距離）／時間」（P = (F × D)/T）就變成：

功率＝〔作用力 ×（速度 × 時間）〕／時間（P = [F × (V × T)]/T）

因為分子和分母都有時間（T），可以相互抵消，結果就留下：

功率＝〔作用力 ×（速度）〕（P = [F × (V)]）

或再簡化成：

功率＝作用力 × 速度（P = F × V）

「功率」等於「作用力」乘以「速度」。這就是我們想得到的結果。也就是說，功率等於你做的功乘以你做功當下產生的速度。在跑步的時候，代表你的功率輸出等於你施加在地面的力，乘以你施加這個作用力當時的速度，也就是步頻。

整體來說，如果你能長時間都保持很高的功率，就代表你的體適能很不錯。在地面施加大量的作用力，還能在一段長時間中，以高步頻快速重複這樣的動作，這應該就是你在訓練中想要達到的目標。若能客觀且穩定地測量功率輸出，將能提供明確的指標，幫助你瞭解自己的訓練是否成功達成目標，變成更快、更強的跑者。

在功率計上，你的功率輸出以瓦特（watts）顯示，這是全世界最常使用的功率單位。一瓦特等於 1/746 馬力（horsepower），這個數字其實對跑步來說，沒有什麼意義。就我們使用的目的來說，可以把瓦特當做一個抽象的單

位，幫助我們測量自己功率的輸出，並監測功率的變化，我們不僅可以在跑步的生涯中持續這樣做，也可以在比賽或訓練當下立即監測，了解自己的功率輸出與變化。

當然，功率只是測量體適能和整體訓練狀況的一種方法。另外兩種常見的測量方法是心率和配速。大部分的跑者每天都會使用這兩種或其中一種，事實上，所有的訓練計畫都會採用這兩種或其中一種測量方法。有誰沒有用心率或配速訓練過？既然如此，為什麼還會需要其他的方法？功率比這兩種測量方法更好的原因是什麼？

答案是，功率這項輸出指標不會受到地形或外在環境影響。功率和其他訓練測量方法不一樣，不管你是跑上坡或下坡，都沒有影響。逆風跑或順風跑，也無所謂。不管你是跑在別人後頭，卡在一群人中跑，或領先另一個跑者，準備迎向終點線，無論是哪種狀況，這些對功率計的測量都沒有影響。

功率（power）是測量你做了多少功，以及做功當下的速率（多快）。

相反的，心率是一種輸入指標。心率呈現的是心臟對壓力及試圖維持的配速（我們投入的努力）的反應，心率本身無法告訴我們壓力是否轉化成有用的功（輸出）。當一個跑者的心率維持在每分鐘 140 次，這代表什麼意思？就輸出來說，你到底跑得快，還是慢？這次的練習到底算簡單，還是困難？我們沒有辦法評估，因為心率本身無法告訴我們到底做了多少功，或者做功當下的速度。

事實上，心率甚至無法提供跑步當下最正確誠實的狀況，因為不管是速度改變或做功負荷改變，心率永遠慢半拍才呈現。從完全靜止的狀態起步，

當做功負荷飆升，心率卻要花上十秒才能反應出這個變化。突然停止時，也是同樣的狀況——做功減為零，但心跳卻還是飆速，要過一點時間，才會跟上當下的狀況。

　　配速呢？配速和功率一樣都是輸出指標。和其他像是心率、運動自覺強度等測量方式合併使用時，就變得很有用，特別是和功率一起檢視時。但配速本身只是構成整體訓練規劃其中的一項要素而已。

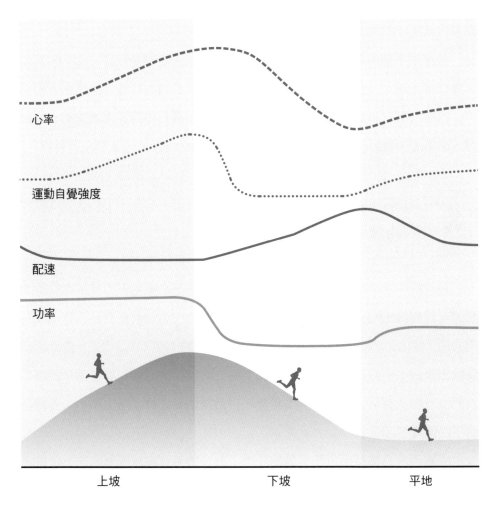

圖2.1　心率、運動自覺量表（RPE）、配速、功率的測量方式不同；只有功率正確反映當下的做功負荷。

　　圖 2.1 呈現了心率、配速、運動自覺強度（RPE）、功率的差別。在這張圖中，我們看到隨著跑者跑過不同的地形（先上坡，接著下坡，最後回到平地），各項指標如何反映運動的狀態。可以看到，心率和運動自覺強度穩定地隨著坡度增加而提升，功率和配速則相對地維持一致。跑者爬到頂點後，開始往下跑，心率繼續增加，還在反映先前爬坡的狀態。運動自覺強度也短暫地持續增加；有經驗的人就知道，剛開始跑下坡時，做功負荷不會立刻感覺下降，要往下再跑一段才會感覺到。配速在下坡時增加了不少，但如果測量實際的速度，增加的幅度其實沒有那麼劇烈。另一方面，功率則大幅下降；這是因為，只有功率測量的是跑下坡時身體運動的實際狀態。

　　這四種測量方法中，功率呈現的資訊最實用，因為功率直接測量跑者的實際輸出。如圖 2.1 所示，功率最快反映出輸出的變化，結果也最正確。只有功率和運動表現有直接的關係。

　　但這是否代表心率、配速、運動自覺強度，對訓練都沒有幫助呢？其實恰恰相反──這些指標可以進一步補足功率提供的資訊。假設你在訓練時，會在一段有地形變化的場地練習。如果你有仔細記錄訓練狀況，不同的測量指標，可以告訴你訓練計畫是否有效。說得更具體一點，如果你發現在同樣的訓練場地上，相較於之前測量的結果，你的功率輸出維持得變高，但心率和運動自覺強度卻下降，就表示你的體適能變得更好，跑得也更快了。

跑步功率計的運作原理

　　你可能很好奇，跑步的時候，這個裝置要怎麼測量你輸出的功率。科技真的很驚人！關於這個問題的答案，其實要看你使用的是哪個裝置。每台跑步功率計都會有感應器，可以測量作用力或速度（或兩種皆可測量），或其他的指標。除此之外，每一款功率計的設計也各自不同。

如果你熟悉自行車功率計，你就知道有些是透過踏板測量，有些是透過曲柄臂，還有些是透過後輪的花鼓（編注：hub，車輪中心的軸承）測量。過去還有些自行車功率計測量鏈條及其張力和速度，有些則根據牛頓第三運動定律的作用力與反作用力，透過測量一種方向的運動來推測另一個方向。

自行車功率計的種類相當廣泛，應用到跑步應該也是如此；隨著愈來愈多跑步功率計問世，其估算、測量、計算功率的方式也會有所不同，未來將會看到各類多元的跑步功率計產品。

現有的跑步功率計透過放置於胸部或身體核心的感測器測量，或透過裝在鞋墊等鞋子裡的感測器進行監測。我相信很快就會有步頻感測器也能測量功率，未來幾年可能還會出現現在還難以想像的各種感測器，因為步頻很容易透過腳、腿、手或身體轉動來測量。這些產品的目的就是要透過某種方式測量作用力，或透過其他的作用力去估算作用力。

功率的種類

跑步時，有三種功率類型，是根據空間中的平面，以及我們在各個平面上做功的速率而不同。這三種平面分別是水平功率（horizontal power）、垂直功率（vertical power）、側向功率（lateral power）。

不同的功率計，不僅測量或估算功率的方式不同，呈現數據的方式也不一樣。有些提供總功率（三種平面數字之總和），有些只呈現其中一種或兩種平面的功率數據。功率數據的呈現方式會繼續演變；未來可能會有功率計可以提供每個平面的功率比率，或者輸出最有效的功率，這個向量能告訴我們所輸出的功率是否有效幫助我們朝著想要前進的方向移動。不過能瞭解每個平面及其代表的意義很重要，將能協助我們更有效地使用功率計。

截至目前為止（編注：本書英文版的出版時間為 2016 年），功率計可以分為兩種：測量兩個平面及測量三個平面的功率計。我先暫且把這兩類分別稱為二維（2D）和三維（3D）功率計，這本書裡接下來會以 2D 和 3D 來稱呼這兩種功率計。兩種功率計都能測量出精準的結果，目前也沒有證據顯示，2D 功率計會比 3D 功率計來得差。

我在這裡倒是要點出一些明顯的差異，因為這兩種功率計的優、缺點各異。功率計如果能從觸地點測量功率，可以同時考量到順風與逆風的因素，因為踩到地面向前跑的作用力，會與跑者當時遇到的風向有關。就目前來說，將感測器放置於身體的功率計無法做到這點，但未來說不定可以具備這樣的功能。

置於鞋內的功率計感測器壽命，可能會比放在身體上的還要短，因為這類的功率計會不斷承受壓力而磨損。但這類的功率計的確可以直接測量作用力，而不必用估算的方式。

但就地形影響數據結果這一點，對這兩種功率計都是挑戰，因為柔軟的平面會降低施加在地面的作用力。就算是從鞋子直接測量功率，鞋內形成的緩衝，也可能影響計算的結果。

這些差異真的有這麼重要嗎？除非你在很多順風或逆風的場地跑，或常常在細沙上跑步。只要你的訓練環境維持在差不多的狀況，功率計就能提供可靠的數據。

在本章中，更重要的是去瞭解功率計如何測量功率，以及如何從中得到最實用的資訊，運用在自己的訓練中。首先，先來看看功率計測量的三種功率類型。

水平功率

　　水平功率是我們最熟悉的做功速率；這是讓你在空間中向前移動的功率輸出。身為跑者，我們當然主要最在意的就是向前移動，但在水平平面的功率中，向前移動只是其中一環。還記得牛頓的第三運動定律寫到，別忘記除了讓我們向前移動的作用力，同時還有一個反方向的一樣的作用力；跑步的時候，這些運動合併起來產生了反作用力，讓我們得以前進。

　　舉個例子來說，跑步的時候，手臂和腿移動的方向相反。右手臂向前的時候，左腿也往前，此時左手臂和右腿則是向後移動。有些跑者甚至會讓膝蓋和手臂向前，希望創造更多向前移動的力量，讓自己跑得更快。

　　水平功率最為重要，因為和我們想要達成的目的關係最緊密，這個目的就是向前移動。雖然垂直功率和側向功率，對於向前移動也有一定貢獻，但如果消耗在垂直和側面的瓦特很高，這些瓦特所代表的功率如果消耗在水平平面上，其實會更有幫助。

　　如果你是鐵人三項選手或自行車手，已經在自行車上裝了功率計，跑步功率計所測量的內容對你來說，可能是全新的概念。畢竟騎自行車的時候，你不用擔心不同平面的功率；唯一測量的功率，就是直接透過踏板、曲柄、鏈條、車輪施加在車上，讓自行車向前移動的功率。跑步的時候，牽涉到很多不同的平面，因此各種平面都要了解。

垂直功率

　　跑步其實就是一連串持續不斷的跳躍動作所組成。一隻腳從地面躍起，騰空向前後，再用另一隻腳著地，向下施力後再度躍起。

　　試著想像跑步的畫面，每次跳躍讓我們從地面騰空，形成一個主要是垂直的弧形，雖然其中有部分是向前水平的弧度。這個騰空的動作，就是做功，因為我們施加了作用力，並向上移動了一段距離。

 **水平功率是我們最熟悉的做功速率;這個功率讓你在空間中向前移動。**

垂直向上移動的距離,和我們施加在地面的作用力強度有關。我們在這個切線上某個角度施力,以便將一部分的反作用力導向往前的方向,而不是往上的方向,這個角度決定了垂直運動中一部分的力轉化為往前移動的運動。

要成為一個好的跑者,一定需要輸出一定程度的垂直功率,因為雙腳必須離開地面,讓跑者騰空移動。雖然如此,垂直功率的效用也有一定程度的限制;畢竟,當一個人的水平功率是零,垂直功率是百分之百的時候,他其實沒有在跑步,只是在原地上下跳動。所以,雙腳為了離開地面,絕對需要消耗一定程度的垂直功率,但也有一定限度,到了某個程度,你所消耗的垂直功率其實應該轉化成水平功率,如此一來,你才有辦法跑得更快。

你可能看過有些跑者在跑步時,頭會劇烈地上下搖晃,可能同時邁著大步伐跑著。這些跑者的垂直功率很高。他們輸出的水平功率可能比他們想要的還少。這些跑者在跑步的時候,通常姿勢明顯挺直,身體姿勢變得非常垂直。當他們直接往下施加力量,反作用力就會直接往上施加在他們的身體上;如此一來,就有更多的力量轉化成往上的運動狀態,而不是往前的運動狀態。

如果你觀察頂尖的跑者,可能會發現他們的頭都不太晃動。他們大部分呈現在水平平面上前後移動的運動狀態。這些跑者通常會一定程度前傾,讓他們可以有效向後施加作用力。反作用力再施加在身體上,前傾的姿勢則將這股力量導向水平功率。

側向功率

　　跑步時，不是只在做前後或上下的移動，還有些側向的運動。跑步中的側向運動，包括臀部、肩膀、雙手、手肘、膝蓋和雙腳的轉動。有些人的側向運動比別人多。由於水平功率是構成向前移動的主要要素，側向運動可能會降低我們向前移動的速度。

　　我們跑步的時候，將重量從一隻腳換到另一隻腳，這個轉換的動作，意味著其中一定有側向運動，讓我們可以推動自己前進。不過，如同垂直功率，我們希望消耗在側向平面的功率也有一定限度。

　　你在自己的功率圖表中，會看到多少的側向運動（側向功率）呢？這跟你測量哪裡的功率和運動有關。如果是上半身，肩膀會有很多側向運動，臀部也會有一些。至於雙腳，會往地面施加壓力並得到反作用力，所以可以測到的側向運動很少；在這個區塊，輸出的總功率中只有大約 2% 是側向功率。如果你的功率計是放在上半身較高處，測得的側向功率會比放在鞋子裡的功率計還高。無論如何，相較於水平功率與垂直功率，側向功率的數值會小得多。

　　側向功率高的跑者通常：

● 手和部分手臂會超過身體中線；

● 手肘左右擺動，而不是前後擺動；

● 腳尖離地之後，往側邊踢；

● 在起跑推進階段踩地時，膝蓋朝外。

　　這些都是你在場上看到一群跑者時，會發現的一小部分側向運動的例子。如果你同時有以上其中幾種或出現所有的側向運動，就會知道這些側向作用力會減低你的水平功率，通常會讓你跑得更慢。

水平、垂直、側向功率的總和，就是運動員的所有功率輸出。這些平面中，不免會有重疊的運動；畢竟我們是在一個 3D 立體的世界，我們同時在三個平面中移動。沒有跑者可以只產生水平功率，完全不產生另外兩種方向的功率。重疊的程度則和我們的運動、跑步風格、產生的各個作用力的方向有關。功率計無法控制我們輸出的運動，但卻能最有效地監測並改進我們的跑姿，幫助我們找到讓運動轉化為前進力量的最好方法。

透過功率檢視體適能

任何科技訓練工具最讓人倍感興奮的地方，大概就是實際地看到自己辛苦付出得到回報，看到自己跑得更快，體適能也變得更好。畢竟，如果你看不出來自己的體適能到底有沒有變得更好，這樣的訓練工具也沒多大用處吧。

就功率計來說，很多跑者可能會覺得，目標是要把輸出的瓦特數提升到愈高愈好。畢竟瓦特數愈高，就代表功率愈高，對吧？所以我們想要達到的目標，應該就是增加瓦特數。但其實不然，瓦特只是其中一環而已。讓我來好好說明。

跑步不僅要將功率與速度變得愈高愈好，同時也講究效率。沒錯，功率愈高，代表你在特定時間內可以使用的做功愈大。但光是這樣就能達成跑步的目的嗎？無論你跑的是短跑、馬拉松，或其他各種距離，跑步時的生物力學效率，是影響速度的決定性因素，和功率一樣重要。生物力學效率控制你在水平、側向、垂直平面所耗費的功率，並將你輸出的功率從一個平面轉化到另一個平面。

隨著跑者在訓練或比賽過程中開始疲累，他的技術也會開始鬆懈。通常當跑者的狀態開始鬆懈，會輸出更多的垂直和側向功率，在水平平面上所輸出的功率會因此減少。

圖 2.2 是一名頂尖跑者在跑步機上進行登階測驗的狀況，在過程中速度會加快，跑者的水平、垂直和側向功率，則呈現在每段間隔中。

　　你會發現，隨著速度增加，運動員輸出的總功率也提升。但垂直功率卻沒有增加：在這段過程中，運動員的速度增加，垂直擺動卻減少了。這個結果很好；因為這代表這位運動員的垂直運動很有效率，水平功率也增加了不少。你可以看到，側向功率的數字很低，也維持得很穩定。但不管是任何運動員，一旦跑得愈快、愈久，效率就會降低。跑到一定程度，隨著配速和強度提升，耗費的能量會更快速增加，這是因為當身體在非常高速的狀態下產生作用力，已經沒有辦法像之前一樣控制自身的運動。

　　圖 2.3 則是一個普通跑者進行相同的試驗。和前一個例子一樣，你可以看到在每一個間隔，跑者輸出的總功率增加。但在這個例子中，唯一穩定增加的功率是水平功率，垂直功率的表現則忽上忽下。在每個間隔中，垂直功率一開始很高，但隨著水平功率增加而減少。這可能是因為跑者在每個間隔的一開始先施加較強的向上的力量，同時步頻較緩慢（因垂直擺動大而造成），而沒有專注在輸出水平功率。接著如圖所示，隨著垂直功率和垂直作用力減低，跑者得以增加步頻，進而讓水平功率得以增加。

　　圖 2.4 是新手跑者的步頻，顯示每分鐘步數（steps per minute，簡稱 spm）增加。把兩個數字放在一起看，很容易可以看出作用力與步頻的關係，以及隨著垂直功率減少，步頻與水平功率增加。檢視功率數據後，這位運動員就知道自己需要增加步頻，藉此提升水平功率與體適能。

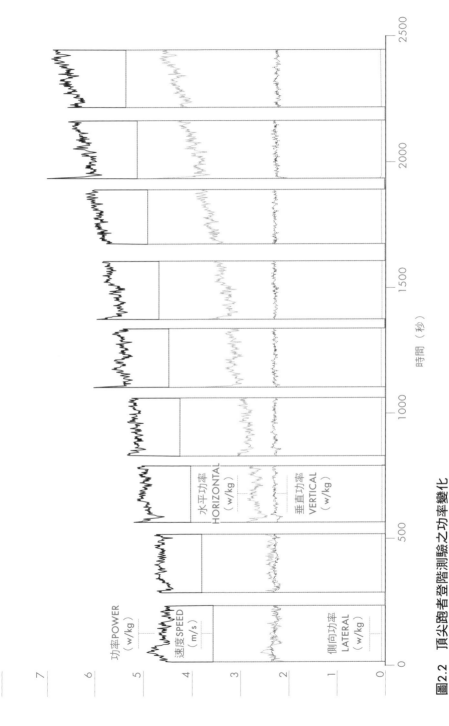

[單位說明] 功率：瓦特／公斤（w/kg）　速度：公尺／秒（m/s）

圖2.2　頂尖跑者登階測驗之功率變化

[單位說明] 功率：瓦特／公斤（w/kg）　速度：公尺／秒（m/s）

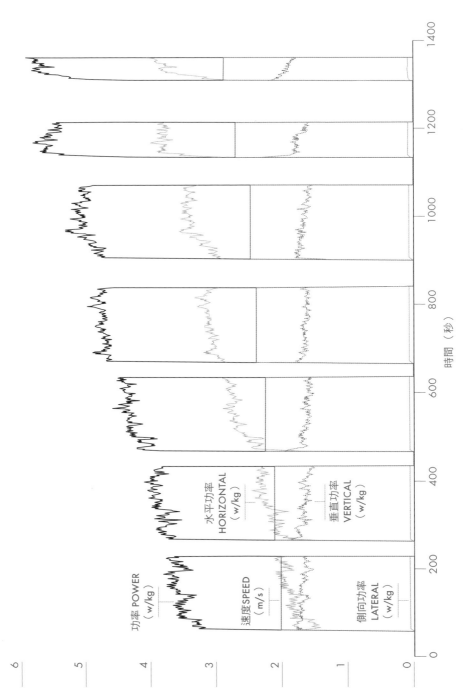

圖2.3　新手／效率差的跑者登階測驗之功率變化

再回到垂直功率。我們已經知道在垂直方向施加比較高的作用力，對向前的速度沒有什麼幫助。從這幾張圖的追蹤資料，我們可以看到較高的步頻，有助跑者限制垂直功率的消耗，讓水平功率維持在較高水平。

跑者可以透過改變跑步的技術，改善功率輸出，這只是其中的一個例子，而這個例子也恰好能告訴我們，為什麼不要只看功率計輸出的總瓦特數。

別誤會，瓦特絕對很重要，但瓦特只是其中一環，跑步的技術和效率也同樣重要。

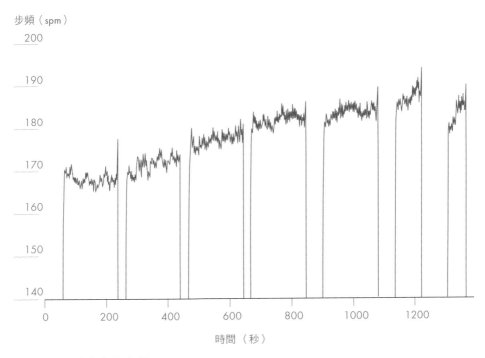

圖2.4　新手跑者的步頻

跑者可以透過功率計看到體適能和跑步效率改善，包括以下幾種方式：

● 一段特定時間內瓦特增加，尤其是因水平功率所增加的瓦特數
● 維持同樣瓦特數的狀況下，配速和速度提升
● 特定配速下，總功率輸出減少
● 特定功率與配速下，心率降低

功率計還可以顯示跑步時技術上的進步，特別是透過以下幾種方式：

● 特定配速下，垂直功率減少
● 特定配速下，側向功率減少
● 特定配速下，總功率減少
● 在任一種功率輸出維持一致（包括總功率、水平功率、垂直功率、側向功率）的情況下，配速增加

你會發現其中有些技術改進的情況，和體適能進步的成因相同。技術進度，能幫助你在特定配速下跑得更輕鬆。功率可以測量你的效率，別輕忽它的重要性。

還有其他方式可以看到技術和體適能的改進，甚至是策略上的進步，像是在有坡度場地配速與功率輸出的關係等等。我們在接下來幾章會再討論。

本章重點整理

功率是做功的速率，以瓦特做為測量單位。做功是作用力乘以距離，功率則是作用力乘以施加作用力當時的速度。做為跑者，你可能會認為這純粹就是向前移動，但其實做功會輸出在不同的方向和平面。重點是要了解有哪些方向、你的步頻為何，以及這些作用力加總後，對你的跑步有什麼影響。

有了功率計，你可以看到體適能在許多方面都改善了，也可以看到跑姿上技術的調整，會影響你輸出的功率。當你改變跑姿，可以看到水平功率增加，同時垂直功率與側向功率減少，如此一來，你就知道自己在技術上做了有效調整，可以跑得更快。

3

準備好，開始吧

現在有了功率計，可以開始學習怎麼使用這項工具了。在本章的一開始，我雖然很樂意告訴你，怎麼在首次使用功率計跑步時就創下個人最佳紀錄，但還是想請你先稍等一會兒。雖然你可以趕快戴上功率計，立刻開始記錄數據，但首要重點是，先要建立運動的表現基線，這個步驟能幫助你了解，得到的數據到底代表什麼意義。

第一步

為了讓功率計可以正確記錄你運動的狀況，需要先進行校正。如果校正並不正確，或甚至跳過這個步驟，你蒐集到的數字和數據，將很有可能是錯的，無法正確反映你的運動狀況，也沒有辦法幫助你改善訓練和跑步成效。

在校正功率計的過程中，可能需要使用智慧型手機應用程式，或者搭配 GPS 調整設定，幫助功率計更了解你的狀況。這些設定中，可能會用到你的體重或質量，或者像身高或功率計放置位置等，這些因功率計不同而異。例如，如果你的功率計要放在鞋內墊，你可能需要透過站立或走路進行校正，或是其他方式，以便將你設定為這個功率計的使用者。

你可能會用 GPS 手錶或智慧型手機，透過 ANT+ 或藍芽無線連到你的功率計。我們通常稱任何獨立的數據讀出裝置為顯示器。功能是即時顯示功率計蒐集到的數據，並儲存數據，供未來在運動後或比賽結束後，透過分析軟體進行分析使用。

一旦正確地校正完，之後每次跑步時都要使用功率計，如此一來，才能蒐集基本的數據。我建議每次跑步，所有的數據都要蒐集，就算你覺得有些數據不是很重要。之後想刪除再刪除，或直接忽略即可，但在剛開始使用功率計的這段期間，應該盡可能蒐集所有的數據。你要蒐集的數據如下：

● 輕鬆跑、中等程度跑、困難程度跑、搭配困難間歇跑。

● 跑步的整段過程。從暖身就開始記錄，一直記錄到收操結束。

● 恢復休息間隔。激烈運動的休息間隔，也需要記錄，就和跑步過程一樣重要。稍後我會再進一步討論；就目前來說，先開始習慣記錄你的休息間隔。

● 不要分析！這點很重要，剛開始記錄的前兩週，先不要分析你的數據。

以上幾點中，我知道最後一點最難遵守。這不難理解——你才剛買了一個很酷的新玩具，我卻告訴你要忽略它的存在！顯然，你一定會忍不住一直想看那些數字。你怎麼可能有辦法抵抗這股想看的欲望呢？如果你完全不想看，那你就不是一個想求勝的運動員了，會想看數字本身並沒有什麼問題。我想要說的是一個更微妙的概念——我希望你頭兩週先正常訓練，不只要裝做彷彿沒有配戴功率計，還要假裝你從來沒有聽過功率計這玩意兒。意思就是說，你要戴著功率計，但完全不要在意上面顯示的數字。這個目的是要蒐集你目前日常訓練的數據，藉此建立你個人運動趨勢、優勢和缺點的基線。

既然我們都知道你不可能完全不看你的功率計，那就讓我告訴你，在跑步時你會注意到的一些趨勢。你會開始看到從輕鬆到困難，不同強度的練習會出現不同的瓦特範圍。在比較輕鬆的配速下，瓦特數會比困難的配速來得低。你也會開始看到自己輸出的功率會和地形、該段跑步的辛苦程度有關——上坡、下坡、平地、搭配衝刺的練習等。在前兩週，盡可能純粹觀察這些不同的趨勢；不要做任何改變來影響數據結果。意思就是說，不要讓顯示的數據、不同功率輸出程度的結果，改變你平常跑步的習慣。避免在跑有坡度的地形上，想試試看自己能產生多少瓦特數，要抵抗這樣的衝動。暫時先蒐集數據就好。在接下來幾章，你會看到這兩週蒐集下來的基線數據，可以如何幫助你設計訓練課表，讓你跑得更快，體適能也變得更好。

重要數據指標、詞彙與概念

你新買的功率計可以蒐集數量龐大的指標，每一種都很有趣。你可能已經知道某些指標，有些可能沒看過，除非你曾在別的地方用過功率計，例如，自行車。跑步時，你的顯示器可以看到哪些數據，並不一定，這要看你搭配使用的是智慧型手機應用程式或 GPS 手錶，你用的功率計是哪一款也會有影響。除此之外，通常你也可以自己設定要顯示的指標。

以下，將簡介跑步功率計通常會提供的指標。大部分都可以顯示在你的顯示器上；如果無法，功率計提供的軟體，或是大部分訓練分析的軟體，通常都可以讓你透過電腦看到相關指標。

未來，當你對功率計更熟悉，也發展出在自己訓練中使用功率計的方式後，你可能會決定把重點擺在某幾項指標上，其他就不看了。但就現階段而言，先來看一看主要的幾項數據指標及其代表的意義。

功率

功率（power）當然是用瓦特顯示，但有幾種不同的測量和顯示方式。我們可以立即在顯示器上看到當下功率，或者選擇看一定時間長度的平均功率。我們可以記錄跑一圈的平均功率、任何你選擇長度的平均功率，或是整段跑步過程的功率。

有些運動員喜歡看到當下即時的功率，有些人則覺得當下的瓦特數據會持續變動，並不好用。就算你維持在同樣的配速或運動狀態下，數據還是會上下變動，這是正常的。不要因此感到洩氣。通常來說，當你變得更有經驗，波動就會愈少。隨著你學會用功率計幫助進行訓練，你可能會希望顯示器上主要顯示是平均功率，或即時功率。在本章稍後，會再細談功率。

心率

如果你是耐力型運動員，你可能很熟悉用心率（heart rate）訓練，就算更了解如何使用功率計之後，也想要繼續用心率和心率區間訓練。如果你的功率計沒有監測心率的功能，你還是可以將功率計連接顯示器，特別是如果你有在用 GPS 手錶。

心率和功率合併起來，可以得到很重要的比率，你會想持續追蹤這個數據來檢視你的訓練成果。我們之後討論到如何分析功率數據時，會再細談。

配速

配速（pace）是跑步中最受歡迎的指標。通常是以每英里跑多少分鐘（分鐘／英里）或每公里跑幾分鐘（分鐘／公里）的方式呈現。大部分的運動員在意的是自己跑得多快，每場練習或賽事結束後，根據自己的配速評斷是否進步、對自己的表現是否滿意。從你在讀本書這一點，就可以知道你想要變得更快，所以配速對你很重要。如我們所見，配速和功率的關係，對你能否成功達到目標，相當重要。在顯示器上將配速設為其中一個重要數值，然後與功率輸出進行比較，這樣的方式能幫助你開始學習這兩者間的關係。

持續時間／距離

功率、配速、心率，幫助我們定義跑步時的強度。其他兩項很重要的因素，是持續的時間與距離（duration/distance）。你的顯示器可以顯示其中一項或同時呈現兩種數值。在 GPS 手錶大受歡迎之前，大部分的跑者都單純地使用一定距離的持續時間進行訓練，透過測量跑步花費的時間，了解自己到底跑得多快或多累。現在有了 GPS 手錶，你不只可以看到時間，也可以看到跑了多少距離（這樣一來，就不需要事先決定場地，才有辦法知道速度與運

動的狀況）。很多 GPS 裝置也會根據距離與時間記錄分圈與分段時間，並能儲存下來供之後分析。

跑者通常是根據時間做運動。你可能想跑一個固定的時間，例如說跑個一小時。或者是一定時間的間歇跑，像是 5 × 3 分鐘，每段間隔休息 3 分鐘。有些跑者則會選擇根據距離設定間隔或跑步的時間，例如，跑 10 公里，或者 5 × 1 公里或 5 × 1 英里間歇跑。不管是哪種狀況，設定每圈的時間或距離，都可能是很有幫助的數據，可以設定在你的顯示器上。

步頻

第 2 章曾提過，功率就是作用力乘以速度（你的身體向地面施加的作用力，乘以你跑步時雙腳離地的速度）。雙腳離地的運動，就是步頻（cadence），通常是以雙腳加起來每分鐘步速（steps per minute，spm），或單腳轉速（revolutions per minute，rpm）做為計算單位。如果一隻腳的 rpm 是 90，則雙腳的 spm 就是 180。

你可能會想知道怎樣的跑步步頻比較好。這其實是個非常好的問題。雖然有個人差異，但不可否認的是，步頻愈慢，跑者的速度愈慢。腳只要踏在地上的時候，就沒有移動。腳離地的時間愈快，移動的速度就愈快，這對功率來說非常重要。整體來說，理想上跑者應該以 rpm 超過 90 的步頻為目標。如果你離這個數字還有一大段距離，或覺得需要再加強自己的步頻，又或者單純不太確定自己的步頻到底是多少，那麼在顯示器上呈現這項數據，可以幫助你提升步頻。

其他

在接下來幾章，我們會再檢視其他的指標。你愈來愈熟悉之後，可能會想在顯示器上設定這些指標。這些指標，包括標準化功率（Normalized Power，NP）、強度因子（Intensity Factor，IF）、訓練壓力分數（Training Stress Score，TSS）、效率指數（Efficiency Index，EI）、每公里消耗的千焦耳數（kilojoules per kilometer，kJ/km）等其他的效率因子（efficiency factors，EF）。

不僅如此，隨著顯示器韌體在之後可能會追上運動員使用的需求，人們發展出新的指標，改善跑步訓練的分析過程，接下來幾年可能還會發展出其他的指標。這些發展都和功率計如何蒐集、測量、估測功率有關，顯示器的功能也會有所影響。之後會出現的指標，可能會有雙腳的功率平衡（左右腳平衡），或不同平面的功率比，幫助跑者了解他們是否在不同的平面上輸出了多餘的功率。

千焦耳、平均功率、標準化功率、標準化分級配速

這些都是很重要的指標，你可能不會設定在顯示器上，但你需要知道並了解，才能有助於使用功率的概念進行訓練。以下都是測量運動表現和訓練壓力的重要指標。

◆千焦耳

我在第 2 章曾講到，功率其實就是做功的速率（完成這個做功所需要的速率）。做功需要能量，而瓦特則是跑步時所消耗能量的速率。你做的功愈多，所需要消耗的能量就愈多。

我們施加這些作用力所使用的能量來自於卡（Calories）。一卡或一大卡（英文寫成大寫 C 的 Calorie）是 1,000 小卡（calorie），為了更容易分辨大卡與小卡，我們用千卡（kiloCalories）來表示大卡（英文拼法用小寫 c 開頭的小卡，通常只用在化學領域；日常飲食所提到的卡，其實就是大卡）。

千焦耳（kilojoules），又以 kJ 表示，是跑步時讓你身體移動的力學能（編注：mechanical energy，又稱為機械能，為動能與位能的總和），在顯示器上以 kJ 顯示。廣泛來說，跑一英里通常需要消耗 100 大卡的能量，但跑者的機械效率則會決定能量轉化為速度或配速的程度。

從目前的日常訓練中蒐集數據，建立自己的運動趨勢、強項與弱點的基線。

自行車手或鐵人三項選手知道千焦耳與千卡的比大致是 1:1，因此在做營養計算時就比較直截了當，不管是要用在賽前的充電準備，或者是純粹要算出你在自行車上消耗了多少能量，都很容易。但換成跑步就沒有這麼容易了，因為有些跑步功率計會測量兩種平面的做功，有些則測量三種平面的做功。在這樣的情況中，千焦耳與千卡的比，計算起來就比較複雜，因為我們用 2D 的功率計可能得到的資訊不夠全面，用 3D 的功率計算出的千焦耳數可能又過於誇大。不過，這些計算的差異其實沒有這麼大，我研究兩種類型的功率計後，發現每英里 100 大卡的比率算是蠻合理的指標。在總英里數輸入千卡值後，你應該就可以用你的功率計得知你的千焦耳與千卡比。

除了可以測量消耗的卡數、規劃三餐飲食外，追蹤千焦耳也有助於測量跑步的效率。最簡單的方式就是記錄類似跑步狀況所需的千焦耳數，然後除以跑了多少距離（公里）。得出的結果是每公里消耗的千焦耳數（kJ/km），能讓你大概知道跑完這樣的距離需要做的能量。如果你在特定配速下跑步時，可以減少所需的力學能，就代表你明顯進步了！

如果你在跑道上或固定練跑的場地進行節奏跑（tempo run），你可以將kJ/km 的比值和配速做比較，監測效率是否有進步。舉例來說，如果你完成了 30 分鐘的節奏跑，然後發現 kJ/km 提升了 2%，同時間配速增加了至少 3%到 5%，就代表你的效率明顯提升。你的 kJ/km 值代表在高配速下所需消耗的能量，配速的數值則告訴你有多少做功轉化成速度。

◆平均功率

如果你跑步的時候有使用配速和心率數據，你可能知道跑步使用的平均心率和平均配速。平均功率（average power，AP）也很類似，是將跑步時產出的所有瓦特除以蒐集資料的時間。本章前面有提到，你的功率計會蒐集數據，然後將測量到的功率根據你所設定的時間範圍顯示，例如用平均 1、5、10、30 秒的時間範圍。你甚至可以在顯示器上設定顯示跑步全程的平均功率，功率計會蒐集這項數據，並在過程中呈現移動平均的數值。

其實功率計在一秒內不會只蒐集一個樣本，而是在一秒內蒐集數個樣本，並呈現這一秒的平均數字。

平均功率是一個基本值，很易懂也很容易使用。但在測量練習或比賽表現時，平均功率通常也不是最好用的數值。這時候，標準化功率就顯得更有價值。

◆標準化功率：為什麼不用平均功率就好？

雖然平均功率很簡單且基本，用途廣泛，但在評估訓練的新陳代謝時，通常也不是最好用的數值。標準化功率（Normalized Power，NP）是將平均功率調整後的數值，相較於平均功率，更能反映出跑完之後的代謝狀況，我也發現標準化功率更能反映出你在跑步過程中的狀況。標準化數據讓我們可以將資料擴大使用，排除一些明顯的影響因子和異常狀況；如此一來，得到的數據會更清楚並貼近真實狀況。

你可能會想說：「好吧，那標準化是什麼意思？」標準化是將跑步時功率變化的範圍，與同時間平均功率比較的過程；所得出的數字可以告訴你跑步時更貼近實際代謝消耗的狀況。

我舉個例子說明，然後再看跑步時如何運用標準化這個概念。假設有兩個體重不同的跑者，我們想要比較他們各自輸出的功率。A 跑者平均功率是 210 瓦特，B 跑者則是 150 瓦特。在有坡道的越野賽跑中，A 跑者應該會大勝 B 跑者吧？其實不一定；平均功率本身不足以反映整體狀況。但如果我們將數字標準化，就可以得到有用的比較結果，更能反映出真實情況。在這個例子中，我們可以透過將功率除以體重來進行標準化。例如，如果 A 跑者的體重是 180 磅，他的功率（210）用體重標準化後，是每磅 1.17 瓦特（210 ÷ 180 = 1.17）。如果 B 跑者重 120 磅，她的功率（150）以重量標準化之後則是 1.25（150 ÷ 120 = 1.25）。所以就算 A 跑者輸出的功率比 B 跑者多出很多，B 跑者每磅輸出的功率其實比較高。這是你從平均功率觀察不到的差異，但你在看 A 跑者與 B 跑者比賽爬坡跑的時候，可能就會發現。我們這裡做的就是將兩位跑者的數據根據體重標準化，進一步了解這些數據的真正意涵。若沒有標準化，我們不會知道 B 跑者輸出的功率其實更高。

那跑步的時候，要如何使用標準化功率呢？在平地上，跑者需要施力，

才能雙腳離地（抵抗重力，向上移動），但有些力會用在水平向量上，讓跑者前進。在平地上，重力維持一致，這個變項的影響很小。

但隨著跑向上坡，跑者必須產出更多瓦特才能爬坡。因為這時候他們必須施加壓力，抵抗愈來愈強的重力影響，才能在愈來愈垂直的方向上（相較於平地上，較為垂直的向量）維持原來配速，這是跑者在原來施加向前移動的力量外，必須額外施加的壓力。重力的影響程度以及施力的改變，和上坡的陡峭程度、爬坡耗費的時間有關。

越過頂峰接著下坡時，輸出的瓦特就比平地時維持原來配速的還要少，因為此時重力能幫助跑者，雙腳離地及向前邁進所需的作用力都更小了。下坡的運動能幫助跑者加速，因為這個時候向前需要的作用力很小。

除了徑賽外，大部分跑步賽事的場地都不是完全平坦的。有些會有山坡，會影響跑者輸出的功率，對跑者來說也更為吃力。再加上賽事中加速衝刺的時候，像是起跑的時候，或是比賽中一些關鍵時刻，可能需要衝刺，由此可知，數據標準化時要考量進功率輸出的種種變化。

除此之外，跑者感到疲累時，很可能會在垂直和側向平面輸出更多的瓦特，因此降低跑步的效率。意思是說，在一定的配速下，跑者會疲累，輸出的瓦特減少，效率沒有辦法像剛開始跑的時候一樣好。例如，在徑賽跑道上跑 10 公里，每公里消耗的千焦耳到了最後一公里可能最高，就算運動員此時的配速和先前維持一致。所以，就算運動員維持同樣配速，功率還是會不一樣，身體為了產生功率而承受的壓力，也可能隨著時間而增加。

你可能可以在功率計提供的軟體中設定標準化功率。你可能不會覺得有需要顯示在顯示器上，但當你跑完之後檢視標準化功率，可能會發現這個數字比平均功率更能告訴你跑步的實際狀況。也就是說，標準化功率可以讓你更瞭解每次跑步實際消耗的能量。

關於標準化功率，還有最後一點：如果你在練自行車或鐵人三項時，因為使用過功率計，已經很熟悉標準化功率，你可能也知道騎一趟自行車的功率輸出範圍可能會很極端。在騎自行車的時候，快速衝刺和功率突然升高的狀況很常見，就像是有機會的時候就要利用牽引氣流滑行，此時輸出的瓦特是零，這種狀況也很平常。

但跑步的時候，很少會看到賽程中有很多次極高的功率輸出，尤其是 5 公里或距離更長的賽事。跑者不可能在下坡的時候滑行而下，或像是騎自行車一樣，跑在一群選手中不太需要出力，所以對跑者來說，功率輸出的範圍變化通常蠻小的。因為變動的範圍小，練跑完後，平均功率與標準化功率的數值通常不會有太大的差異，除非跑步時有很多間歇休息的時間。所以標準化功率在分析間歇運動時就特別有幫助。接下來也可以看到，標準化功率對於之後幾章將介紹的指標，也很重要。

◆標準化分級配速

標準化功率進一步擴大功率數據的使用，能讓我們更了解每次跑步的代謝消耗，標準化分級配速（Normalized Graded Pace，NGP）對配速數據來說，也是同樣的概念，根據地形與跑者速度的不同而有差異。

我們可以透過以下這個情境來解釋。一位跑者準備在平地跑 20 分鐘前，先用 8 分鐘跑進行暖身，對這位跑者來說是很輕鬆的配速。他接著用每英里 6 分鐘的配速在一個有坡度的場地跑 20 分鐘。感到疲累之後，接著以每英里 10 分鐘的速度緩和地在平地上跑 20 分鐘。這次跑步的平均配速是每英里 8 分鐘，對這位運動員來說是很輕鬆的暖身速度。但整段跑步的平均配速，和這次跑步身體實際感受到的壓力，其實差距很大。其中一段 6 分鐘的配速，是在比較困難且充滿坡度的場地上跑，這段的配速一定困難許多。跑者在此

次跑步過程中，有些部分比較輕鬆，但有些則較為困難。

有了 GPS 數據，或是用戴在身上的加速計蒐集爬坡時狀態改變的數據，我們可以將梯度以及因梯度造成的配速變化進行標準化。如此一來，就能將上坡與下坡的陡峭程度納入考量，並了解這樣的狀況如何影響跑者的功率輸出。

標準化分級配速的演算法，並無法說明、包含功率數據，這點很重要。這個指標比跑步功率計出現的時間還要早，過去我們就會用這個指標訓練跑者，比較在不同場地上的表現。

你可能會想問：「有了標準化功率後，我為什麼還需要標準化分級配速？」問得好！就算我們有了功率數據，配速這項指標一點都不過時。畢竟我們都希望跑步時配速能夠更快。功率數據可以進一步提升配速的功能。在其他某些指標的計算中，標準化分級配速和標準化功率會變得非常重要，尤其是當我們想要和心率進行比較時，更是如此。之後幾章會再詳細討論。

結合整體使用

使用功率計後，你就有機會讓自己的訓練更上一層樓。現在有了數據，可以幫助你微調訓練的方式，更瞭解自己跑步的趨勢和需求，還可以透過數據分析評估自己目前的體適能與跑步技術。如果你真的很想學習如何分析，也很認真看待自己跑步的表現，那分析本身就是一項需要花心力投入的活動，在檢視自己跑步數據的同時，也可以持續學習。如果你沒興趣分析，那就要重新思考自己是否適合使用功率計。倘若你無法透過功率計看到自己訓練和體適能趨勢等更廣泛的狀況，那這些數字對你來說，也不會有太大幫助。

你需要功率分析軟體嗎？

如果你很認真看待自己的訓練和目標，也因此買了一個功率計，那你真的就需要功率分析軟體。為了讓投資報酬率提升到最大，你會想要使用分析工具。你不會需要花一小時分析每次跑步的狀況。其實，運動本身的細節往往不是最重要的資訊；檢視幾項運動後的指標就夠了。或者，你可以每週或定期檢視，確認一切都還在原先設定的軌道上、規劃未來的訓練課表，也給自己增加一些信心，知道自己的訓練狀況不錯，正在穩定地朝著目標前進。

之後幾章會介紹功率軟體可以幫助你追蹤並了解狀況的一些重要基本指標。你的軟體可能不提供我介紹的某些分析方式，但隨著功率計愈來愈受歡迎，我相信很多新的指標，之後都會成為分析應用軟體的基本配備功能。

你會遇到的一個挑戰，就是決定到底要用哪個軟體。我在附錄 B 列出一些分析軟體，你可以看看哪些最符合你的需求、預算和目標。

我需要請教練嗎？

有很多跑者一點都不想管數據這件事。他們只想持續穩定地跑、在跑步時監測自己的配速、比賽時跑得不錯、在當地年度賽事中表現達到巔峰，然後可以跟一起訓練的夥伴及朋友吹噓一下。有些跑者目標設定得很高，而隨著目標變高，賭注也隨之升高。如果你想要跑得好，該訓練的時候就不能缺席，也不可以算錯休息復原的時間。在有限時間內，必須把自己可以做的，都善加利用到最好。如果以上皆符合你的狀況，那我會強烈建議你聘請教練。你可能不需要一位全職的教練；我曾為運動員提供顧問諮詢的服務，時不時確認一下他們的狀況、看看他們的數據，然後告訴他們我從中看到什麼，也回答他們的問題，如此一來，這些運動員便能從中學習，自我訓練並進步。這對你來說可能是不錯的開始，如果你很想學習，但還在猶豫不想要有全職的教練，或許可以嘗試這樣的做法。

本章重點整理

你校正新購得的功率計後，可以開始搭配顯示器使用，並開始蒐集數據。一開始，不要讓功率計的數字操控你的運動；相反的，應該先從跑步過程中觀察這些數字，學習基本的概念。

你選的顯示器應該要能夠呈現你最想追蹤的指標。你也可以用智慧型手機或 GPS 手錶做為你的顯示器。

標準化功率與標準化分級配速，可以將跑步時的變異數納入考量，更真實地測量出跑步的代謝消耗與強度。

4

跑步強度

在前三章，我講到了功率的基本概念，以及要如何運用到跑步中。現在我要接著說明在你的訓練中，功率計如何成為一個有效的工具。要有效使用功率計，重點在於能徹底了解功率計蒐集的數據，知道這些數字對你來說有什麼意義。

相較於其他的訓練變項，強度是體適能的關鍵。一直以來，跑者都會以自己的跑量引以為豪，他們可能會在訓練日誌上分享跑步的總英里數或公里數，顯示自己努力的程度。但訓練的效率與成效，不在於跑了多遠、跑的時間多長，或多頻繁。重點是你在跑的當下有多努力，如果你的目標很高，這點就格外重要。你必須根據你的目標及需求，知道自己目前的強度是多少，以及未來應達成的目標強度。

跑步功率計有一個很大的優勢，就是能夠定義強度。配速本身並無法告訴你完整的資訊。所以，現在來說明一下功率計如何呈現強度，我們從最重要的指標開始——功能性閾值功率（functional threshold power）。

功能性閾值功率（rFTPw）：最重要的數字

在功率計的領域，對運動員來說，最重要的指標就是功能性閾值功率。你可能對耐力訓練中的「閾值」一詞很熟悉了；這通常用來表示運動員血液的生理變化，在運動了一小時左右的時間，這個變化可能會影響運動員的表現。有些人稱之為乳酸閾值（lactate threshold）或無氧閾值（anaerobic threshold）。有氧閾值（aerobic threshold）指的則是，到了某個臨界點，無氧供能開始比有氧供能使用明顯更多的能量。不過我在訓練的時候，不會使

跑步功率計的一個最大優勢，就是能夠定義強度。

用運動員的乳酸水平或能量途徑來測量其表現。我們測量肉眼可見的——跑者在一小時可以展現出最好的表現為何？這個水平的表現就是功能性閾值。我們將這個概念和功率一起討論時，稱之為功能性閾值功率（functional threshold power，FTP）。

如果你是鐵人三項運動員或自行車手，你可能早就很熟悉 FTP 這個縮寫和你配置在自行車上的功率計的關聯。為了不要和自行車的 FTP（還有功能性閾值配速，我們在本章稍後會再講到這個指標）混淆，我們在討論跑步時的功能性閾值功率時，使用 rFTPw 這個縮寫。開頭的「r」代表跑步（running），以便和自行車做區隔，「Pw」則代表功率（power）。所以，rFTPw 代表的是一名運動員跑 60 分鐘的過程中，可以輸出的最佳功率。

rFTPw 的測量很重要，因為它採納了做功速率、強度、效率的測量。除此之外，rFTPw 也能幫你建立自己的功率區間。具體內容包括：

- rFTPw 是你在一個小時的時間範圍內，做功速率的重要呈現方式，所以 rFTPw 也是能夠呈現你的潛力的最好方式。你能保持的功率愈強，就代表你的體適能愈好，跑得也愈好。

- 這是針對你個人強度的最好顯示方式。相較於低於你的 rFTPw 所輸出的功率，功率輸出超過 rFTPw 代表跑得愈辛苦。當然你早就知道做功功率高並不容易。但高做功速率要如何界定？這和你的 rFTPw 有關，所以這是個人特定的數值。舉個例子來說，對於 rFTPw 是 180 瓦特的跑者來說，200 瓦特可能蠻高的，但對於 rFTPw 是 300 瓦特的跑者來說，200 瓦特很容易維持。

- 做為長跑跑者，這個數值可以計算並測量你跑步的效率。第 5 章會討論效率，以及如何在訓練時監測效率。

- 這是建立功率區間的基礎，如果你想要建立自己的功率區間的話，就可以

採用這個指標。我們在第 6 章會討論功率區間，但如果你曾使用過心率區間，你會發現功率區間雖然是用來了解強度，但概念其實很相似，而其區間就是用不同百分比範圍的 rFTPw 所定義。

所以，rFTPw 的重要性已經顯而易見；接下來要說明，如何決定你的 rFTPw 值。

如何找到我的rFTPw？

有幾種方式可以找到自己的 rFTPw。你可以在實驗室的跑步機上，根據實驗計畫書進行各種測量，同時戴上一個氧氣面罩，測量閾值的生理標記，以及你在該配速下產生的瓦特。但我覺得要知道自己的 rFTPw，最好的方式就是實際到場上跑。我還沒有看到有任何證據顯示，實驗室的測驗比實際場上測驗還要準確，而實際場上測驗的成本便宜許多，時間安排上也比較容易。除此之外，現場測試通常很容易可以重複再測，若執行妥當且環境條件維持一致，一般來說，結果也相當可靠。理想的情況是可以在跑道上或平地進行，你可以固定回去做接下來的測試，在這樣的場地上，也能將風的影響減到最低或完全排除。

你也可以用其他方式計算出你的 rFTPw，包括從自己的參賽結果或訓練日誌中得出。這些方式都可以提供蠻合理的估算結果。介紹完實地測試，之後會再討論這些其他方法。

討論前，要先提一個很重要的概念——你的 rFTPw 值，會因為使用的是 2D 或 3D 功率計，而略有不同。3D 功率計會蒐集三個平面的功率數據，2D 則只會蒐集兩個平面的數據（請見第 2 章）。所以，同樣的運動、測驗後，結果會因功率計不同而有些微差異。對於有經驗的跑者來說，側向功率只占

總功率的一小部分；對新手或效率差的跑者而言，側向功率占的比例就比較高。無論如何，如果你是從 2D 功率計得出自己的 rFTPw，就不能期待用在 3D 功率計也同樣精準（反之亦如是）。不過這並不代表這兩類功率表的精確性有高下之分。這只是代表，如果你希望用功率計做的訓練有效的話，蒐集數據時都要固定使用同一種功率計。如果你後來選用了不同種類功率計，在實際用在訓練前，必須先用新的功率計再做一次實地測驗，重新計算你的 rFTPw。

不僅如此，以下兩項測試都不需要一整個小時全程竭盡全力地跑。光用想的就知道，如果一整個小時都在最高功率的狀態下跑，會需要不少時間特別好好休息恢復，顯然也會受到動機影響。事實上，很難用比賽狀態跑一個小時，試圖這樣做的跑者，得到的 FTP 往往都無法準確測量出他們的潛力。因為以上種種原因，最好的方式就是進行比較短的測驗，而這些測驗正是特別設計用來正確測量出你的 rFTPw。如果你一整個小時都用力跑，可能會整死自己，接下來可能兩個禮拜都沒有辦法好好訓練。

測驗一：3/9測驗

這個測驗包含全力跑 3 分鐘，以及全力跑 9 分鐘兩個部分，兩段中間會有休息的時間。這個測驗最初是由 Stryd 跑步功率計公司所設計，目的是要測量閾值功率的改變，並且不用讓跑者花一整個小時全力衝刺。Stryd 一開始也將這個測驗的結果和血乳酸水平比較，希望能找到和 rFTPw 的關聯性，但 10% 的誤差範圍太大了，沒有辦法使用。儘管如此，我還蠻喜歡這個測驗的假設，也和幾位運動員做了基本的試驗。我做了些調整，並和測驗二（稍後會提到）取得的結果做比較。稍微調整後，我設計出新版本的 3/9 測驗，能得出可靠的 rFTPw 估計值，前提是每次進行測驗時，環境條件和地形都一致。

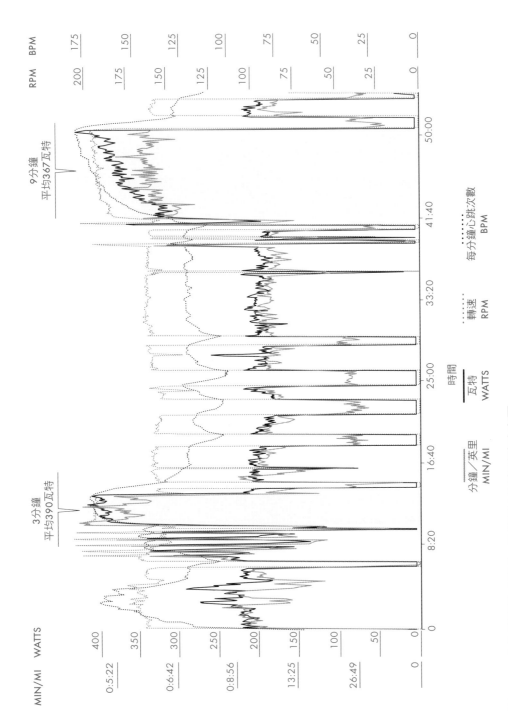

MIN/MI WATTS

RPM BPM

200 175

175 150

150 125

125 100

100 75

75 50

50 25

25 0

0 0

9分鐘
平均367瓦特

3分鐘
平均390瓦特

50:00

41:40

33:20

25:00

16:40

8:20

0

時間

每分鐘心跳次數
BPM

········ 轉速
RPM

瓦特
WATTS

分鐘／英里
MIN/MI

0:5:22 ── 400

0:6:42 ── 350 ── 300

0:8:56 ── 250 ── 200

13:25 ── 150 ── 100

26:49 ── 50

0 ── 0

圖4.1a 功能性閾值功率的3分鐘與9分鐘測驗功率圖

這項測驗內容如下：

● 暖身 15 分鐘，為接下來較累的段落做準備。

● 使出全力跑 3 分鐘的間歇練習。

● 接著走路 5 分鐘緩和休息，輕鬆慢跑 10 分鐘，走 5 分鐘，輕鬆慢跑 5 分鐘，
　再走 5 分鐘（總共 30 分鐘）。

● 使出全力跑 9 分鐘的間歇練習。

● 花 10 到 15 分鐘收操。

● 將 3 分鐘的平均功率值與 9 分鐘平均功率值相加。

● 將加起來的總和除以二。

● 除完商數的 90%；這就是你估測到的 rFTPw 值。

　　圖 4.1 呈現出運動員完成這項測驗的功率資訊，我標示出了 3 分鐘與 9 分鐘兩段間隔。結果顯示 3 分鐘段落的平均值是 390 瓦特，9 分鐘段落則是 367 瓦特。

時間長度	距離	訓練壓力分數
03:08.80	0.59 mi	6.8

Work	73 kJ	IF	1.24
NP	396 W	VI	1.02
Pa:Hr	9.13 %	El. Gain	--
Grade	--	El. Loss	--
VAM	--	w/kg	5.40

	最低	平均	最高	
功率	0	390	421	w
心率	0	165	172	bpm
步頻	0	198	207	rpm
速度	0.00	11.2	14.5	mph
配速	00:00	05:21	04:09	min/mi

圖4.1b　3分鐘段落數據

時間長度	距離	訓練壓力分數
09:02.09	1.46 mi	19.1

Work	199 kJ	IF	1.16
NP	370 W	VI	1.01
Pa:Hr	4.98 %	El. Gain	--
Grade	--	El. Loss	--
VAM	--	w/kg	5.10

	最低	平均	最高	
功率	0	367	434	w
心率	0	165	178	bpm
步頻	0	194	202	rpm
速度	0.00	9.72	14.0	mph
配速	00:00	06:10	04:18	min/mi

圖4.1c　9分鐘段落數據

以這個測驗做例子，兩段的平均功率總和是 757 瓦特。將 757 除以 2，得到的商是 378.5 瓦特。378.5 的 90% 是 340.65，也就是說 rFTPw 為 341，使用 rFTPw 時都採用整數。90% 是個不錯的開始，但因為有誤差範圍，每位運動員都有各自獨特的特點和能力，所以我想跟你分享採用測驗二加入特定換算，能幫助你估算出一個更好的 rFTPw。

測驗二：30分鐘測驗

　　這個測驗是由喬·弗里爾（Joe Friel）所設計，多年來我利用這個測驗成功地估測運動員的閾值配速（threshold pace）。使用心率區間訓練時，我也用這個測驗估測閾值心率（threshold HR）。這個測驗很簡單，但需要不錯的配速技巧，也比 3/9 測驗還要久，所以受傷的風險比較高，需要恢復的時間也更長，但我認為用這個 30 分鐘的測驗來估測運動員的 rFTPw，會比 3/9 測驗還要準確。如果你擔心做這項測試會需要耗費的休息時間，或者配速掌握還不是很好，或許先採用 3/9 測驗就好。不過，如果你剛開始使用功率計時，就用這項測驗搭配 3/9 測驗至少做過兩到三次，你將可以看出這兩項測驗的關聯，而未來就能直接使用壓力較小的 3/9 測驗估測 rFTPw。之後會再進一步討論。

　　做這個測驗的一個重點，是自己單獨進行測驗就好，因為自己一個人測試，比較可以確保你在這 30 分鐘內，不會跑得像是參加比賽時那樣快。別忘記，這項測驗的目標，是估測你跑 60 分鐘可以持續輸出的功率，這和你花 30 分鐘和別人比賽的結果並不一樣。因此，自己獨自測驗是取得正確結果的重要因素。

此項測驗的內容包括：

● 暖身 15 分鐘，為接下來較累的段落做準備。
● 在平坦道路或跑道上開始跑 30 分鐘（最佳表現），同時蒐集功率數據（如果可以，也同時蒐集配速和心率數據）。
● 花 10 到 15 分鐘收操。
● 取最後 20 分鐘的的平均功率，這就是你的 rFTPw。

在圖 4.2，我放大了資料中測試的部分，將最後 20 分鐘的數據獨立出來，方便觀察。進行這項測驗的運動員，和前面完成 3/9 測驗（圖 4.1）的是同一位跑者。在這個 30 分鐘的測驗，跑者估測出的 rFTPw 是 353，大約比 3/9 測驗的值高出 3.5%，就一致性來說，表現還不錯。如果你先做 3/9 測驗，然後再測 30 分鐘的測驗，接著再做幾項其他測試，你會發現 3/9 測驗中有 90% 的數據需要再微調。儘管如此，我覺得調整的幅度不會太大；大部分的跑者都會落在 90% 的範圍內，通常是在 ± 3.5% 內。

如果你安排了一個四到六週的測驗期，一開始的三次測驗時就做了這兩項測驗，發現自己的結果維持一致，都落在一段很小的差異範圍內，那就可以再做 3/9 測驗，然後根據你自己特定的平均百分比做調整。圖 4.1 的運動員分別做了三次測驗，每次都進行了 3/9 和 30 分鐘的測驗。由圖顯示，第一欄是不同次 3/9 測驗的平均瓦特，第二欄則是三次 30 分鐘測驗的結果（列出的是最後 20 分鐘的數值），第三欄則是百分比的差異。

3/9 測驗的平均數值和 30 分鐘測驗（最後 20 分鐘）持續出現差異，你會發現 3/9 測驗的數值比跑起來更累的 30 分鐘測驗還要高 8%。有了這些數據，運動員便可以進行 3/9 測驗，然後取其 92%，以便得到正確的 rFTPw。

我建議偶爾就做這兩項測驗，尤其是剛開始一段新的訓練或在新的一季剛開始的時候，這樣一來，才能確保換算的數字沒有因為個人體適能狀態改變，而出現劇烈的變動。在 30 分鐘的測驗中，你可能發現你的瓦特會隨著測驗的進行而增加，雖然你的配速可能沒有變快，你的配速可能還下滑了一些。如果是這樣，你的狀況並不是特例；我常常看到這樣的狀況，我認為這是因為運動員開始疲累後，會產生更多側向和垂直的瓦特，這是因為多餘的運動模式所造成。這類狀況包括頭部擺動增加、擺臂姿勢改變等其他側向擺動的動作。其實圖 4.2 的跑者也出現這樣的情況。仔細看，就能發現這名跑者雖然維持配速，輸出的瓦特隨著測驗進行卻明顯增加。

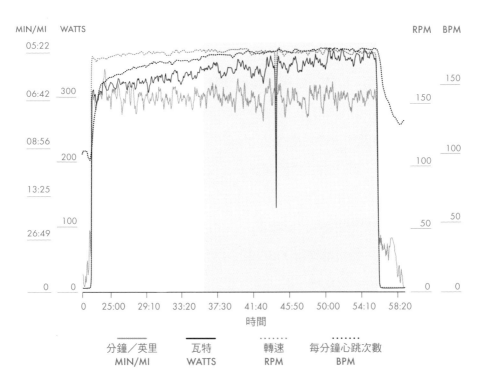

圖4.2a　30分鐘測驗的功率圖，功率上升，配速則相對平穩

你可能會好奇，為什麼要特別看最後的 20 分鐘，這是因為瓦特會隨著時間而增加。如果我們看整段 30 分鐘的過程，一開始比較低的瓦特數會拉低你的平均 rFTPw。如果你用的是 3D 功率計，可以蒐集到三個平面的總功率，你會想看總做功速率。你在一小時內可以輸出的最高功率，不管是不是能有效幫助你前進，知道這個數值很重要。這呈現的是你可以維持的最高做功速率。如果你可以改善效率（將多餘的運動轉化為向前的動作），你就能維持同樣的做功速率，但同時跑得更快。

如果你是鐵人三項選手或自行車手，你由此可以發現，跑步和跑步專用的 rFTPw，與自行車功率、自行車 FTP 並不一樣。自行車手希望瓦特數可以提升，因為自行車上的功率計測量的是直接輸出在車上的瓦特，能幫助車子向前移動。當自行車手累了，輸出的瓦特數會減少，因為他們沒有辦法像一開始那樣輸出那麼多功率，讓車子向前。如果自行車手發現自己就算累了的時候，瓦特數還是增加，一定會非常興奮！

時間長度	距離	訓練壓力分數
20:00	**3.05** mi	**32.4**

Work	**424** kJ	IF	**1.00**
NP	**354** W	VI	**1.00**
Pa:Hr	**1.75** %	El. Gain	--
Grade	--	El. Loss	--
VAM	--	w/kg	**4.90**

	最低	平均	最高	
功率	0	353	387	w
心率	170	175	177	bpm
步頻	172	193	198	rpm
速度	6.03	9.15	11.4	mph
配速	09:57	06:33	05:15	min/mi

峰值功率

☐	全程	236 w
☐	峰值10:00 min	362 w
☐	峰值12:00 min	358 w
☑	峰值20:00 min	**353** w
☐	峰值30:00 min	346 w
☐	峰值01:00 h	257 w

圖4.2b　30分鐘測驗數據

跑步功率計就不一樣了，根據使用的功率計不同，測出的做功速率是身體在兩個或三個平面所輸出的功率，跑步功率計測量的，不是有效用在向前移動的功率。第 5 章會討論如何用功率計測量你輸出每瓦特所產生的速度，藉此評估你的效率如何。

我知道你可能會想，如果跑者的瓦特一直增加，為什麼測 30 分鐘就停止？瓦特難道不會直線上升，一直增加到測驗結束？答案是：不會。身體能產生的做功速率有其最高限度，不會用同樣的速率持續增加到一小時，然後時間到了就突然停住。採用 30 分鐘的另一個原因，是如果用最大做功速率跑一小時，運動員可能會精疲力盡，累上好一陣子，對接下來好一段時間的練習造成影響。

在進行測驗的時候，你覺得自己的瓦特是不是一定會增加？其實不一定。如果你沒有好好配速，產生的作用力與步頻都無法讓輸出的瓦特持續增加，那瓦特數便可能下滑。除此之外，你看到的變化可能很小或很大，這和你個人的一些影響因子有關。用功率計訓練還有一個很棒的優點──你會更了解自己是怎麼樣的跑者。

表4.1 3/9測驗與30分鐘測驗的百分比差異

	3/9測驗平均	30分鐘測驗 （後20分鐘）	差異百分比 （％）
第一次測試	379	354	93.40
第二次測試	418	383	91.63
第三次測試	429	397	92.54

其他估測rFTPw的計算方式

如果你沒有時間做測驗，或已經蒐集到很多數據，還有其他方法可以估測 rFTPw。這些方法會跟前面講到的兩項測驗一樣好嗎？會，但有個前提──這些方法可能也有效，但有效程度會因數據的新舊而不同。你的體適能會隨著一季練跑而改變（至少我們希望如此），所以如果你現在的體能狀態比一個月前好，上個月的數據就沒有辦法提供正確的評估。事實上，對於接下來的所有測驗，數據是否夠新，通常比用什麼方法估測來得更重要。

◆比賽

如果你最近才剛參加比賽，賽程接近一小時，你也蒐集了當時的數據，可以試試看使用這場賽事的數值。有些人參加的可能是半馬，有些是 15 公里或 10 公里的賽程。要找到你的 rFTPw，先從賽程資料中找到巔峰的 60 分鐘功率值（表現最好的 60 分鐘平均功率），然後算出這 60 分鐘的標準化功率。如果你在比賽時的配速不錯，這兩個數字會將近一樣。如果你跑的是起伏有坡度的賽道，標準化功率可能會比較高一點。

如果比賽大約是 50 到 60 分鐘的長度，可以整趟都用標準化功率來看。但如果賽程超過一小時，最高達 70 分鐘，標準化功率可能會很接近。如果比賽超過 70 分鐘，但還不到 90 分鐘，你可以將超過 70 分鐘後的每分鐘數值增加 0.5%（最多到 90 分鐘）。記得，rFTPw 是你一小時內可以維持輸出的最佳功率，不是 70 到 90 分鐘。你在 60 分鐘內可以維持的強度，應該會比超過 60 分鐘以上的強度還要高。如果賽事超過 90 分鐘，那我就不建議你用這個方式估測 rFTPw。

你得到的數字很有用，能合理估算出你的 rFTPw，而不是特別用來設定基準。如先前提到，如果比賽資料已經超過一個月以上，就不太適合用來估測你目前的 rFTPw。

◆20分鐘數值

如果在你最近測到的功率資料中，曾在有坡度起伏或平坦的跑道上認真地跑了 20 分鐘，可以使用這次跑步平均功率的 95%，做為 rFTPw 的大概估算值。有坡度起伏或平緩的跑道條件很重要；上坡跑的比賽會提高數值，下坡的賽程則會讓數值減低。要找到完全平坦的跑道可能很難，所以還是可以使用稍微有上下坡度的地形，因為上下坡的表現可以相互抵消掉。

◆自我評估

多年來做為一名競賽型跑者，我通常在賽前幾秒鐘內，就可以預估出自己會跑出的時間，就算是比較長距離的賽事，像是 10 公里或半馬也可以。這是因為我了解自己的身體，以及我的體適能狀態。在我還是鐵人三項運動員的時候，我也可以估測出自己騎自行車的 FTP。你可能也能做到，我鼓勵你在測驗前估測自己的 rFTPw，藉此稍微看看你對自己了解的程度，以及估測值和實際數字有多接近。你觀察自己跑步時輸出瓦特的狀況約兩週後，開始第一次做測驗時就可以試試看。你會學到很多關於自己的資訊。再過一陣子，你可能連測驗都不用做了，因為屆時你已經知道自己的能力為何。

◆軟體模型

有一些軟體模型可以根據你在不同強度下的功率輸出，預測你的 rFTPw。這些模型通常都蠻可靠的，只要樣本規模夠大，蒐集的數據夠準確即可。

　　得到了自己的 rFTPw 後，要記錄下來，確實輸入到分析軟體的運動員設定中，同時記錄在訓練日誌裡。這項數據很重要，要好好追蹤，除了前面提到的原因之外，接下來幾章介紹的指標也會用到 rFTPw。

功能性閾值配速（rFTPa）：另一個重要數字

　　除了 rFTPw 外，另一個要蒐集的重要指標，是跑步的功能性閾值配速（functional threshold pace），縮寫用 rFTPa 表示，「r」代表跑步，「Pa」代表配速。這個指標和 rFTPw 的原則很相似，但記錄的不是跑一小時可以輸出的最佳功率，而是這一小時的最佳配速。這個測量方式假設施測地點是在一個平坦無風的跑道上，運動員狀態不錯，可以將體適能發揮到最佳的狀態。

　　配速很重要。就某些方面來說，比純粹看功率還要來得重要，因為在比賽中，永遠都是跑得最快的人獲勝，而不是輸出最多瓦特的人。在長跑的世界中，隨著功率計的出現，配速並沒有因此變得過時，配速的重要性甚至還因此提升！在第 5 章，我們會討論配速和功率可以如何幫助你更瞭解自己訓練和比賽的狀況。其實在功率的範疇下追蹤配速，大概就是功率計做為訓練工具最大的貢獻，一方面幫助運動員跑得更快，同時更瞭解要如何達到這個目標。

如何找到我的rFTPa？

　　我相信你現在應該在想，使用功率計要做的測驗也太多了吧！但我要告訴你一個好消息——你可以從之前測 rFTPw 的測驗中，算出你的 rFTPa，只要你在做測驗的同時也蒐集配速數據即可。

測驗一：3/9測驗

在 3/9 測驗，取得兩段跑步的平均配速，再加上 10%。這個結果就是你估測出的 rFTPa。舉個例子，圖 4.1 和圖 4.2 的這位運動員在 3 分鐘的段落配速為 5:21，9 分鐘的段落配速則是 6:10。兩個配速平均下來就是 5:45。然後再加上 10%，他的 rFTPa 就是每英里 6:20 分鐘。

測驗二：30分鐘測驗

在 30 分鐘的測驗，最後 20 分鐘的配速通常可以正確呈現你的 rFTPa。例如，圖 4.1 與圖 4.2 的運動員估測出的 rFTPa 是 6:33，和測驗一相差 13 秒。這個差異是 3.3%，與我們之前發現，在比較 3/9 和 30 分鐘的功率測驗時，會出現的 3.5% 微小差異，非常接近。

剛好，從這個測驗最後 20 分鐘蒐集到的 rFTPa，也可以成為無氧閾值心率值（或你可能偏好使用「乳酸閾值心率」）的指標。如果你會使用心率區間進行訓練，可以同時參考這個數值。

其他測驗

和 rFTPw 的估測一樣，你可以採用接近 60 分鐘長度的賽程，在一個平坦到有坡度起伏的跑道，使用這 60 分鐘的配速。你也可以自我評估。我發現有經驗的跑者都能蠻準確地估測出自己的 rFTPa。

更新rFTPw與rFTPa

體適能是一個持續變動的狀態，可能變好也可能變差。隨時瞭解自己最新的 rFTPw 和 rFTPa，非常重要。除非你確定自己的體適能沒有改變太多，否則我們幾乎可以確定，一個月或更久之前得到的數據，無法準確呈現你目

前的體適能狀態。

你應該用訓練日誌持續追蹤，感受用相似強度認真訓練時的感覺如何。這樣做，對你察覺自我狀態和自我評估的能力都很有幫助。

你列出年度的訓練計畫時，測驗與測驗間的差距，不要安排超過六個禮拜。隨著你更瞭解自己跑步的狀態、功率後，最好可以再多做一點。除此之外，要確保你的測驗結果可靠且可以重複執行。意思就是說，每次測驗前都休息幾天，不要讓疲勞影響到測驗的數值。例如，你可能會把這個測驗視做重要性為 B 等級的比賽，可能不是最關鍵的賽事，但還是有一定的重要程度。

如果你每次都能在同樣的跑道或場地上測試，這樣最好。如果可以的話，每次都用同樣的方式暖身，試著複製相同的環境條件，包括冷熱溫度、雨、風等等。

對於長跑跑者來說，這些閾值都是用功率訓練時最重要的指標。花點時間好好研究。如果你的數字進步了，就代表你也進步了。

定義強度

設定了 rFTPw 和 rFTPa 後，你就有一個基準可以檢視自己跑步的強度。高於閾值的練習比低於閾值的強度還高。這也適用於功率（高瓦特 vs 低瓦特）和配速（高配速 vs 低配速）。

你的目標設定得愈高，那你在訓練中一定要增加更多強度。並不是說訓練的量不重要；跑量有其優點。但為了讓體適能更上一層樓，運動員必須挑戰自己的限度，最好的方式就是使用強度進行訓練。如果跑量是體適能的關

如果你改善效率，就能在同樣的做功速率下產生更快的速度。

鍵，所有的比賽都會由跑最遠的人獲勝。如果是這樣，那從 100 公尺到 100 英里，不管是哪種長度的賽事，超級馬拉松的跑者都會是最快也最優秀的跑者。但我們知道，實際狀況並非如此。

跑量這個概念很受歡迎，常常被用來形容訓練程度（還有被拿來吹噓），長跑有很多好處，但都限於某個程度而已。比賽中，速度才是關鍵。可惜，相較於距離，速度和強度都比較難定義和量化。至少以前是這樣。隨著功率計的誕生，我們現在可以把強度定義、描述得更好。你的 rFTPw 是你的基線強度，但其實也可以用其他方式以功率來測量強度。

透過以下三個指標，跑者能用功率計更好地定義出強度：強度因子（Intensity Factor，IF）、峰值功率（peak power）、變異性指數（Variability Index）。

強度因子（IF）

如果我告訴你，我這段跑步測出的標準化功率為 300 瓦特，或每公里 4 分鐘，或配速是每英里 6:30，你有辦法從這些數字看出我跑步的強度嗎？大概沒辦法。這裡缺少的資訊是情境。對我來說是快或慢？是恢復跑、節奏跑，或用比賽狀態的跑法？沒有任何基線做為比較，這些數字其實並沒有什麼意義。

但有了強度因子，我們可以觀察跑步時輸出的瓦特數，然後再和基線測量值——rFTPw 比較。我們得到的數字能提供情境，幫助你定義並了解你所跑的強度，將每次的運動相互比較，甚至和其他跑者的表現比較。強度因子能告訴你跑的實際狀況。

怎麼找到強度因子？只要用該段跑步的標準化功率除以你的 rFTPw 即可。等式如下：

強度因子＝標準化功率／功能性閾值功率（IF = NP/rFTPw）

例如，如果我的 rFTPw 是 400 瓦特，前面例子中提到的 300 瓦特就低於我的閾值。結果算出來 IF 是 0.75，我的 rFTPw 的 75% 左右。顯示這段跑步相較之下跑得蠻輕鬆的。

但如果我的 rFTPw 是 300 瓦特，那這段跑步就用了我 rFTPw 的 100%，也就是說 IF 是 1.00。如果跑了一小時，那 1.00 就代表在那一小時都是用盡全力跑，因為 rFTPw 的定義就是「一個小時內可以持續輸出的最佳瓦特數」。

當然，如果一段跑步的 IF 超出 1.00，那這段跑步就超出了我的閾值，強度還要更強。顯然，這有其限度。如果你跑一小時或更長的時間，得到的 IF 超出 1.00，那你必須調整你的 rFTPw，因為就定義而言，你的 rFTPw 是你在一個小時時間長度下可以跑出最好的數值。如果你常常可以超越這個數值，代表你跑得比你個人一小時最高極限值還要好，顯示你的 rFTPw 數值是錯的，必須根據最新的數據去重新測驗或估測。

針對特定賽事，你也可以用 IF 規劃訓練。如果你知道在特定賽事或距離想要達到的 IF，可以在練習中，根據想要的 IF 設定跑步時要輸出的瓦特。當你在特別多坡的場地訓練，或者在風特別大的狀況下練習時，可能很難模擬出目標配速，這時設定 IF 就非常有幫助。

為了要針對賽事和距離事先設定正確的 IF，首先要估算你會跑多久、多遠。顯然，距離愈短或賽程時間愈短，就能跑得愈快（例如，跑 10 公里的配速就不會比 5 公里的配速快）。IF 和距離都會影響運動員的速度。

第 5 章會討論效率，屆時會進一步說明如何使用強度因子。就目前而言，先開始從平常跑步計算自己的 IF 數值，藉此模擬想參加賽事的強度。隨著一季又一季過去，你會學到更多，你會學到 IF 可以怎麼幫助你針對要參加的比賽進行訓練，以及如何比較不同場地、環境條件下的比賽狀況。

峰值功率

還有一個方法可以知道自己訓練的成效如何，那就是追蹤你的峰值功率。如之前所述，跑得愈久，功率輸出就愈低，因為時間和功率的關係是負相關。你不可能以超高瓦特的狀態快跑超過幾秒鐘，所以隨著跑步或比賽時間增加，功率必然會減少。

如果我們用功率數據比較兩位田徑運動員的表現，假設一位是奧運短跑選手，而另一位是奧運 10 公里比賽選手，我們會發現短跑選手可以在幾秒鐘的時間內輸出非常多的瓦特，而長跑跑者在同樣的時間內只能輸出一半的瓦特數。但超過一小時後，10 公里比賽跑者可以維持的瓦特數，可能比短跑選手還要多出幾百瓦。

你在一段時間內可以產生愈多功率，你的體適能和表現的潛力就愈大。在其他條件都一樣的狀況下，能夠在特定時間內產生最多瓦特的跑者，體適能愈好，贏面也愈大。

但在跑步上的挑戰，就是並非所有條件都會一樣。跑者的運動效率以每瓦特產生的速度計算，是影響跑步表現重要的一環。短跑選手沒有辦法像長跑跑者一樣維持輸出的瓦特數，這和短跑選手輸出高功率的力學方式有關。而長跑選手採用的力學方法，無法讓他輸出短跑快速衝刺所需的超高功率。運動員的生物力學效率會形成非常大的差異，就算對參加同一個比賽的同一群運動員來說，彼此間也會有很大的差別。決定效率高低的關鍵，在於運動

員每瓦特產生的速度多寡。如果一名運動員跑步的效率還不錯，我們可以看看他的峰值功率輸出和功率數據，了解他的潛力、目前狀態與其目標的差距。

一名運動員在一定時間內可以輸出的最佳功率，就是其峰值功率。峰值功率數用 P 表示，後面接的是該段跑步時間的分鐘數。所以跑 60 分鐘的峰值會寫成 P60。在長距離跑步中，我們常常會看的峰值功率是兩小時，或 120 分鐘（P120）、60 分鐘（P60）、30 分鐘（P30）、20 分鐘（P20）、5 分鐘（P5）、1 分鐘（P1）和 30 秒（P0.5）。別忘記，是用分鐘數表示，所以 30 秒要寫成 0.5，也就是一分鐘的一半。

圖 4.2 是在單次運動可以看到的峰值功率。這張圖追蹤一名運動員進行 30 分鐘測驗的狀況，圖 4.2b 則可看到細節數據。注意，我們不只可以看到峰值功率，也可追蹤同樣時間長度內的峰值配速。圖 4.3 中，可以看到同樣測驗中配速達峰值的 20 分鐘被標示出來。

從圖 4.3 及 P20 的配速，和圖 4.2 比較，你可能會注意到一件很有趣的事情。雖然是同一份數據資料，功率和配速的 P20 數值並不完全一致。事實上配速的 P20 出現在測驗一開始的 20 分鐘，功率的 P20 則出現在最後 20 分鐘。我先前提到，功率增加不代表配速也在增加。這是跑步效率會出現的結果，我們在下一章會更完整地說明。就目前而言，先記得功率計測量超過一個平面的功率狀況——讓你向前移動的平面，以及產生側向與垂直運動的平面。

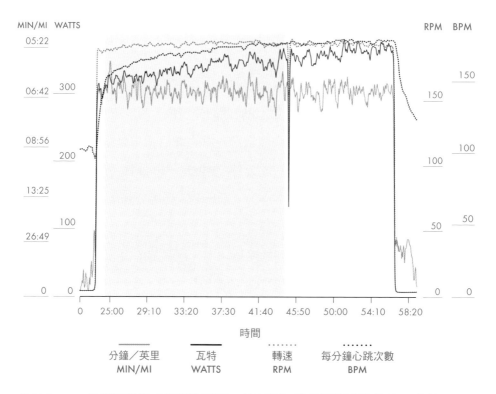

圖4.3a　30分鐘測驗的功率與配速圖，特別標示出的是配速峰值的20分鐘

　　我們也可以觀察幾次不同訓練，或幾天下來各種不同長度練跑的峰值功率數值。圖 4.4 呈現這名運動員過去 90 天訓練的平均最大功率曲線（mean max power curve，MMPC）。

　　MMPC 呈現不同時間的最佳平均功率（平均最大值）。x 軸是時間，y 軸是瓦特。記得，隨著時間增加，強度會減少，所以每個運動員的圖都會呈現某種程度的曲線。曲線有多陡？曲線從多高開始？都因運動員而異，和運動員的優勢與缺點有關。

還記得短跑運動員與長跑運動員功率輸出的例子嗎？如果觀察兩位運動員的 MMPC，會發現短跑選手靠左邊的瓦特輸出會比較高（較短時間），相較於長跑選手，曲線下滑的程度較長跑選手來得陡。

在較短時間內，短跑運動員的數值比較高，但在較長時間的數值則會低於長跑跑者。觀察圖中曲線，我們可以看到圖 4.4 的運動員比較偏向長跑跑者，而非短跑跑者；他在短時間的峰值功率數值都不是很高。圖 4.5 則呈現短跑運動員的功率曲線，從較短時間就開始明顯下滑。

分析峰值功率的另一個好處，是峰值功率會與平常訓練會測量的攝氧量一致。舉個例子，30 秒或以下的峰值功率數值可以用來代表無氧能力。6 分鐘（P6）可以代表最大攝氧量（maximal volume of oxygen consumption，VO_2max）。一小時（P60）的數值則可顯示乳酸或無氧閾值。兩小時（P120）則可呈現有氧經濟性（aerobic economy）。如果你能針對這些數值進行訓練，看到這些數值改善，就知道自己也進步了。

時間長度	距離	訓練壓力分數
20:00	3.07 mi	29.2

Work	403 kJ	IF	0.95
NP	336 W	VI	1.00
Pa:Hr	6.20 %	El. Gain	--
Grade	--	El. Loss	--
VAM	--	w/kg	4.67

	最低	平均	最高	
功率	295	336	375	w
心率	145	167	175	bpm
步頻	186	192	197	rpm

Peak Pace

☐ 全程	08:50 min/mi
☐ 峰值 10:00 min	06:34 min/mi
☐ 峰值 12:00 min	06:34 min/mi
☑ **峰值 20:00 min**	**06:35 min/mi**
☐ 峰值 30:00 min	06:35 min/mi
☐ 峰值 01:00 h	08:38 min/mi

圖4.3b　30分鐘測驗之功率與配速數據

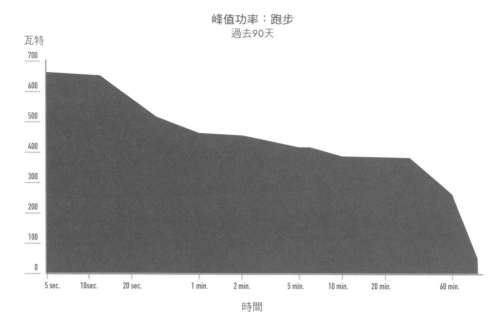

圖4.4 過去90天所有跑步功率數據之平均最大功率曲線

　　如果你正在為某項特定的比賽進行訓練，不知道要如何在訓練中運用確切的強度或 IF，可以根據你要參加的賽事，採用合適的峰值功率時間。如果你想要在半馬跑進兩小時，P120 就是你在訓練時要監測和改善的關鍵數值，因為這剛剛好就是兩小時。如果你想要在半馬跑進 90 分鐘，那就要針對 P90 進行改進。第 7 章講到如何追蹤訓練進展時，會再進一步說明。

變異性指數（VI）

　　你一定早就知道，在比賽中如何配速，和比賽的強度有很大的關係。聽起來好像很簡單易懂，但我們都知道有很多跑者並沒有自己配速的經驗。GPS 腕錶幫助很多跑者改善他們的配速，但如果是在有坡度起伏的場地（舉

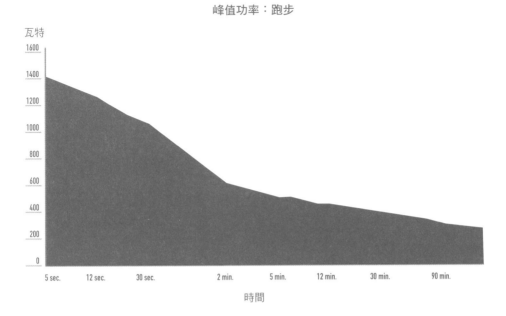

峰值功率：跑步

圖4.5　一名短跑運動員的功率曲線圖。相較於較長的時間，在較短時間內，功率輸出便急劇下滑。

個例子），配速就不只是維持住一定的速度而已。經時間證明，在比賽中配速平均地跑或後段加速（negative splits，後半段跑得比前半段快），是長距離比賽中最有效的策略。有一份研究觀察從 1921 年至 2004 年間，66 份 5,000公尺與 10,000 公尺賽跑的世界紀錄，發現其中 65 位，最後一公里的速度是整場比賽中最快或第二快的一段（Tucker 等人， 2006）。簡言之——配速很重要，尤其當你的目標設定得愈來愈高時，更是如此。

當然，這些是在田徑跑道上的比賽，不需要對付上下坡。上坡與下坡，對配速技巧是一大挑戰。如果你曾經在比賽時跑過上下坡，你就知道在有坡度的地形用較慢的配速跑，有時感覺就有如死亡行軍一般。

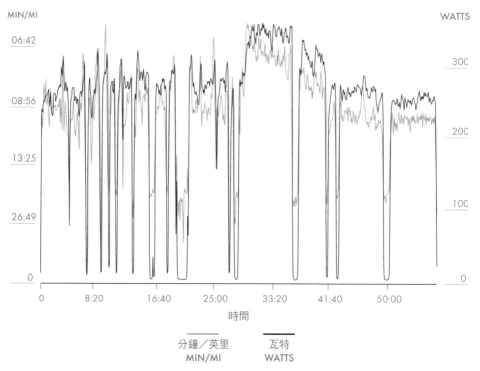

圖4.6a　在跑道練習之高變異性指數

變異性指數（Variability Index，VI）可以告訴我們在一段時間內，間歇跑或比賽時，跑者功率輸出是否穩定，或變動的狀況。變異性指數的計算等式很簡單，採用了標準化功率（NP）與平均功率（AP）得出：

變異性指數＝標準化功率／平均功率（VI = NP/AP）

你應該還記得第 3 章講到，標準化功率的數值最能代表運動的代謝消耗狀況。如果你在平坦的場地上跑，維持完美穩定的配速，或接近完美穩定的配速，你的平均功率和標準化功率就會一樣，此時你的 VI 就是 1.00。

　　如果你跑的是有坡度的場地，或者做了法特萊克間歇跑（fartlek）練習，這種練習中有很多高強度衝刺段落，接著幾段輕鬆跑，在這兩種情況中，你會看到自己的功率輸出有很明顯的變動。此時，你的 VI 會大於 1.00，因為 NP 會大於 AP。圖 4.6 是一位運動員在田徑跑道跑步測出的數值，NP 是 273，AP 是 244。29 瓦特的差距，代表兩者間有 12% 的變異，得出的 VI 是 1.12。

　　當你看到功率數據時，就不會感到訝異了；有些部分功率突然猛增，也有些區塊呈現低谷，跑者可以在間隔與間隔中間休息恢復，此時功率輸出為零。

　　如果你看圖 4.2 的 30 分鐘測驗，你會發現 VI 是 1.00。在這個例子中，運動員的配速很完美。如果有功率猛增的情況，次數和增幅都有限。

　　如果你騎自行車時有用功率計，一定曾經從自行車的功率數據中看過很高的 VI 數值。在騎自行車時，和一群自行車手以一個集團的方式進行比賽是取得勝利的關鍵，待在集團中通常會有比較大的功率猛增狀況。自行車手還可以跟著集團用零瓦輸出的狀態滑行，或者在遇到很長一段的下坡時，完全不用踩踏板。跑者就永遠無法用零瓦輸出的狀態滑行，所以 VI 數值就不可能像自行車手一樣，常常出現高 VI，除非你在進行的是密集的跑跑停停的練習，像是在跑道上間歇跑。

時間長度	距離	訓練壓力分數
58:01.81	6.19 mi	74.0

Work	849 kJ		IF	0.88
NP	273 w		VI	1.12
VAM	3.20			

	最低	平均	最高	
功率	0	244	379	w
心率	75	155	187	bpm
步頻	0	173	201	rpm
速度	0.00	6.40	10.6	mph
配速	00:00	09:22	05:40	min/mi

圖4.6b　高變異性指數數據

另一種會出現高 VI 的情況，是跑者配速配得很差，連一開始的功率輸出都無法維持下去。當然，這種狀況是因為跑者在練習或比賽時跑得不好，我希望你不會出現這類的情況。

另一種更常見的高 VI 狀況，通常顯示練習的強度很強，過程中高功率與低功率彼此交替。

配速是很重要的技巧，長跑時能幫助你節省力氣，用在最重要的時刻，VI 則是一個很好的工具，能讓你了解某次訓練的強度狀況，還有跑者的配速掌控如何。我們在第 9 章討論賽後分析時，會再提到 VI。

本章重點整理

使用功率做訓練時，長距離跑步最重要的兩個數值是 rFTPw 和 rFTPa，各代表功率與配速的功能性閾值——也就是運動員在一個小時的時間內，可以維持的最佳功率輸出或配速。

簡單實地測試，就可以找到這些數值。簡單檢視蒐集到的功率數據，也能估測出這些數值。持續更新你的 rFTPw 很重要，因為很多其他指標都會用到這個數值。

你的 rFTPw 提供你個人的強度基線。你可以拿來和 NP 做比較，得到強度因子。也可以將 NP 和 AP 做比較，藉此更瞭解某次訓練的變異數，也就是我們所說的變異性指數。

一定時間內的峰值功率輸出，也能幫助運動員瞭解自己的強度。你可以用這些數值監測訓練結果，並找到比賽的具體需求。

5

用功率達到效率

你有被教練指導改變跑姿的經驗嗎？有沒有人給過你一些小訣竅，只要透過簡單改變身體姿勢或著地方式，就能跑得更快？如果你的回答是肯定的，那這些小訣竅大部分的目的，都是要幫助你跑得更有效率。

在第 4 章，我簡短地提到了效率，以及如何用功率數據追蹤效率。如果你有運動科學背景，可能一聽就會糾正我，因為傳統對效率的定義是每單位消耗的能量產生的做功，或輸出能量除以輸入能量。

但在這本書中，搭配功率數據採用的效率概念不一樣。在這本書裡，我們將效率定義為，你從輸出的瓦特所產生的速度。畢竟，在同樣的能量輸出下，速度變得更快，這就是長跑跑者要變得更有效率的目的。

安德魯・科根博士（Dr. Andrew Coggan）開創了自行車功率訓練，他偏好使用「有效性」（effectiveness）討論瓦特和速度的關係。我也喜歡這個詞，但在這本書中，我希望可以將這個新工具的實用性提升到最大，利用新科技測量過去做不到的事情。我們在跑步和自行車的訓練指標中，也用了「效率因子」（efficiency factor，EF）一詞好幾年了，這是將功率輸出和心率比較（並非能量的測量）。所以就本書的目的，並配合訓練領域中慣用的詞彙，我會用「效率」（efficiency）來描述速度與瓦特的關係。如果你想要用「有效性」一詞，也沒有問題。

你跑步的效率到底如何？你所產生的瓦特中，有多少能實際幫助你前進？我們可以限制或減少那些無法有效幫助你前進的功率嗎？可以將其中部分功率轉化，幫助你跑得更快嗎？

自行車功率計測量的做功速率，是實際用在踏板上讓自行車前進的功率。請注意，這不是說自行車手的身體沒有做任何功在自行車上；而是說自行車功率計只能測到特定施加在其上的功率。就某種程度來說，要騎得更快變得更容易了——輸出更多瓦特，你就騎得更快。但這樣的測量方法，其實也凸

在同樣的能量輸出下，速度變得更快，正是跑者變得更有效率的目的。

顯這項科技的侷限。競賽型自行車手如果可以看到自己輸出瓦特的效率程度，就能更瞭解自己騎車的狀況。他們可能會發現自己踩踏技術有問題，或發現他們的騎姿不良。但自行車功率計無法測量出自行車手在多餘的身體運動中浪費掉的能量；自行車功率計只能測到有多少功率從踏板傳到傳動系統。

幸好，跑步功率計不一樣，這也是跑步功率計的優勢之一。當然，測量你身體輸出的所有功率，會讓數據變得更複雜一點。但我希望本章談到的指標，能讓這個概念變得更簡單一點，讓你可以追蹤你的效率，也監測你調整跑步技術或方式後的成效。有了功率計，你可以觀察自己體適能的進步，這些數據能提供的資訊，會比速度或心率數據更加細緻。

我想要再提一下第 3 章講過的：首先也是最重要的，利用功率計幫助你更了解自己。如果你將功率計蒐集到的數據做最大限度的利用，首先要先用功率計了解你跑步的趨勢，以及目前的效率程度，如此一來，才知道怎麼改進。接著，你可以用功率計算出功率區間，找到訓練強度，並監測自己的效率，藉此了解訓練是否有效，或者已超出所能負荷的限度。如果你能這樣做，功率計訓練將能大幅改善你的比賽成果和經驗。

如何將瓦特轉化為速度？

跑得最有效率的人，每次都可以贏得比賽嗎？答案是否定的；第一個跑過終點線的人才是冠軍。道理很簡單——冠軍是可以用最快速度從 A 點跑到 B 點的人，這樣的跑者具備了體適能和速度的最佳組合。體適能就是承受壓

力的能力，在這個情境中，壓力就是跑者可以維持輸出的做功速率。但將做功速率轉化為速度的能力，是影響跑步表現的關鍵因素。效率較差的跑者，還是可以擊敗很有效率的跑者；效率較差的跑者還是可以具備足夠的體適能，維持較高的速度，就算效率比較不好。效率差的跑者可以跑得很快，雖然他們其實還可以變得更有效率（並因此跑得更快）。

但一定時間內，運動員可以輸出的最大做功速率有其限度。屆時，唯一能再跑得更快的方式，就是將所有輸出的功率盡可能都轉化為速度，也就是要用更有效率的方式跑步。輸出功率的最大限度為何、產生的速度或強度又是多少，都因運動員和其所設目標而定。例如，一名跑者可能無法維持在 5 公里賽事速度夠快所需的做功速率，但在馬拉松卻可以保持很不錯的功率輸出。

大部分觀察人員認為，頂尖的馬拉松選手都不在乎效率，只在乎完賽需要的時間。理想情況是他們可以用在這場賽事中所能維持的最佳速度衝過終點線。但別忘記，他們跑得愈快，在場上的時間就愈少，能維持的強度也愈高。

你可能會認為對於短跑選手來說，在比賽距離或時間之外，他們通常不擔心效率這件事。但他們一旦達到能輸出的最大瓦特數之後，還有可能再調整，再加快 0.1 秒或 0.01 秒嗎？

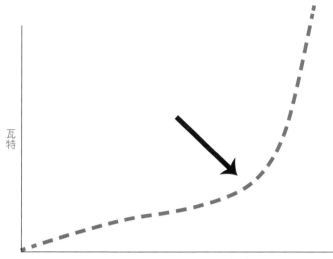

圖5.1　瓦特與速度的關係

　　我們用圖表說明。圖 5.1 呈現隨著瓦特增加，速度也提升。這不令人意外吧？但注意，問題是這個關係並非線性成長；相反的，是呈指數成長。意思是說，到了某個程度，若要以同樣速度加快，所需的瓦特會比之前多更多。圖 5.1 的箭頭所指的地方，就是瓦特和速度從線性成長的關係變成指數成長。

　　圖 5.1 本身不包含任何速度的特定單位，因為適用於所有級別，不管運動員的速度如何。也就是說，同樣的關係圖適用於所有領域的跑者。對個別跑者來說，唯一的差別是開始呈指數成長的速度不同。開始呈指數成長的時間點（圖形的坡度開始劇烈改變時），代表運動員需要產生更多的瓦特，才能跑得更快。

瓦特數需大幅增加，才能再增加一些速度，造成這個狀況的原因有好幾個。第一個原因和動量有關──每一步都需要將身體從幾乎停止的狀態再向前推進，腳踩在地面時，許多向前的運動被地面吸收。轉換腳步時，只有一小部分的動量被跑者帶著向前。顯然，跑者腳著地的方式會有影響，但通常來說，每踏出一步都會損失非常多向前的動量，需要隨著踏出的下一步再產生新的動量。

　　第二個原因和每一步施加在地面及地面回傳作用力的向量或方向有關。這些方向性的作用力不會以完全水平或垂直的平面回傳。相反地，這些回傳的作用力中都會損失一定的功率。為了讓速度增加，每一步為了加速，必須比前一步產生更多的作用力。

　　步頻一定也要增加。但步頻的增加也有一定的限度，因為腳與地面接觸的時間，再怎麼減少，都不可能變成零。

　　當然，跑得愈快，累積的疲累就愈多，用到的能量系統只能維持住較短的時間。導致高作用力、高速的運動無以為繼，效率因此降低──我們透過運動轉化為水平功率，將瓦特轉化為速度的能力因此降低了。圖 5.2 進一步說明速度與效率的關係。

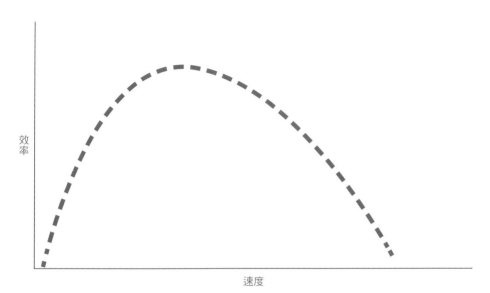

效率

速度

圖5.2　效率與速度的關係

　　圖 5.2 是我們都有過的經驗，雖然我們已試著用盡全力維持速度或強度，卻腳步沉重，沒什麼成效。到了某一個時間點，速度就會開始瓦解，就算我們已經盡全力跑得更努力或更快，也力不從心。

　　運動員要如何延後圖 5.2 中效率開始下滑的時間點，或延後圖 5.1 瓦特對比速度開始呈指數成長的狀況，這是日常訓練的一項重點。加強跑步的效率，對於速度和耐力都會有非常大的幫助。

　　你從圖 5.2 會發現，跑者在較慢或較快的速度都一樣效率不彰。每位跑者都有自己效率最好的速度範圍；訓練的目標應該是要擴展這個最佳範圍，在更快的速度建立類似的效率。畢竟在比較慢的速度跑得更有效率，不會造成太大改變；重點是要在速度更快的時候跑得更有效率。

當然，要跑得更有效率，你需要知道哪些因素會影響效率，以及如何在訓練中改進。你之後會發現，有些很容易就可以調整，有些則不是那麼容易，而且還有一些因素，根本無法控制。

影響效率的因素

有一些因素和變數會影響你跑步的效率。你可能也猜得到，很多都和生物力學有關。不過還有些其他的因素也會影響身體將瓦特轉換為速度的能力。有些你可以控制，有些則無法。

我並不打算在這本書中特別教你怎麼跑得更有效率，或你該採用哪些技術。有很多不同的技術都能成功做到這點；你可以從訓練相關書籍或向教練學到這些技術。但我倒是覺得長跑跑者應該使用功率計，了解他們所使用的技術如何影響跑步的效率。當然，除了技術之外，功率計也可以告訴他們，跑者可自行控制的因素中，哪些會影響他們的效率。

生物力學和肌肉骨骼系統

對大部分想要改善效率的運動員而言，最顯而易見的因素就是生物力學（或跑步的物理學，以及身體透過運動將物理學做最大的運用）。舉個你可能很熟悉的著地例子──腳跟先著地，或腳前掌先著地，兩者產生的效率程度不同。但對於生物力學和效率來說，不僅如此──除了幾個關節的運動外，還有很多其他變項會影響身體效率的能力。

◆身體質量

身體質量顯然是影響效率的決定性因素。產生的特定作用力和步頻速度是否有效，和跑者的身體質量有關。同樣的作用力，分別放在不同的跑者身

上，一位重 150 磅，另一位重 200 磅，你會發現兩者每瓦產生的速度會有非常大的差別，就算兩位運動員的生物力學一樣。這樣的差異和每公斤輸出的瓦特有關，我們之後會談到這個指標。

在爬坡的時候，身體質量愈大，需要產生愈多作用力，才能讓身體移動，並克服重力的影響。隨著坡度愈斜，重力會增加，此時就需要輸出更多的垂直功率，讓身體可以離開地面。所以，每公斤輸出的瓦特會造成很大的不同。

不只整體身體質量有關係；特定質量在身體的哪一部分，以及重力對該質量的影響，對運動的效率有很大的影響。如果你又瘦又矮，相較於又瘦又高的跑者，你可能會有效率上的優勢，因為需要移動的四肢也比較短。如果你過重，在跑步時身體重量的位置會影響你的姿勢，因此影響你的效率。

就算你沒有過重，身上很多都是沒有脂肪的質量，這樣的質量也會影響你移動。舉個例子，肩膀寬且上半身肌肉比較多的運動員，隨著跑步時間增加，比較容易累，這是因為相較於腿部質量較多、質量位置較接近地面的跑者來說，前者必須更努力支撐上半身的質量。

很多跑者都可以改善身體質量，功率計可以呈現出改善後的成效。改善後，跑者在特定功率輸出狀況下能跑的距離更遠，也就是說，投入相同的努力，但卻達成更好的結果。

◆彈性

肌肉的彈性對身體有幾種不同的影響。舉個例子，彈性不佳會減低步伐的長度，也會影響姿勢。如果運動員的臀部和支持的肌肉組織緊繃，會影響跑步時臀部是否維持一直線，以及作用力的施加。緊繃其實會讓身體產生自我對抗的狀態，進而造成運動無法全面施展，達到最大程度的發揮。

另一方面，膝蓋和小腿的軟組織若過度有彈性，關節可能無法承受壓力並快速將雙腳從地面彈回，創造步頻速度和反作用力。跑步成功的一個關鍵，是雙腳著地時能否快速離開地面。這其中很大一部分來自肌肉儲存並釋放的彈性能，就像是彈簧壓縮和拉長的狀態。你的小腿主要肌肉的彈性愈大，這些肌肉的彈性能就愈少，而你觸地再彈離地面的速度就愈慢。如此一來，你的速度會變慢，在這種情境中，彈性過度並非好事。

◆跑鞋和鞋墊

　　鞋子不是肌肉和骨骼，但絕對會影響生物力學，因為鞋子是跑者接觸地面的介面。你跑的每一步，鞋子都是第一個和最後一個接觸到地面。鞋子會影響你跑步的效率和生物力學，這和鞋子所提供的功能有關。

　　你可能屬於赤腳或極簡類型的跑者，連鞋子都不用穿。近來，我們看到突然有很多人嘗試極簡式跑鞋和赤腳跑步，很大的原因是因為鞋子會影響（絕大多數是負面影響）跑步的生物力學。鞋子對你的跑步功率到底能提供助益或造成阻礙？這還有爭議，而且主要和你個人步伐的特定力學有關，不過別忘記，你穿的鞋子會影響你的功率輸出與維持，以及轉化成速度的能力。

　　鞋墊、矯形器和其他針對你的步伐與跑步需求的產品等，都會影響跑鞋。找到能支撐你跑步最適合的跑鞋，才有可能改善你每瓦產生的速度。

神經肌肉因素

　　一個人跑步的能力，除了受到身體構造影響外，還包括其他因素。大腦和肌肉的關係也有所影響。

◆神經肌肉途徑

　　神經肌肉途徑是腦與肌肉透過神經的連結，傳達大腦的訊息，對肌肉下達指令。大腦下達指令後，突觸受到激發，將訊息從大腦傳送到肌肉，告訴肌肉要執行或支持的動作。

　　這個神經訊號的途徑，以及肌肉接受訊號的能力，都是經過長時間所發展出來的。身體傳送和接收訊息的經驗愈多，這個訊息系統就比較不會有問題。這就是為什麼有經驗的跑者通常比新手跑者的效率更好。跑者需要累積多年經驗，才能在跑步時發展出有效運動的模式。

　　例如，常常會看到年輕削瘦的運動員，又瘦又高卻難以結合跑步時的運動模式。這些運動員通常沒有辦法跑得很有效率。

　　新手跑者通常很努力卻難以達到神經肌肉效率，這是因為他們沒有經驗，還沒有辦法順暢執行動作，達到有效跑步的協調性。

　　你可以透過 3D 功率計發現神經肌肉效率不彰的狀況，做法是監測你在水平平面輸出瓦特的百分比，比較側向與垂直平面的百分比。

　　舉個例子，如果你水平功率輸出的瓦特是 40%，那 60% 便來自其他平面，則這 60% 就不一定能幫助你向前移動。在平坦的場地更是如此，在平坦地形上，水平功率比垂直或側向功率都還重要。

◆疲累

　　如我們先前提到，一旦達到一定強度，要繼續維持有效運動模式的能力就有限。最主要是因為在高強度運動時，造成肌肉骨骼疲累。不過，運動員也有可能在還沒開始跑步之前，就已經疲累。前一次訓練延續下來的疲累，可能會嚴重影響運動員的效率。這種雖然是肌肉骨骼類型的疲累，但還是會影響大腦將訊息傳送給肌肉的能力，進而造成神經肌肉疲勞。

◆受傷

疲累會影響肌肉群在跑步時，有效移動和施加作用力的能力，同樣的，受傷也會影響這些肌肉群一連串的運動。受傷的肌肉為了自我保護，不要再度受傷，會自行限制運動。這必然會影響效率。其實，功率計還可以告訴我們更多受傷對身體的影響，是肉眼觀察或自我感覺所無法得知的。本章稍後會再說明。

生理因素

除了結構和神經性因素會影響效率，個別跑者的生理差異，也是另一個影響因素。

◆性別與年齡

你的性別與年齡，可能會影響你跑步的效率。如果你是女性，就統計而言，你的脂肪質量可能會比男性多更多。如前面所提，身體質量和其所在位置，會影響跑步時的效率。

女性的 Q 角度也與男性不同。從身體正面看，這是一個大腿骨從臀部到膝關節的角度。女性的臀部通常比較寬，平均增加大腿骨到膝蓋的角度。男性的 Q 角度通常比較小，大腿骨從臀部到膝蓋的角度因此較為垂直。這樣的差異，會影響跑步或類似運動時作用力的分配。這也可以歸類為肌肉骨骼和生物力學上的差異，但性別的差異也絕對是生理上的差異。

年齡也會影響效率，運動員隨著年齡增加，需要更多休息復原的時間，這或可看做是效率變差的證據。此外，我們知道隨著運動員年齡增加，運動表現會變差，而效率就是表現的其中一環。

相反地，相較於成人，較年輕的運動員跑步的效率比較差，需要輸出更多的功率來維持一定的速度（Schepens 等人）。

◆溫度

效率會因溫度而改變。你的身體在較低溫度下，需要耗費更多能量讓身體熱起來，而在高溫環境下要將身體冷卻下來，又是更大的挑戰。普遍來說，溫度愈高，身體愈難輸出同樣的功率。在訓練時是否有辦法降低這樣的影響呢？當然可以！為了適應，很多運動員會模擬比賽當天的狀況，在相似的狀況下進行訓練。

心理因素

運動員的表現，很多都和心理有關。運動員有動力、自信且專注的時候，可以發揮最大潛能。在訓練中想不斷突破的欲望、在比賽時能再進一步發揮並突破極限的能力，這些都是很多成功的運動員共同的特點，尤其是耐力型的運動員。

就效率來說，跑者是否能專注在技術精準地進行動作，同時承受壓力和疲累，這些都和心理素質強度有關。疲累的時候，運動員的思緒是否也開始飄忽？每個運動員都會出現這樣的狀況，但出現的時間點，因個別運動員而不同。當腦袋思緒清晰，有能力在深度疲勞下持續維持專注，這樣的運動員就能大幅改善跑步的效率。

你也可以改善自己的效率嗎？當然可以！沒錯，前面提到的有些東西無法改變，像是你的年齡和性別，但證據顯示，訓練可以改善跑者的效率。相比之下，新手跑者的效率會進步得比較多，尤其是在剛開始訓練的時候。有經驗的跑者需要用更對症下藥的方式調整訓練和技術，才能繼續改善跑步的效率。

效率監測指標

　　你可以監測哪些指標，確認你每瓦特產生了更多速度？我認為有幾個指標是長跑選手在訓練時都應該注意的指標。有些指標是我自己創造出來的，有些則是廣泛使用的標準指標。這些指標很快就能呈現你的效率是否繼續維持、改善或變差，也能確保你沒有出現受傷或訓練過度的跡象。

　　當然，在接下來關於影響效率因素的一連串討論中，你可能會假定改善每瓦特產生的速度就是每次訓練的終極目標。但其實不然，這點蠻重要的，需要特別澄清——我的意思不是每瓦特產生的速度每次都要增加。還記得嗎？在比賽中，我們不在乎誰跑得效率最好；我們在乎的是誰跑得最快！所以在使用這些指標的時候，請記得你可以觀察到體適能進步的幾種方法：

● 每瓦特產生更多速度：你產生的瓦特和能跑多快的比。

● 一定速度下，輸出瓦特變少：你可能沒有辦法增加速度，但如果你可以維持目標配速，或任何配速，同時輸出更少瓦特，這代表你的生物力學效率增加；你在更低的做功速率下，輸出表現、配速，或速度都提升了。

● 速度和瓦特增加：這點可能會讓你感到意外，畢竟本章的重點是效率。不過，別忘記，你跑步的速度決定了你的表現。速度愈快，通常就需要輸出愈多瓦特。如果你可以輸出更多功率，同時發現跑的速度提升，那這就是進步！

● 速度和瓦特相同，心率降低：做為輸入指標，心率可以幫助你瞭解身體做了多少努力，才能維持一定的配速和功率。就算瓦特或速度沒有太多進步，但卻發現心率降低，這就顯示你的體適能變得更好了。

　　如果你在訓練時沒有看到這些趨勢，就該調整訓練策略了。這裡的意思不是說你不能偶爾一次跑得比較差，因為沒有人每次訓練都進步。不過你可以觀察訓練呈現的趨勢，決定你應該再多休息一點、增加訓練，或是調整訓練的強度。

　　以下指標能幫助你監測這四個面向是否進步。這些指標和呈現的趨勢，2D 和 3D 功率計都適用。

效率因子

　　一直以來，效率因子（efficiency factor，EF）都被用來追蹤特定有氧強度的運動，藉此監測有氧發展狀況。過去，效率因子的計算方式是用配速（輸出指標）比心率（輸入指標）。對於配速數據，我們使用每分鐘跑幾公尺的標準化分級速度（normalized graded speed，NGS），除以平均心率。在這裡，標準化分級速度很好用，因為消除了地形造成的差異。等式如下：

效率因子 = 標準化分級速度／平均心率（EF = NGS/avgHR）

　　這個算式得出的結果，是運動員每一次心跳平均產出多少速度。舉個例子，如果運動員在整趟跑步中的標準化分級速度是每分鐘跑 200 公尺，平均心率是 150 bpm，則其 EF 就是 200 除以 150，等於 1.33。

　　但現在我們有了功率計，我們可以將功率放入 EF 的計算。在這個例子中，只要把 NGS 換成標準化功率（NP）。等式如下：

效率因子 = 標準化功率／平均心率（EF = NP/avgHR）

你可以繼續使用你的配速計算方式嗎？可以，因為還沒有證據顯示，哪一個指標拿來呈現跑者的有氧狀況比較好。如果你本來就有在用配速蒐集效率因子的數據，你可能會想要繼續維持原來的做法。但如果你是首次嘗試，你可能會想用功率的方式計算。

效率指數

比較 NP 和心率很有用，但記得，我們更在乎的是將每瓦特產生的速度提升到最高。到目前為止，這樣的指標還不存在。

效率指數（Efficiency Index，EI）可能是監測每瓦特產生速度最好的指標了。更棒的是，跑者可以在跑步的時候監測這樣的關係。這個指標的計算方式很簡單，是用每分鐘產生平均配速或速度（公尺），除以平均瓦特。

效率指數 = 平均速度／平均功率（EI = Avg Speed/Avg Power）

配速為什麼要用每分鐘跑的公尺數計算？通常來說，相較於每英里跑的分鐘數或每公里跑的分鐘數，每分鐘公尺數提供的分子比較大，用每分鐘跑的公尺數除以你的瓦特，比較容易計算。用每分鐘跑的公尺數，這個數字可能會比較接近瓦特數，除完的結果會更接近 1.0。記得，效率指數愈大愈好，如果基線為 1.0，之後也比較容易觀察數字變動的狀況。舉個例子，有一名運動員每英里跑 8 分鐘，輸出功率為 200 瓦特。差不多等於每分鐘跑 200 公尺，效率指數是 1.0。如果這位運動員後來用同樣 200 瓦特，每分鐘跑了 220 公尺，新的 EI 就是 1.10，進步的程度很容易就看得出來。

如果運動員輸出的瓦特也增加，會如何？例如，每分鐘跑 220 公尺，輸出的瓦特增加到 210 瓦。雖然瓦特數增加，但因為速度也增加，所以 EI 是

1.05，這個例子中，同樣很容易就能看出進步的幅度。

這是不是說你的 EI 一定要是 1.0？不一定；這個數值因人而異，但我設計這個指標，是因為對絕大多數的跑者來說，得到的數值不會差太多。當然，瓦特數會因為你用的是 2D 或 3D 的功率計而異。如果你用的是 2D 功率計，在同樣的速度下，你的瓦特數會比較低，所以得到的商，也就是 EI 數值會比 3D 功率計測到的數值還高。

你可以採用 EI 監測你實際將瓦特轉化為速度的能力。如果要這樣做，我建議在跑步時用平均移動 30 秒的 EI，我稱之為移動效率指數（rolling EI），或者 rEI。你在顯示器會看到之前 30 秒的平均數據。顯示器會將現在這一秒和前面 29 秒蒐集到的樣本平均，呈現輸出瓦特的效率。

為什麼要使用平均移動 30 秒的數值呢？好問題。如果選取的時間範圍太短，任何小的變動都會扭曲了你實際的 EI。為了得到可靠的 EI 數值，你需要在一段比較短的時間範圍內將數據標準化，30 秒似乎效果最好。你可能每分鐘會查看你的顯示器一或兩次，30 秒移動數據剛剛好可以告訴你，距離上一次查看後，你在這段間隔跑步的效率到底如何。

我也建議在跑後分析時，查看整段運動過程中的 EI，我稱之為總效率指數（total EI）。追蹤其他類似運動的總效率指數，例如，輕鬆配速跑、恢復跑、長距離耐力跑、針對 5 公里比賽進行的配速跑等等，你可以看到自己在體適能或效率是否有進步，或兩者同時都進步了。如果你發現兩者關係出現負成長——瓦特增加，配速不變——你可能就需要休息幾天好恢復狀態，或者需要專注在跑步步伐的技術層面（你的跑姿可能出現一些沒有效率的動作）。另一方面，如果你的瓦特增加，配速也提升，兩者的比可能沒有改變，但你實際上卻跑得更快了，而這就是我們在訓練時主要想看到的結果。

有些使用者，尤其是有用過自行車功率計的人，可能會覺得在計算時應該使用標準化分級配速和標準化功率。如果你通常在同樣的場地訓練，場地是一個圈（結束的地方，就是開始跑的地方），就沒有什麼必要將配速和功率標準化，因為有上坡就會有下坡，反之亦然。此外，跑步和騎自行車不一樣，跑步時無法滑行，也無法像騎車時在一群跑者中跑，可以在眾人的牽引之下，自己的瓦特數可以比領在前頭的人減少 50% 等。整體而言，不管在比賽或練習時，跑者彼此間功率輸出的變動狀況，都不會像自行車手一樣。

同樣地，EI 最好用來比較目標相似的運動，例如，輕鬆跑，或節奏跑。既然你比較的項目一樣，就不必將數據標準化（因為在你挑出類似的運動時，就已經先進行了標準化的步驟）。

功能性閾值效率指數

我們提過功能性閾值功率和功能性閾值配速的重要性，這兩個指標能知道你做為運動員的潛能。我相信測量效率最好的一種方式，就是觀察這兩種指標的關係，我將這個關係稱為功能性閾值效率指數（Efficiency Index at functional threshold，EI@FT）。這個比是將每瓦特產生的速度除以功能性閾值功率，可以寫成如下：

功能性閾值效率指數 = 功能性閾值配速／功能性閾值功率
（EI@FT = rFTPa/rFTPw）

在這個等式中，你的 rFTPa 單位是每分鐘跑的公尺數（公尺／分鐘），如果你使用的軟體不會自動換算的話，要記得將配速換算成這個單位。你的 rFTPw 單位是瓦特。追蹤這個比值。做為有氧耐力型運動員，每瓦特能產生

更多速度的能力非常重要！

　　理想的 EI@FT 應該是多少？這和你用的是 2D 或 3D 功率計來測量 rFTPw 有關，因為隨使用的功率計不同，分母會比較大或比較小，對最後除出來的結果會有很大的影響。此外，你跑得多好會影響分子，進而改變整體數值。你應該把重點放在這個數值隨時間呈現出來的趨勢。數值是不是變大、進步了，在閾值功率下每瓦產生的速度是否提升？這個數值可以讓你知道訓練的狀況。

　　我們再拿第 4 章的運動員做例子，這位運動員做了一開始的功能性閾值功率測驗，我們來看看他的效率是否進步。這位運動員在 11 月初做了 30 分鐘測驗，接著與大約 5 週後，也就是 12 月中的測驗進行比較。

◆測驗一：30分鐘測驗（11月4日）

　　圖 5.3a 是在 11 月 4 日針對 rFTPw 與 rFTPa 做的 30 分鐘測驗。同圖 4.2。

　　在這個測驗中，運動員在最後 20 分鐘的配速是 6:33 分鐘／英里（4:04 分鐘／公里），等於 245.70 公尺／分鐘。平均功率是 353 瓦特。為了計算 EI@FT，我們將他的速度（公尺／分鐘）除以該 20 分鐘的平均瓦特：

245.70/353 = 每瓦特 0.69 公尺／分鐘

　　別忘記，每瓦特產生的速度，是我們想要追蹤的主要數值，在這裡，速度是以每分鐘跑的公尺數表示。

　　做完這個測驗，運動員又訓練了一個月，訓練重點放在輕鬆跑、密集且時間長度較短的速度和有氧訓練。這位運動員做了很多增強式訓練（plyometric work），以及在 30 秒至 1 分鐘內用力跑，接著再休息較長時間

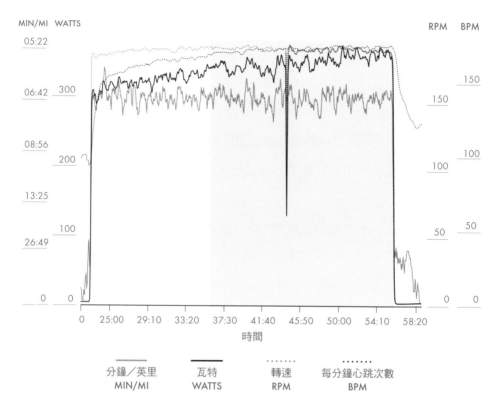

圖5.3a 於11月4日進行的30分鐘測驗，並標示出最後20分鐘

的訓練。這段時間並沒有做任何接近他的閾值配速或閾值功率的練習。所有
的訓練都是遠超過或遠低於其閾值的練習。

測驗二：30分鐘測驗（12月12日）

在做完第一次 30 分鐘測驗的 5 週後，運動員又做了一次測驗，想要藉此
評估訓練對閾值的影響（圖 5.4a）。

　　在這個測驗中，運動員的配速進步了，這是個好消息。在最後 20 分鐘，運動員的配速是 6:07 分鐘／英里（3:48 分鐘／公里），等於 263.11 公尺／分鐘。最後 20 分鐘的平均功率是 383 瓦特。同樣地，要算出這位運動員的 EI@FT，我們拿他的速度（每分鐘跑的公尺數）除以最後 20 分鐘的平均瓦特數：

263.11/383 = 每瓦特 0.69 公尺／分鐘

時間長度	距離	訓練壓力分數
20:00	**3.05** mi	**32.4**

Work	424 kj	IF	1.00
NP	354 w	VI	1.00
Pa:Hr	1.75 %	Ei. Gain	--
Grade	--	El. Loss	--
VAM	--	w/kg	4.90

	最低	平均	最高	
功率	0	353	387	w
心率	170	175	177	bpm
步頻	172	193	198	rpm
速度	6.03	9.15	11.4	mph
配速	09:57	06:33	05:15	min/mi

峰值功率

☐ 全程	236 w
☐ 峰值10:00 min	362 w
☐ 峰值12:00 min	358 w
☑ **峰值20:00 min**	**353 w**
☐ 峰值30:00 min	346 w
☐ 峰值01:00 h	257 w

圖5.3b　於11月4日做的30分鐘測驗

　　結果非常棒，因為運動員的閾值配速增加，閾值功率也提升，效率則和原來差不多。有些人看到 0.69 這個數值跟之前一樣，會覺得沒有進步，但顯然這位運動員跑得更快、輸出的瓦特更多，而且以他的功能性閾值功率，還可以得到同樣的速度對瓦特比，這樣的結果真的很棒。

　　你的比賽如果愈仰賴 rFTPw 和 rFTPa，那就更應該追蹤 EI@FT，並改善這個數值的表現。

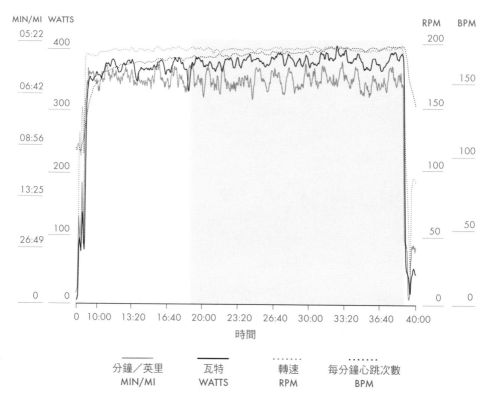

圖5.4a　於12月12日進行的30分鐘測驗，並標示出最後20分鐘

每公里產生的千焦耳數

如果你還記得，千焦耳（kJ）代表的是實際完成的做功。功率是做功速率，你在一定時間內的做功速率，可以告訴你實際完成的做功。

我認為追蹤功能性閾值（FT）的每公里產生的千焦耳數（kJ/km）很重要。這是以閾值跑一公里距離所需的總做功。因為我們已經設定了距離，可以看一下運動員在這樣強度下跑完所需的 kJ。我知道很多人會覺得跑者的目標就是要降低 kJ/km，但其實不一定，要看個別運動員、運動員訓練的內容、跑步的速度、數據顯示的趨勢為何等等。

舉個例子，一位頂尖的 5 公里跑者，可能會發現她的 kJ/km 隨著訓練而增加，但也可能發現跑得更快，而每瓦特產生的速度則維持不變或更好。在這個情境中，運動員的 kJ/km 增加完全沒有問題。

如果我們看之前圖 5.3 和圖 5.4 的例子，可以算出 kJ/km，算法是將最後 20 分鐘的 kJ（列在圖 5.3 和圖 5.4 中）除以最後 20 分鐘跑的距離，然後從英里轉換成公里（英里數 ×1.6）。換算之後，運動員的功能性閾值 kJ/km 如下：

11 月 4 日 kJ/km = 84.99

12 月 12 日 kJ/km = 86.40

結果顯示運動員每公里的實際做功增加，這是因為他跑得更快了，而不是因為效率不好，這是經 EI@FT 分析證實的結果。

這個指標有多重要？老實說，還沒有一個確切的答案。功率計還算是一項很新的科技，我們接下來會學到更多關於功率計的使用，但我覺得 kJ/km 可能會比 EI@FT 還重要，尤其是在進行比較時，因為 kJ/km 可以幫助我們看到經濟性的改變。舉個例子，之前例子中提到的運動員，rFTPa 提升了 6.62%（從

時間長度		距離		訓練壓力分數
20:05		3.28 mi		38.0

Work	462 kJ		IF	1.08
NP	383 W		VI	1.00
			w/kg	5.32

	最低	平均	最高	
功率	360	383	414	w
心率	166	171	176	bpm
步頻	157	195	201	rpm
配速	14:40	06:07	05:00	min/mi

峰值功率

☐ 全程		307 w
☐ 峰值06:00 min		387 w
☐ 峰值10:00 min		385 w
☐ 峰值12:00 min		385 w
☑ 峰值20:00 min		**383 w**
☐ 峰值30:00 min		378 w

圖5.4b　於12月12日進行的30分鐘測驗

6:33 到 6:07），rFTPw 則進步了 7.84%。這些數值改善的同時，EI@FT 維持在 0.69，不過 kJ/km 只增加了 1.67%。所以，雖然 rFTPw 增加，實際提升速度的做功只增加了 1.67%。在這個例子中，我認為 kJ/km 的數值就算沒有比 EI@FT 更有用，至少也不分上下。注意，如果跑者在更快的配速下，維持同樣 kJ/km，這也顯示跑步的經濟性提升了。

跑者也有可能發現 kJ/km 減少，如果他們每瓦特產生的速度增加，而實際跑完一公里的時間減少，那的確可能會出現這樣的狀況。不過如果是這樣，每瓦特產生的速度需要增加非常多。

每公斤輸出瓦特

還記得我們在第 3 章將兩位不同跑者的數據標準化嗎？我們用每公斤輸出瓦特（w/kg），觀察兩位運動員的功率與質量的關係。如我們所見，質量比較大的運動員，比質量較小的運動員輸出的功率多，但每公斤輸出的瓦特數更能告訴我們運動員的潛力。rFTPw 的 w/kg 可能是觀察運動員潛力最好的指標之一，尤其如果當場地坡度陡或地形上下起伏，這時運動員克服重力的能力，就變得格外重要。

你的目標 w/kg 值應該是多少？我沒有辦法給你一個答案，原因有幾點。首先，相較於 3D 功率計，2D 功率計的數值會比較低，因為 2D 功率計不會測量側向功率。所以你使用的功率計類型會影響所得到的數值。第二，這項科技還非常新，對於不同目標或技術程度，我們還沒有一個很好的基線可以提供目標數值（一旦能做到，我們還會需要 2D 與 3D 功率計個別的數值）。不過我可以很肯定地說，跑道愈困難、比賽愈長，高 w/kg 就愈重要，因為身體質量對效率有很大的影響。此外，如果你和另一位跑者的 EI 一樣，和這位跑者一起比賽時，你的 w/kg 就變得更加關鍵。

　　W/kg 對於你實際表現的潛力扮演了重要的角色，但別忘記，將瓦特轉化為速度的能力，還是最關鍵的一環。

EI或w/kg？

　　在進一步說明 w/kg 的角色以及跑步效率前，先看看三位運動員做了 3/9 測驗的結果。表 5.1 是三位運動員在不同間隔的配速（分鐘／英里）與功率（其中包括在前面幾章提到，也做過這項測驗的跑者）。同時也呈現運動員配速與功率的平均值，以及 w/kg 測量結果。

　　一開始先來看三位運動員的 EI，特別是他們每瓦特產生的速度。你會發現 1 號與 2 號運動員的 EI 相近，分別是 0.68 與 0.69。

　　這兩位運動員將瓦特轉化為速度的能力差不多。兩位能輸出的瓦特數都比 3 號運動員多，但 3 號運動員跑得卻明顯更快。這也是為什麼 3 號運動員的 EI 比另外兩位明顯高得多（我也要點出，3 號運動員是在 7,000 英尺的高度完成這項測驗，如果是在海平面，他的表現可能會更好；這項有氧測驗會

跑道愈困難，高 w/kg 就愈重要。

表5.1	三位不同運動員做3/9測驗的結果、w/kg、EI								
	三分鐘配速	三分鐘功率	九分鐘配速	九分鐘功率	平均配速	平均功率	質量	w/kg	EI
1號運動員	5:23	437	5:57	399	5:40	418	72.0	5.81	0.68
2號運動員	5:26	426	6:06	381	5:46	404	87.0	4:64	0.69
3號運動員	4:49	405	5:40	363	5:14	384	72.7	5:28	0.80

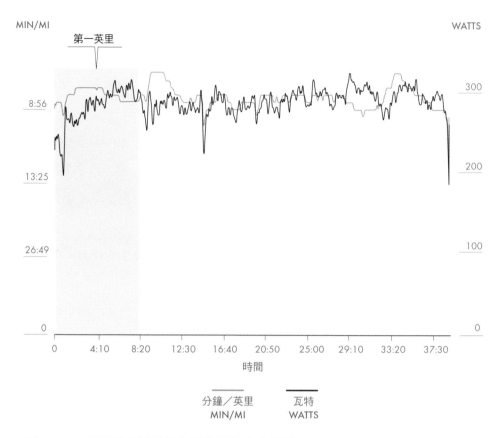

圖5.5a　一名運動員受傷前在科納的跑步功率圖

受到高度相當大的影響）。

接著比較 1 號與 3 號運動員。兩位的 w/kg 相近，但 3 號運動員的質量比較大，比 1 號多出 0.7 公斤。3 號運動員輸出的瓦特也比較少，所以 1 號的 w/kg 比較好。但是 3 號運動員還是跑得比較快，而且快蠻多的。3 號運動員的 EI 是 0.80，而 1 號則是 0.68，兩者間差距為 0.12，換算下來，3 號運動員將瓦特轉換為速度的能力比 1 號高出 18%。因此，儘管 1 號運動員較輕，能輸出的瓦特也比較高，他在訓練時必須再針對 EI 進行調整。

現在來比較 1 號與 2 號運動員。同樣地，兩者的 EI 都很接近，分別是 0.68 與 0.69。但 1 號運動員比 2 號輕 15 公斤，差了將近 21% ！ 2 號運動員只比 1 號慢一點點，輸出的瓦特數也只低一些，所以兩者的 EI 才會這麼接近，不過 2 號的 w/kg 值明顯低很多。1 號運動員跑得比較快，原因很可能就是兩者 w/kg 的差異。如果 2 號運動員把自己的質量降低到和 1 號差不多，他的 EI 應該就可以明顯提升。到時候，他很可能就可以跑得比 1 號運動員還要快。

1 號運動員需要改善他的 EI，2 號要改進 w/kg（調整之後，EI 應該也會進步）。3 號運動員也需要改善 w/kg，因為他的 EI 比較好。

監測受傷與恢復休息狀況

如本章前面所提到，受傷可能會影響身體表現的能力。但如果你可以更深入知道受傷狀況如何影響你的運動表現，如果你可以用 EI 知道何時可能會受傷，又或者身體正在為大腿後肌、小腿，或類似受傷部位進行代償作用。

時間長度	距離	訓練壓力分數
8:25	1.00 mi	8.8

Work	142 kJ	IF	0.81
NP	285 w	VI	1.01
El. Gain	39 ft	Grade	0.4 %
El. Loss	20 ft	VAM	86 m/h
VAM w/kg	0.42		

	最低	平均	最高	
功率	178	281	327	w
速度	6.49	7.14	7.38	bpm
配速	09:15	08:24	08:08	rpm

圖5.5b 受傷前的跑步功率數據

雖然你可能會覺得小腿緊繃沒什麼影響，功率計可以幫你瞭解是否真的如此。如果要說功率計有什麼功能值得你買下來並花時間了解，那就是監測受傷的功能，功率計能監測可能即將受傷的狀況，以及目前你現有傷勢，對你非常有幫助。光從你現在正在讀這本書，想要尋找能幫助你提升訓練的方式，就表示這正是你所需要的工具。

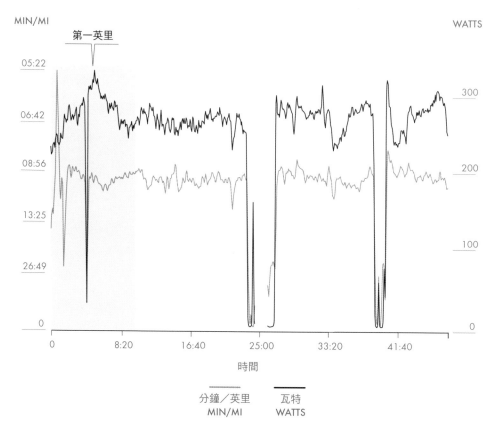

圖5.6a　一名運動員受傷後在科納的跑步功率圖

　　以下這個例子，說明功率計如何幫助你監測受傷和復原狀況。圖 5.5 是一個健康的運動員在科納（Kona）跑步的數據。圖 5.6 是同一名運動員，兩天之後測得的數據，他在這兩次練習間跌倒受了傷。他其中一隻腿的四頭肌和膝蓋受了傷。兩次跑步都算是輕鬆，並沒有特別針對強度做訓練。

　　這兩份數據都特別標示了剛開始跑的第一英里。再次強調，這些數據來自一位運動員，在同樣的跑道上，中間隔了兩天，用基本上同樣的方式跑。在圖 5.5 中，運動員還沒有受傷，很正常地跑。第一英里花了 8:25，平均瓦

特是 281。在圖 5.6，是他隔了兩天後在同樣的跑道上，跑得比較慢，第一英里用了 10:20，但輸出的瓦特數卻幾乎一樣——273！速度上差不多每英里慢了 2 分鐘，但輸出的瓦特數只少了 8 瓦特。這位運動員用的是 3D 功率計，顯然在垂直與側向平面上浪費了不少運動——被浪費掉的功率輸出，沒能幫助運動員前進。他花了不少力氣補償受傷的腳，一跛一跛費力地前進，跑步的品質不是很好。同樣總長 4.6 英里的跑道，第二次跑完比第一次慢了約 9 分鐘。

當然，你不需要功率計，就知道自己跑得比較慢。一只美金 2 塊的腕錶就夠了。但只有功率計可以告訴你，這名運動員兩次跑步輸出了差不多同樣的瓦特數，但第二次卻多花了 9 分鐘才跑完。對這位運動員來說，測得的瓦特數可以做為警示的功能。

這樣的數據，對你的跑步生涯可以有什麼幫助呢？如果效率突然降低，是不是就代表之後可能會受傷？如果每瓦特產生速度下降，可以幫助我們看到運動中的代償作用嗎？或者跑了超出時間，能提醒我們可能快要受傷？或者跑者還沒有百分之百復原嗎？

或者是可以告訴你，還需要花久一點時間恢復，再開始激烈訓練？你可能練得太操了；跑步方式沒有效率，再做一次密集訓練就可能會受傷。如果沒有教練透過銳利觀察監測你跑步的狀況，察覺你步伐的改變，過去你根本沒有辦法得到這類的回饋。很多跑者都無法誠實檢視自己受傷的狀況。大部分的

時間長度	距離	訓練壓力分數
10:18.67	1.00 mi	10.4

Work	169 kJ	IF	0.79
NP	278 w	VI	1.02
El. Gain	--	Grade	-45.9 %
El. Loss	2425 ft	VAM	--

	最低	平均	最高	
功率	0	273	343	w
心率	0	131	142	bpm
步頻	0	171	181	rpm

圖5.6b　受傷後的跑步功率數據

人通常會低估自己的傷勢，太快就急著想再回去練習，或者根本不放在心上，覺得純粹是這天狀態不好。

以上都是你的新功率計能提供的功能，可以預防受傷，也協助你休息恢復。要如何善用功率計，發揮它最大的功能，幫助你預測如上所提到的狀況呢？重點是每次跑步時都蒐集數據，更瞭解自己，持續追蹤自己的狀態，如此一來，你才會知道自己的訓練狀況、訓練結果趨勢。有了這些數據，趨勢若有任何改變，數據中出現任何異常值，就會很清楚，能提醒你可能會出現的狀況。

本章重點整理

跑得最快的人會贏得比賽，但在某些時刻，每個運動員都會希望每瓦特能產生更多速度。通常來說，速度愈快，需要的瓦特愈多。到了某個時間點，這樣的關係會呈指數成長，需要更多瓦特才能增加一些速度。

跑步速率受到很多因素影響，有些是我們所能控制，有些則否。新手跑者的效率會大幅增加，有經驗的跑者會需要更重點加強的訓練方法，才能提升每瓦特產生的速度。

每瓦特產生的速度的指標，稱為效率指數或 EI，計算方式是將每分鐘跑的公尺數除以平均瓦特。

比較 rFTPw 和 rFTPa，已成為監測跑步表現和訓練狀況，最重要的一種指標。這個指標也就是 EI@FT。

kJ/km 這項指標，測量在一定強度下，跑完一公里需要的做功。

跑者可以利用這些指標，在一整季中監測、追蹤效率和體適能的進步狀況。

6

功率區間

前一章討論效率、影響效率的因子，以及如何監測效率。那一章必須在功率區間這一章前面先提，因為我認為對跑者來說，首先也最重要的，就是效率。將每瓦特產生的速度提升到最快，非常關鍵。但你之後也會看到，根據區間進行訓練，對你想要參加的比賽、自己設定的目標，以及年度訓練規劃，都有很大的幫助。

跑步功率區間

如果你有運用科技進行訓練，或很認真對待自己的訓練，你可能有用過心率（HR）區間或心率進行訓練。這是一種很簡單且有效的訓練方式，可以根據目標了解不同訓練時的強度。你可能還用過 GPS 手錶，根據配速區間進行訓練，在這個概念中，配速和強度有關，而強度與不同的生理能量系統相應。

如果你很常練自行車或鐵人三項，你可能用過自行車功率計，並用功率區間做訓練。如果是這樣，你可能會急著想用一樣的方式開始使用你的跑步功率計。採用自行車功率區間訓練，能幫助你調整至比賽時所需的強度，確保你善加運用訓練的時間，專注加強你想要改進的部分。就這點來說，區間是很好的工具，而自行車的功率區間讓一切都變得非常簡單。只要看著功率計，如果用力不夠，就提高你輸出的功率，如果採得太猛，就降低輸出的瓦特。

但我希望你暫時先別急著開始用跑步功率計，因為跑步功率計沒這麼簡單。跑步功率計比自行車用的功率計還要複雜得多，因為我們前面有提到，跑步時面對的是不同平面的運動。跑步和騎自行車不一樣，

 **利用區間進行訓練，對你要參加的目標賽事和年度訓練規劃都有幫助。**

　　騎車時只測量施加在曲柄臂的作用力，跑步時我們不會特別將實際幫助你跑步時的功率獨立出來。我們會測量到有實際成效的做功（主要是水平功率），和沒有幫助的做功（垂直與側向功率）。

　　如果我騎著一台不適合我的自行車，坐墊高度不對，或者身體太向前傾，或者坐得太後面，自行車功率計不會告訴我姿勢有問題。功率計也不會告訴我浪費了多少功率，或者如果姿勢正確的話，可以輸出更多瓦特。自行車功率計只會顯示我施加在車子傳動系統最終得到的數字。這也是為什麼自行車功率計是很棒也很簡單的工具。只要提升輸出的瓦特，你就知道自己進步了。

　　但換做是跑步功率計，從中得到的功率數據裡，會包含有助於跑步的因子，同時也會有沒有幫助的因子。雖然比較複雜，但這也是跑步功率計勝過自行車功率計的關鍵，因為從這些數據中，可以知道哪些技術的效率不佳。那些輸出在沒有幫助的方向或平面的功率，其實就等於浪費掉了，跑步功率計可以幫助我減少那些被浪費掉的做功。所以，自行車功率計的數據有限，是其缺點；跑步功率計能提供豐富的數據，是一大優勢。

　　如果你用的是 3D 功率計，你可以看到三個平面的功率數據——水平、側向和垂直面。在平坦的場地上，只有水平功率重要。如果你用的是 2D 功率計，你只會看到垂直與水平功率，不會看到側向功率。這樣一來，測到的整體功率數值會減少，但這不一定是壞事，因為側向功率只占整體功率一小部分。不用管側向功率的話，你就可以專注在降低垂直功率，將垂直功率降到最少。

　　如果功率數字增加，但你卻沒有跑得更快，那你訓練時採用的技術可能不對，或者有其他第 5 章提及的原因影響，讓你沒有辦法跑得很有效率，需要再調整。功率數字高可能不錯，但能提高效率與成效的數字更重要。說不定隨著科技持續發展，很快地我們就能夠將有效的功率獨立出來，像用自行

車功率計的概念一樣，讓我們跑得更快。但在此之前，所有的功率數字，包括功能性閾值功率（rFTPw），都需視狀況不同一併考量，因為數值愈大，不一定就代表跑得比較好。

看到這裡，你可能會好奇，如果 rFTPw 不一定要變得更高，那這個數值是否可以呈現出你跑步的潛力？如果你一小時內可以維持輸出更多的瓦特，這是不是代表你的體適能變得更好了？好問題。沒錯，做功速率高，代表你比做功速率低的人有機會表現得更好，但並不代表你就能有效地將輸出的功率轉化為速度。舉個例子，世界上有很多車子都有類似的引擎。但就算是引擎一樣、馬力相同的車子，速度和油耗率都不一樣。這是因為每款車將引擎能量轉化的能力不同。就跑步來說，人跟車子其實差不多。你如何將作用力以及速度轉化為向前的力量，將是影響你跑步表現的關鍵。

想一想這個情境：一名跑者維持同樣的 rFTPa，但體適能變得更好，功率數字變得比較低。這裡的挑戰是，因跑者個人效率不同，不管功率增加或減少，得到相同體適能的機會幾乎是一樣的。如果你沒有好好分析，就胡亂使用功率區間做訓練，對你的訓練反而沒有幫助。

別搞錯，你當然可以用功率區間做訓練。但我相信，有效率的跑者比效率差的跑者更能從功率區間獲益，因為他們的功率數據變異數會比較小。如果你沒有使用指標觀察自己跑步的效率，訓練時對於改善效率也不是特別積極，那功率區間訓練對你可能也不會有大的幫助。

你有過這樣的經驗嗎？在一個很大的案子上投注了很多心力，後來才發現一開始的時候，在某個地方弄錯了，導致大部分的努力都因此白費？這種時刻真的讓人非常沮喪。如果你跑步的效率不佳，那用功率區間訓練可能也會出現這樣的結果。你可以在特定區間進行訓練，監測瓦特狀況，確保你所訓練的能量系統沒有錯，但如果你無法看出來所做的努力實際上真的也讓你

跑得更快，那還不如不要把重點放在功率上。相反地，你應該著重在配速，讓自己的配速可以變得更好。在運動結束進行分析時，用功率數據和功率區間檢查自己在那些強度的訓練狀況如何。

如果你能善用功率計，那利用功率進行訓練最棒的一件事，就是你不僅可以變得更強，訓練也可以變得更有效率，將跑步時更多做功轉化為速度。如果調整了跑步技術，功率計也可以讓你很清楚地看到成效（無論變好或變差）。你也可以更快、更清楚地發現自己訓練過度，同時得到可能受傷的警訊。

跑步的功率區間可以幫助你跑得更快嗎？當然可以，功率區間有機會讓你在訓練和比賽時都有所突破。但這項技術還很新，現在還很難明確知道功率區間就是最好的訓練方式。如果你能利用這些區間更瞭解自己的訓練方式，例如，透過監測每個區間的時間，你會發現這些區間對你的訓練很有效。你也可以把重點放在比賽的區間。就現階段而言，當你建立了有效率的跑步技術，已經可以盡可能將瓦特轉化為速度後，我鼓勵你接著實驗看看，採用一些區間訓練，針對現有的訓練再做微調。

要變得多有效率才足夠？好問題。我沒有辦法給你一個具體的數字或測驗，告訴你已經準備好可以開始做區間訓練。這項技術還很新，我們目前還無從得知。但我認為有兩件事你可以做，藉此知道自己是否準備好開始用功率區間進行訓練。

首先，先在輕鬆跑的練習上變成更有效率。輕鬆跑的時候，只要專注特定技術，在維持一定配速下減少輸出的功率，如果你在輕鬆跑都無法改善效率，很難想像你在強度更高的狀態下，還有辦法變得更有效率，因為此時你要跑得更用力，腦中能幫助你專注的氧氣也更少了。在本章稍後，我會再進一步討論如何監測你在功率區間的時間，這是開始用功率區間訓練前很重要的一步。

第二，找到你的比賽配速和強度，然後根據這些強度規劃你的基線效率。知道要變得更有效率，要注意哪些線索和具體事項，然後努力提升你的 EI（每瓦特產生的速度）。一旦改善了這個指標，成長到一定程度並停滯後，就可以開始考慮採用功率區間做訓練。

記得，目標是在跑得最快的速度下，盡可能有效率。所以先從比較慢且比較容易的強度開始，然後逐步練習更快、更難的強度。觀察通常在什麼時候效率會開始變差。還有一點很重要，要像之前還沒用功率計一樣訓練，藉此了解自己當時的狀態。我認為蒐集數據至少要蒐集三個月。這段期間結束後，你應該就大致知道自己在不同強度的 EI。接下來，最好可以搭配功率訓練，而不要受限於功率。功率數據不只可以用來建立區間，所以不要太糾結在功率區間上，因為這不是跑者可以改進或利用功率的唯一方式。完全不是這樣。

本章假設你已經先利用功率計瞭解自己跑步的趨勢和效率指數，知道如何將做功發揮最大效用，現在則已經準備好用功率區間進行訓練。如果不是這樣，我會鼓勵你先從改善效率下手。

定義功率區間

功率區間到底是什麼？功率區間是個別獨立的強度範圍，每一個區間主要使用不同的能量系統。我要強調「主要使用」這點，因為沒有一個能量系統會百分之百用到或完全沒有被使用到。在某一個強度訓練時，一定會對其他能量系統和其發展有影響，就算這些系統不是該次訓練的重點。舉個例子，一名新手跑者如果做輕鬆跑訓練，過了一段時間，會發現他跑 5 公里的能力也進步了，就算他沒有針對 5 公里所需的強度進行訓練。因為他在訓練基本有氧體適能的同時，也會改善無氧運動的能力。我稍後會再進一步說明。

在第 4 章，我們透過功率定義強度，所以功率區間可以再進一步定義強度。我們在前面強調了強度因子（IF），是將一段運動的標準化功率除以 rFTPw。在功率區間中也是同樣的道理，會根據 rFTPw 的百分比設定每個區間的瓦特範圍。

有自行車或鐵人三項背景的人，可能會知道安德魯·科根博士的功率區間。他根據一名運動員的 FTP 發展了七個自行車功率區間。我採用了他的方式和區間數，並根據我過去訓練能力不同跑者需求的經驗，調整了區間。我用 3D 功率計發展出這些區間。雖然我還沒有足夠經驗用 2D 功率計驗證這些區間，但我認為應該是正確的，因為這些區間都是根據 rFTPw 的百分比所設定。表 6.1 是功率區間、各區間的名稱、各自代表的 rFTPw 百分比，以及跑者在每個區間應該維持的大致時間範圍。

表 6.2 是前面幾章出現的跑者，他的 rFTPw 是 383，這是他的各功率區間表現。你從圖中可以看到，很容易可以跟著這些區間訓練；待在這些區間中，然後專注在要訓練的系統或目標強度。跑完之後分析時，這些區間也可以讓你回頭檢視自己在每個區間花的時間。你可以看單次跑步，或過去一段訓練期的結果。稍後會再進一步說明。

先來看看每一個區間，瞭解就訓練強度而言，這些區間各自代表的意義。

區間一：走路／恢復跑（rFTPw的80%或更少）

這是最簡單輕鬆的訓練區間。這個區間的強度為 rFTPw 的 80% 或更少。對用過自行車功率計的人來說，感覺可能有點高，但其實不然。跑步使用到非常多肌肉群，所以強度輕鬆的區間和閾值瓦特區間的差距，不會像自行車功率區間那樣大。對於所有的跑者來說，這個區間的訓練，包括走路和輕鬆慢跑，類似暖身和簡單恢復的配速。

表6.1　功率區間與rFTPw之百分比

區間	訓練強度	rFTPw百分比	時間
1	走路／恢復跑	＜81	3+ 小時
2	耐力跑	81-88	2-3 小時
3	節奏跑	89-95	1-3 小時
4	功率閾值跑	96-105	1 小時
5	高強度跑	106-115	20-45 分鐘
6	最大攝氧量跑	116-128	2-18 分鐘
7	無氧能力／峰值功率跑	129 +	＜2 分鐘

　　對於比較慢或普通快的跑者來說，這個區間可能也包含了強度簡單至中度的訓練強度，因為在這段區間中也可能會有一些有氧活動。運動員應該可以維持這個強度跑上蠻久一段時間，理論上可以跑幾個小時，雖然實際不太可能會需要這麼久。

區間二：耐力跑（rFTPw的81-88%）

　　這段區間是中度有氧訓練強度。科根博士通常稱區間二為「耐力」區間，我很喜歡這樣的用法，這個詞非常適切地描述這個階段。這個強度特別能建立跑者的有氧耐力。區間二比區間一的強度更強，因此更能建立有氧能力，但強度也沒有高到讓運動員在跑步的時候沒有辦法和其他人聊天。速度較慢到中度的跑者，可能會覺得這個區間和他們跑馬拉松的強度一樣，能夠維持這個強度長達幾個小時。

表6.2　rFTPw為383之跑者的功率區間樣本			
區間	訓練強度	rFTPw百分比	瓦特
1	走路／恢復跑	＜81	0-306
2	耐力跑	81-88	307-337
3	節奏跑	89-95	338-364
4	功率閾值跑	96-105	365-402
5	高強度跑	106-115	403-440
6	最大攝氧量跑	116-128	441-490
7	無氧能力／峰值功率跑	129+	491-5,000

區間三：節奏跑（rFTPw的89-95%）

大部分的跑者在其跑步生涯中，都曾跑過節奏跑。大部分的人知道這類型的跑步超出中度有氧耐力強度，無法維持好幾個小時，也不建議這麼做。速度比較快的跑者可能會覺得這個區間和他們在跑馬拉松的強度差不多，比較慢的跑者可能會覺得比較接近跑半馬時的強度。

區間四：功率閾值跑（rFTPw的96-105%）

還記得嗎？ rFTPw 是你跑一小時可以維持的功率輸出。注意，區間一至區間三可以維持好幾個小時到一兩個小時。現在，時間剩下差不多一小時，因為這個階段是功率閾值區間，使用百分之百的 rFTPw。你可以用比 rFTPw 少一點點的強度訓練，還是會有效果。你也可以用超出 rFTPw 一點點的程度訓練，同樣能看到很大的成效。任何需要花差不多一小時的比賽距離，都落在這個區間。對於較慢的跑者，可能是 10 公里的賽程；對頂尖跑者來說，可能可以到半馬那麼長。

區間五：高強度跑（rFTPw的106-115%）

　　區間五的應用範圍最廣。聽起來好像很奇怪，但這個包含的時間範圍蠻廣泛，尤其是比賽、間隔訓練，或強度較強的練習。這個區間超出功率閾值一些，落在達最大攝氧量之下。要維持這個強度的時間大約是 20 到 45 分鐘。如果你好奇為什麼沒有接近一個小時，請記得因為已經超出閾值，而根據定義，你其實不可能以超出閾值的強度跑一個小時。同時也請注意，時間範圍和區間一樣，也會有些重疊。訓練的時候永遠不可能只用到一個能量系統，不可能到某一個點就完全切換到另一個系統，不可能在 46 分鐘的時候，就突然從高強度區間瞬間轉換成閾值區間。有些強度也和跑者的能力有關，比較強的跑者或許可以用同樣的強度再跑得更久一點。

區間六：最大攝氧量跑（rFTPw的116-128%）

　　這個區間稱為最大攝氧量區間，這個階段的強度重點開始放在身體使用最大攝氧量的能力。運動員在這個區間可以維持的時間，因人而異。跑者的能力是一項因素，運動員本身願意在極度不舒服的狀態下繼續跑步，也會有影響。有些運動員純粹就是沒有辦法跑得像其他人那樣力，所以可以維持在這個區間的能力，因運動員不同，差異也很大。

　　在這個區間通常可以維持的時間，我認為強度最強是 2 分鐘，強度比較低的話則是 18 到 20 分鐘之間。由此可見，因運動員而異，涵括的範圍可以從 800 公尺到甚至 5 公里。速度較快的運動員會發現，這個區間的強度很常出現在他們的速度耐力訓練；對於跑得比較慢的運動員，這段區間的訓練，比較像是在建立個人速度。

區間七：無氧能力／峰值功率跑（rFTPw的129%或更高）

　　你的峰值功率——你在短時間（幾秒鐘內）可以輸出的最大功率——落在這段區間。這個階段的運動，高度倚賴神經肌肉的運作，和大腦能否將訊息傳送給肌肉，讓肌肉快速有效運作有關。這類的強度極高，時間很短，你不可能維持這個強度太久。這個區間可維持的時間最高約 2 分鐘，但因運動員而異，也有可能更低。

　　速度比較慢的跑者或新手跑者，不太可能使用這個區間。由於強度非常高，受傷的風險也很高。有經驗或速度快的跑者，或許可用來練習速度耐力

表6.3　不同功率區間訓練（1-7），對生理與跑步適應性的預期成效							
適應性	1	2	3	4	5	6	7
血漿量提升	●	●	●●	●●●	●●●●	●	●
肌肉粒線體酵素增加	●	●●	●●●	●●●●	●●●	●●	●
乳酸閾值增加	●	●	●●●	●●●	●●●	●●	●
肌肉肝糖儲存量提高	●	●●	●●●●	●●●	●●	●●	●
慢縮肌纖維增大	●	●	●●	●●	●●●	●	
增加肌肉毛細管化	●	●	●●	●●●	●●●	●	
快縮肌轉換 （type IIb → type IIa）	●	●●	●●●	●●●	●●	●	●
最大心輸出量提高	●	●	●●	●●●	●●●●	●●	●
最大攝氧量提升	●	●	●●●	●●●	●●●	●●●●	●
肌肉高能量磷酸鹽 （ATP/PCr）儲存量增加						●	●●
無氧能力提高 （乳酸耐受度）					●	●●	●●●
快縮肌纖維增大						●	●●●
神經肌肉力量增加						●	●●●

資料來源：Adapted from Andy R. Coggan,
http://home.trainingpeaks.com/blog/article/power-training-levels.

或建立速度（通常稱為速度訓練，speed work）。可以訓練運動員鍛鍊更多肌纖維，並且在盡可能最快的速度下產生很大的作用力。

表 6.3 進一步呈現這七個區間相互重疊的訓練成效。這是根據科根博士的七個自行車功率區間所發展出來。還記得前面曾提到，輕鬆的強度對於較高強度的訓練也有幫助，但如果做的訓練刺激更具體明確，訓練的成效也能提升到最大。從表 6.3 可見，針對不同的訓練效果，哪些區間最有效。

利用功率區間訓練

現在你知道每個功率區間的定義與目的後，來看看這些區間和功率值對你的意義。記得，功率區間是根據你的 rFTPw 百分比所設定，你可以透過第 4 章提到的測驗和做法找到你的 rFTPw，表 6.1 則有每個區間的說明。

一開始，你剛開始了解自己跑步的狀況時，我建議你在跑完做分析時使用功率區間，將功率區間做為跑步後的分析工具，而不是在跑步之前設定訓練強度，因為你跑得多快，對於你想要針對不同能量系統的訓練會有影響。例如，有些跑者 35 分鐘可以跑 10 公里，有些則希望可以在 50 分鐘內跑完同樣的距離。其實，還有些人可以跑得比 30 分鐘更快，而有些跑者需要一個小時才能跑完 10 公里。這些跑者訓練的區間並不一樣，雖然訓練的距離相同。

表 6.4 與表 6.5 是根據不同跑步速度，適用的區間和強度。表 6.4 是根據 35 分鐘內跑完 10 公里的跑者所設定的區間。表 6.5 則是需要花 50 分鐘或更多時間才能跑完同樣距離的跑者。做為本書讀者，你可能會落在跑得比較快的數值內，有些很認真的跑者甚至可能以低於 35 分鐘的時間跑完 10 公里。

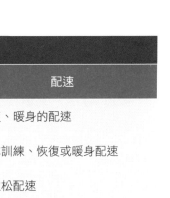

表6.4	35分鐘內跑完10公里跑者的區間與配速	
區間	訓練強度	配速
1	走路／恢復跑	恢復、暖身的配速
2	耐力跑	基本訓練、恢復或暖身配速
3	節奏跑	馬拉松配速
4	功率閾值跑	15公里半馬配速
5	高強度跑	15公里、10公里
6	最大攝氧量跑	5公里或更短距離，速度耐力
7	無氧能力／峰值功率跑	速度耐力、速度訓練

表6.5	50分鐘以上跑完10公里跑者的區間與配速	
區間	訓練強度	配速
1	走路／恢復跑	基本訓練、恢復或暖身配速
2	耐力跑	基本訓練、馬拉松配速
3	節奏跑	15公里半馬配速
4	功率閾值跑	10公里配速
5	高強度跑	5公里或更短距離、速度耐力
6	最大攝氧量跑	速度耐力、速度訓練
7	無氧能力／峰值功率跑	速度訓練

這裡的目的是想告訴你，一旦你瞭解了這些時間範圍，便可以根據自己的需求去調整。希望你會持續進步，跑得愈來愈快，隨著訓練進行下去，也會需要再調整這些數值設定。

在檢視某次跑步的功率數據時，其中一件很棒的事，就是你可以看看自己在每個區間花的時間。你可以由此知道，練習的強度和實際運動設定的目標是否一致。如果你想要練閾值，那你在區間四花了多少時間？圖 6.1 是一名運動員在跑道上進行閾值間隔（區間四）和高強度間隔（區間五）的練習。區間一和二的比重也不少，因為這名運動員在間隔與間隔間休息恢復，過程中也做暖身和緩和運動。花在區間六（最大攝氧量）的時間只有一秒，區間七則無。這個結果很不錯，顯示這名運動員達到了這次跑步的強度目標。

對於不知道自己 10 公里或 5 公里的配速是多少或應該多少的運動員，這類檢視運動強度的方式對他們特別有幫助。功率計的其中一大優勢就是有助於配速，尤其是如果運動員知道自己在特定期間實際可以維持的功率範圍是多少。有時用特定配速進行訓練，但設定的配速其實根本就不是想著重加強的能量系統，與其如此，那還不如運用功率區間，看看自己究竟離比賽要求的強度差距為何（這個例子告訴我們，採用功率訓練可以為訓練規劃提供明確的指引）。運動員可以看到自己能達到的配速，然後找到在哪些配速上應該再改善 EI。舉個例子，如果你想模擬在低於 17 分鐘內跑完 5 公里賽事的配速，但你的強度都落在區間四和區間五，那就代表你還沒用到全力，也還未能將所能運用的訓練時間發揮到最好。

如果你想在三個半小時內跑完馬拉松，但用目標配速進行練習時，跑步的強度落在區間三和區間四，那你大概不可能在整趟賽程中維持這樣的功率。運動員如果可以檢視自己在各功率區間花的時間，每次跑完會更有自信，因為他們知道自己進步了，並且更有可能達到設定的目標。

　　你甚至可以看到自己在比區間更小的瓦特範圍（我們稱之為「區段」
〔bins〕）所花費的時間。例如，圖 6.2 和圖 6.1 是同一次跑步，不過區間被
拆成更小的區段，每個區段的範圍是 20 瓦特。你可以選擇比較小或更大的區
段，瞭解自己通常落在區間內的哪一段，例如，都跑在範圍內的前段、中段，
或最後段的區塊。這樣的資訊可能會很有幫助，例如，當你覺得自己跑的區
間強度太高。你可能剛好就跑在這個區間的最低一個區段，這代表你其實做
得不錯，在跑步的過程中已經試著進一步拓展自己的極限。

　　觀察各區間花的時間還有另一個好處，如果你是透過耗費的力氣和配速
進行訓練，事後再檢視功率數據，你可能會發現跑的配速很快，但當時的功
率區間卻比你所預期的低。這代表你的效率進步了，很不錯。反之亦然，如
果你覺得投入了預期的力氣跑，但呈現的功率區間比你原先所設定的還要高。

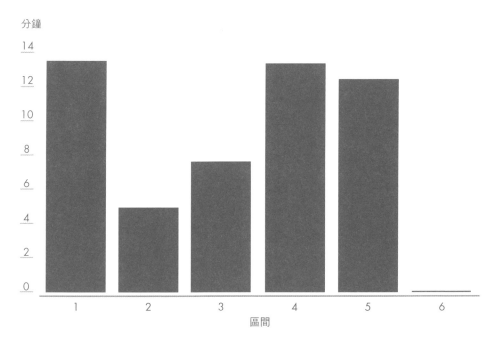

圖6.1　單次跑步各區間之樣本時間

這可能顯示疲累的跡象，有可能是因為你的訓練太操了，或許需要再花多一點時間休息。這就是一個搭配功率訓練，而不是被功率所控制的好例子。一開始，這是不錯的訓練方式，之後你可能也會發現不必特別再用功率區間做訓練。

你也可以觀察比較長一段的區間或區段，像是一段訓練期間，或是一整個訓練季。因為相較於配速，功率是測量強度更精準的指標，你可以看到實際訓練的程度，知道自己的訓練到底有沒有效。你也可以將它做為基準點，來決定如何改進你的訓練。你做的強度，可能比你原先所想還要強；或許你訓練的強度還不夠；你訓練的強度可能和你要參加的比賽距離所需的速度不一致；也有可能你在整段訓練季不同時間的表現都沒有什麼差異，在不同的

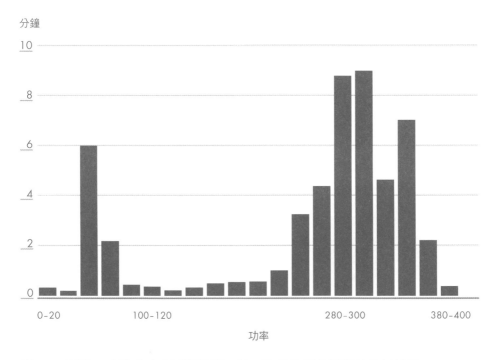

圖6.2　同圖6.1之跑步功率區間記錄，以20瓦特為單位區段的分析結果

區間的強度都差不多。無論如何，你可以利用這個機會好好檢視自己的狀況，運用功率數據調整改進。

如果你用心率區間做訓練，要注意心率區間不會和功率區間完全一致。意思就是說，「心率的區間一」結果不一定會完全貼合「功率區間一」的表現。舉個例子，圖 6.3 呈現的是圖 6.1 的功率區間，以及與喬‧弗里爾的心率區間做的比較。

在心率區間的時間分配上，你會發現運動員在六個區間都取得樣本，心率區間六的數值蠻高的，相較之下，只取得五個功率區間的數值。這可能與跑步強度有關，以及心率需要時間恢復，會在恢復的過程再往下降，或者心率在不同間隔過程中沒有足夠時間恢復。

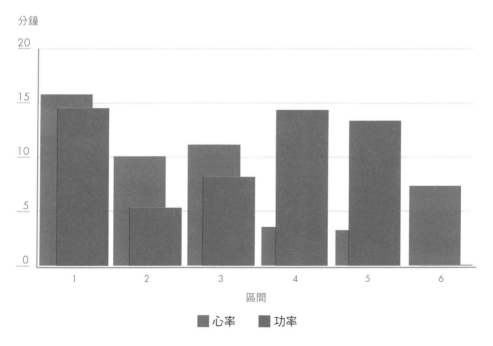

圖6.3　單次跑步心率區間與功率區間之分析比較

你也會發現，大部分心率樣本都落在前三個區間，但絕大多數的功率樣本都落在第三、四、五個區間。導致這個狀況的原因有幾個，包括體適能或疲累程度、心率對於較費力或較高強度運動的反應速度較慢等。在這樣的情況中，如果間隔較短，心率可能會因此無法提升到更高。

心率測的是反應，變化不快。但功率則呈現即時狀態。

在比較心率訓練和功率訓練時，一個很好的方式就是把心率訓練想成是在看後照鏡。心率永遠是在反映調整後的強度，變動不會太快。另一方面，功率呈現即時的狀況。功率也非常具體；瓦特就是瓦特，代表的是實際輸出做功的量。心率則沒有那麼精確；可能會因為興奮或情緒而升高，也不如做功那樣明確。

訓練時使用心率，完全沒有問題，心率也很實用，重點是你知道心率區間與功率區間並不存在固定、成一定比例的關係。一個是關於心臟，另一個則與肌肉有關。心率區間不會因體適能改善（或變差）而變動；但功率區間會隨體適能而變動，因為 rFTPw 會改變。

持續監測效率

本章的重點是，如果你採用功率區間訓練，應該同時監測效率，這樣才能從你實際輸出的功率有所得。如果你用高功率區間訓練，但卻沒有因此跑得更快，就代表你沒有善用時間以及這項很棒的工具。

記得回頭利用第 5 章提到的效率監測指標，確保你採用的功率區間有效達到你所需要的強度，幫助你跑得更快。

本章重點整理

想要利用功率區間進行訓練的跑者，首先應該確認已經將跑步的效率提升到最高；首要工作是在輕鬆到中度強度的狀態下，盡可能提升每瓦特產生的速度。

跑者得到 rFTPw 後，可以根據 rFTPw 數值的百分比建立個人的功率區間。我設計的七個功率區間，先從最輕鬆的強度開始，理論上可以維持好幾個小時，接著進到以分、秒為單位的時間長度。這些區間各代表不同的能量系統和比賽強度，依運動員的目標及速度不同而定。沒有一個能量系統會百分之百被使用或完全沒有被用到，不過某些區間對訓練特定能量系統會更為有效。

運動員最好先利用功率區間和區段檢視訓練狀況，看看自己實際達成預設強度的狀況。除了看單次跑步，也可以檢視一段長時間的訓練結果，從一小段訓練期到一整個訓練與賽季都適用。

根據跑者設定的目標配速或強度，以及與目標功率區間是否一致等狀況，功率區間也能呈現效率是否進步或退步。

心率區間雖然也是有效的訓練工具，但跑者不應該期待心率區間與功率區間一致，因為心率會受到許多其他因素影響。

7

規劃你的
訓練課表

我們現在已經知道功率計可以提供的基本及最重要的指標，以及如何監測是否進步。我們也建立了訓練強度的指南。現在，我們可以進入這項科技的日常運用──規劃你的訓練，讓一整年的訓練都能有效幫助你跑得愈來愈好。

如我先前提到，用功率計訓練最好的方式，其實跟你平常訓練的狀況差不多。你之所以買了功率計，是因為你想用更聰明、更精確的方式訓練和比賽。你希望能夠善加利用可以訓練的時間和運動，而這項工具可以幫助你達到這些目標。所以你應該像平常一樣訓練，但也參考蒐集到的數據，更瞭解自己跑步的狀況，以及哪裡需要再改進。如果訓練中有哪一個部分比較不足，可以利用數據追蹤，找到調整改進的方法，然後觀察你調整後是否有效。

沒有人比你更清楚自己的狀況，這也是為什麼我鼓勵採用漸進且精確的方式，將功率計整合進你的訓練規劃中。如果你之前的訓練方式很有效，就沒有必要大幅更動你的訓練。功率計提供客觀、可追蹤的數據，讓你獲得更好的資訊。

在我們進一步說明訓練計畫的具體細節前，先退後一步，用比較廣泛的角度看一下訓練的各項要素。如果你曾研究過現代訓練理論，應該聽過週期模式、基礎期、競賽期、巔峰、減量、轉換期等等。我不會用到這麼多專有詞彙，相反地，我想要說得更簡單，我把訓練分為兩段期間──「一般準備期」（General Preparation）與「特定準備期」（Specific Preparation）。有些人可能會稱為「基礎期」（Base Phase）和「競賽期」（Competition Phase），如果你比較習慣這樣的說法，在規劃時也可以直接用這樣的說法。

簡單來說，「一般準備期」的目的就是要讓體適能變得更好。這一點都不複雜──你只是要為體適能建立良好的基礎，之後在比賽或預定參加的活動中，可以好好運用與表現。「特定準備期」則是在基礎體適能之上，建立

因特定比賽所需的體適能。在規劃「特定準備期」的時候，你要選出特定的賽事和距離，然後在訓練過程中達成這些比賽的需求。如我們在前一章所提到，你所設定要訓練的功率區間和能量系統，必須和你要完成某段距離所需的時間一致，因此在「特定準備期」所做的訓練，必須針對特定的區間和強度規劃。你也必須考量到跑道、溫度等比賽環境條件因素。

按照平常的方式進行訓練，但要利用蒐集到的數據調整改進。

　　年度訓練的準備，一定要像為任何長途旅行做的規劃一樣，要事先做好詳細安排。首先，確認你預定參加的主要賽事。這些就是設為 A 等級的活動，你會相當投入，希望能達成想要的比賽結果。對很多跑者來說，這樣的目標賽事通常不是馬拉松就是半馬，不管是從當地重大賽事，到為波士頓馬拉松賽參賽做準備，都有可能。如果你是頂尖好手，你的目標可能是世界馬拉松大滿貫賽（World Marathon Majors），甚至是奧運或國際田聯黃金聯賽（Golden League，編注：由國際田聯於 1998 年創辦的一年一度田徑巡迴賽。2009 年舉行最後一屆賽事，2010 年起由國際田聯鑽石聯賽取代）。

　　一個年度可能不要規劃超過三個 A 等級的賽事，因為準備這些賽事需要一定時間（從「一般準備期」到「特定準備期」，中間包括減量與恢復期），若要把準備做到最好，一年內並沒有足夠的時間參加到三項重要賽事。例如，如果你預計一年參加四場馬拉松賽，你可能需要在比賽前 2 到 3 週就要開始減量，賽後還需要 2 週休息恢復。這樣一場賽事就需要花上 5 週。將這樣的時間乘以四等於 20 週，等於這 20 週的時間你都沒有辦法做訓練，專注在如何跑得更快。這樣就將近是半年了！不難想像，20 週好好持續的訓練對你有

什麼樣的幫助。而要在這麼多場重要賽事達到巔峰狀態，過程中需要承受的心理壓力就更不用說了。

當然，一年四場馬拉松賽這樣的例子可能有點極端，但你應該懂我的意思。如果設定參加太多場重要目標比賽，就沒有時間善加運用訓練的時間和機會，讓自己可以跑得更好。功率計的一大功用就是能幫助你盡可能善加利用訓練的時間，所以給自己機會規劃訓練，安排幾場需要讓狀況達到巔峰的 A 等級比賽就好，尤其如果這些賽事是馬拉松，或超級馬拉松、鐵人三項等類似的比賽。

那其他不需要將狀態調到巔峰的賽事呢？教練通常將這類的比賽列為 B 等級或甚至 C 等級。B 等級的賽事當然還是很重要，但沒有 A 等級那麼重要，而且通常會要求你將訓練的強度再往下調整一些，以符合這些賽事的標準。你的 B 等級賽事可能是資格賽，你知道狀態不需要到巔峰就可以表現得不錯，但也不希望比賽時身體處於太過疲累的狀態。

C 等級的賽事則是用一般訓練狀態即可，不太需要針對訓練的量或模式做太大的調整。你甚至可以「在疲累的狀態下比賽」，將這些活動當做重要賽事前運動訓練的一部分，針對特定需求做練習。

在第 8 章，我會分享如何用圖表檢視你的訓練狀況，包括體適能、疲累、備賽狀況。這樣你就能將訓練規劃得更好，更知道自己訓練的進度，即時調整你的訓練內容。我還會分享如何微調減量和巔峰期的訓練，幫助你在最重視的賽事可以表現到最好。

選定了 A 等級比賽後，你只需要將這些賽事寫到行事曆上，並規劃出賽前的 14 週練習。從這 14 週開始，意味著你的訓練要開始調整，從「一般準備期」轉換到「特定準備期」。記得，隨著時間愈靠近賽事，你會希望可以更針對比賽需求進行訓練。所以你的 A 等級賽事都會落在「特定準備期」的期間。

如果在這 14 週的期間，重疊了一個以上的 A 等級賽事，你需要設定出優先順序，哪一個是 A–、A，或 A+ 等級。決定了優先順序，你才知道該從哪個時間點開始練習。如果賽事的時間都很靠近，而且你可以很快就從第一個賽事恢復，直接投入下一場賽事，那兩個賽事都可以採用同樣的 14 週期間。表 7.1 是將一個基本訓練季再細分成「一般準備期」與「特定準備期」，這段訓練期只有一個 A 等級的半馬賽事。

表中沒有列出 B 等級或 C 等級的賽事，因為這兩類比賽出現在哪一週都沒有影響。你的訓練應該主要針對 A 等級賽事規劃，B 與 C 等級賽事則根據 A 等級進行安排。

你可能想問：「為什麼『大約』14 週呢？為什麼不是一個具體的週數呢？」你問對問題了，而且開始逐步抓到使用功率計訓練的核心精神。傳統訓練的時間表可能會先花 20 週進行一般基礎訓練，接著 12 週特定訓練，然後再花 3 週減量，現在不必這樣做了，而且你還可以更切合個人體適能的狀況進行訓練，根據數據顯示的結果調整訓練內容。當時間點正確，這樣的改

表7.1 年度訓練計畫（一項A等級比賽）		
週次		訓練類型
1-4		恢復
5-7	一般準備期	準備
8-37		一般技巧與能力
38-49		比賽特定強度
50-51	特定準備期	減量
52		A等級賽事

變讓你可以用更理想的訓練刺激或壓力進行訓練，而不是因為教練的訓練規劃這樣訂就必須這樣做，也不用一味按照傳統訓練的時間表練習。

儘管如此，14 週還是一個不錯的規劃指標，因為如果是用比賽程度進行訓練，身體也只能承受一定時間的訓練。超過一定時間後，體適能會開始停滯，更糟的情況下甚至會開始退步。身體對不同程度的刺激會有好的反應，所以為了訓練特定能量系統或強度，而用相似的刺激訓練好幾週，對運動員可能會很有效，但也就僅止於一定程度而已。對大部分的運動員來說，這個時間點通常會出現在第 14 週左右。我會說大部分的運動員，是因為每位運動員都不同。長期訓練狀況、剛開始訓練時的體適能程度、過去受傷狀況、弱點或生理上的限制、動機、自信等其他因素，都會對訓練結果造成影響。這也是為什麼功率計很棒——你很快就可以看到這些不同變項對你的影響，而訓練又可以如何改善。如果你還沒有辦法有效改善這些因素，接下來的內容會告訴你如何改善。

如果你的 A 等級比賽安排的日期沒有很接近，但下一場賽事還是落在 14 週的區間，例如，兩場賽事相隔 10 週，那你或許可以在第一場賽事前規劃接近 14 週的「特定準備期」，接著安排比較短的恢復期，然後再回到「一般準備期」。這樣安排，可以改變訓練上的刺激，讓訓練再回到一般體適能狀態。在比較短的間隔後，你會進入較短的「特定準備期」。這類短暫地在不同期間轉換的變化，讓你可以將訓練拉長超過 14 週，而特定訓練刺激還是有效果。但能拉長到多少週，同樣還是因人而異。表 7.2 涵蓋兩個準備期、兩個 A 等級賽事，兩場比賽間隔 10 週。

我想再次強調——你並不是一定要在 A 等級賽事前的 14 週，從「一般準備期」轉換到「特定準備期」。只是想告訴你，你應該要記得這個時間點應該落在哪裡。隨著你監測自己訓練的成效、規劃接下來的訓練，這個巔峰

賽事前 14 週的時間點應該要好好把握利用。在這段期間，你可以將針對比賽特定的刺激訓練發揮到最好，並且不太會有體適能提升停滯的風險。

你可能會問你自己：「如果時間通常是 14 週，為什麼『一般準備期』的時間更長？這段期間的訓練難道不會停滯嗎？」好問題。「一般準備期」比較長，因為這整段期間並非要針對比賽所需的特定刺激進行訓練。「一般準備期」的目的是要改善運動員一般的侷限。不管我們是否想承認，我們可能都有很多可以改善的限制，「一般準備期」的訓練內容應針對這些侷限而調整設計。稍後會再提到這部分。

已經設定好訓練行事曆，以及開始「一般準備期」與「特定準備期」的時間點之後，我們可以看看訓練應該會長得怎樣。我們也會提到可以怎麼用功率計監測你訓練的成效，善加運用訓練的時間，針對你個人需求做練習。

表7.2 年度訓練計畫（兩項A等級比賽）

週次		訓練類型
1-4		恢復
5-7	一般準備期	準備
8-31		一般技巧與能力
32-39		比賽特定強度
40-41	特定準備期	減量
42		A等級賽事
43-45	一般準備期	恢復
		一般技巧與能力
46-49		比賽特定強度
50-51	特定準備期	減量
52		A等級賽事

一般準備訓練：提升體適能

在你開始為特定賽事進行訓練的前幾個月，都是你的「一般準備期」。你最近一次「特定準備期」結束後，就是「一般準備期」的開始，也就是比賽一結束就開始了。在這段期間，跑者通常會休息一下，讓身體恢復。

恢復

恢復是一種獲得進步的方法，自然休息和恢復雖然不會讓你的體適能變得更好，但對大部分的運動員來說，是必要的步驟，尤其是剛跑完像馬拉松等又長又累的賽事，或是剛結束一段為巔峰賽事準備的長時間訓練。

對某些運動員來說，這段期間可能什麼都不做。有些人則會休息幾天，但還是保持活躍的狀態，雖然活躍程度會比訓練期還低。

恢復期需要多長呢？視個人需求而定，看你需要多少時間恢復，讓身體在投入新的一季時處於健康且準備好的狀態。這裡說的準備好，包括心理與生理層面。你希望再次開始辛苦訓練前，已經沒有任何傷勢，也有足夠的動力再次投入訓練。

準備

從休息狀態再次回到訓練時，一開始先做點基本運動。依照你先前休息的時間長度，應該慢慢地回到訓練的狀態。表 7.3 提供一套基本謹慎的做法，估算出你開始認真進行「一般準備期」的訓練前，應該花多少週做基本運動。喬‧弗里爾將休息恢復期及開始認真訓練之間的時期稱為「準備期」，因為這段期間可以幫助你為接下來更認真的訓練做好準備，不會一下子就受傷。這幾週應該要非常謹慎，進行低強度、少量的訓練，如果你前面休息的時間比較長，更要如此。

表7.3　根據休息週次所建議之準備週次	
休息週次	準備週次
1	1
2	1
3	1.5
4	2
5	2
6	2.5
7	3
8+	4

　　你可能會先從一些輕鬆的跑步開始，時不時插入一些強度稍微高一點的運動，並仔細監測自己在這些訓練的狀況。這段期間的重點是建立訓練的持續性，而不是根據特定強度練體適能。也就是說，會有很多區間一與區間二強度的運動，如果你花了不少時間訓練，練習強度最高的範圍應該會出現在區間二。

一般技巧與能力

　　在準備期，一旦體適能達到一定基本量，就可以開始更認真的訓練內容。訓練內容和規劃方式都全視你的體適能及個人能力決定。喬‧弗里爾在鐵人三項及自行車等耐力運動的訓練聖經中，將運動員基本訓練的三元素分析如圖 7.1。

　　基本訓練三角圖，呈現耐力型運動員需具備的三項最基本一般的能力。在這個三角形的三個頂點，是每位跑者在這個訓練階段需建立的三項最基本

能力。這三項基本能力分別是有氧耐力（aerobic endurance）、肌力（muscular force）、速度技巧（speed skill）。以下進一步介紹這三項能力。

有氧耐力

有氧耐力指的是使用氧氣產生運動的能力。如果有氧耐力進步，通常每次心動搏出量會增加，毛細管化也會增加，將更多氧氣輸送到肌肉，以便進行強度更高或時間更長的運動。基本上，心跳每跳一下，會輸出更多的氧氣給肌肉，讓肌肉可以出更多力。

有氧耐力可能是跑者最常做的訓練。長跑對有氧耐力有很大的影響，就算是較短程用輕鬆或中度配速的練習，都有助於有氧耐力的形成。跑者需要有好的有氧能力，才可能有好的表現，對很多運動員來說，這項能力是訓練的一個重點。這就是一直以來稱為 LSD 的長距離慢跑（long, slow distance）。這個練習會花很多時間在功率區間一和區間二跑，有時也會用到區間三。

圖7.1　喬‧弗里爾的基本訓練三要素

如果要監測這類有氧訓練的進步狀況，跑者應該比較類似型態的跑步，同時也觀察數據中效率指數（Efficiency Index，EI，請見第 5 章說明）的趨勢。舉個例子，你在附近可能有個自己喜歡的場地，時不時就會固定到那裡練跑。你在跑的時候，可能都維持同樣的有氧耐力強度。比較這些跑步的狀況，以及一段時間後的 EI 數值，這麼做能幫助你瞭解自己訓練的狀況。

很重要的一點，是將有氧耐力跑與其他同樣也是有氧耐力的跑步做比較。將有氧耐力跑和田徑場上的間歇訓練或節奏跑比較，就不會得到相同基準的資訊。如果比較不同類型運動的 EI，可能會因此感到洩氣，因為你會發現自己的效率或體適能沒有進步。然而，不管就配速、輸出功率，或進步狀況，持續的有氧運動都沒有辦法和田徑場上的間歇跑做比較。如果你想觀察跑道上間歇跑的狀況，可以用相同類型的跑步做比較。

如果你在「一般準備期」的一個目標是為了有氧耐力訓練跑建立有氧體適能，那你應該試著觀察以下至少一項趨勢：

● EI 提升：你可能會發現自己沒有跑得更快；相反地，只是在這些類型的跑步中維持原本的配速。但你的 EI 有沒有提升？在同樣配速下，輸出瓦特是否減少？你也可以追蹤同樣配速下你的 HR 數值。如果你維持原來配速，但輸出的功率減少，或者 HR 降低，這個強烈的證據顯示你變得更有效率，有氧體適能也進步了。

● EI 維持穩定：如果你在有氧耐力強度下練習時，配速增加，也跑得更快，那你是否維持了同樣的 EI？由於隨著速度增加，效率通常會快速降低，如果你還能維持同樣的 EI，代表你已經將這個臨界點又推升一點。你可能可以在更高的強度下持續跑更久，尤其是在有氧強度下跑。

● 速度與 EI 提升：如果你跑得更快，EI 也隨著配速增加而提升，就代表你的訓練成效很好！你可能會好奇，這種情況真的可能會發生嗎？記得在第 5

章，曾提到有助於提升效率的所有因素。若能改善其中一些要素，你會發現功率、配速、EI 和 HR 都突然大幅改善。事實上，新手跑者蠻常看到這些進步，因為對於沒有接受過太多訓練的跑者來說，一旦進行訓練，很多人都會發現訓練成效很明顯，效率也會大幅增加。

　　有氧耐力訓練過程中，你的 EI 是監測是否進步最重要的指標。你在有氧耐力強度的運動中，訓練得愈有效率，你就準備得愈好。有氧耐力是體適能的基礎，因為跑步就是一項耐力運動。

　　注意，有氧耐力訓練不是跑者唯一要注意的一種訓練。沒錯，這是一項需要培養的基礎能力，但絕對不是唯一一種。肌力與速度技巧也同等重要。再接著看第二項要素。

肌力

　　肌力是訓練三要素的另一項要素，尤其是在「一般準備期」。肌力是肌肉在運動中收縮並施加高作用力的能力。對跑步來說，通常講的是施加在地面上，以便讓雙腳離地的力量。這項一般能力有多重要？還記得前面講到，功率是作用力乘以速度的結果，所以你可以產生多少作用力，是影響功率的一大要素。而這需要經過訓練改進。

　　身體將施加在地面的作用力轉化，並向前移動，這不只是由腿施加的作用力造成，也和身體核心有關。因為地面會回饋同樣相反的作用力，推動身體向上並往前，所以身體必須要能吸收這個作用力，透過身體傳到整個動鏈，讓作用力集中向前。要傳送這股力需要靠身體核心的力量。這裡所稱的核心，是從肩膀到膝蓋的部位，也就是身體主要質量分布的部位。沒有適當的核心力量，就沒有辦法將作用力轉化成運動的能力，發揮到最好。

　　肌力可以在重訓室訓練，可以透過深蹲和其他加強腿部力量的運動，以及核心力量的運動練習。也可以透過需要施加高度作用力的跑步，像是爬坡，在這種情況中，重力會加重身體推進的阻礙。另一種可以採用的高作用力運動是短跑及衝刺的運動。這些短跑運動剛好結合了速度和高度作用力，也就是峰值功率。在第 6 章提到的區間七就結合了高速度與高作用力，是運動員可以輸出峰值功率的區間。

　　前面提到過，講到施加的作用力時，也要考量施加作用力的人。這裡我指的是這個人的重量。如果你還沒忘記第 5 章講到影響效率的因素，你應該還記得 w/kg 指的是運動員每單位質量輸出的瓦特數。如果你減少不必要的質量，但輸出的作用力維持不變，那作用力的數值就會增加。每公斤輸出的瓦特數增加，就代表你的效率提升。

　　功率計可以告訴你肌力是否提升嗎？可以，會出現在你的 w/kg 數值中；這個數值提升，代表你的作用力改變。如果你的步頻不變，但輸出功率增加，那你施加的作用力一定提升了。如果配速不變，但輸出的瓦特增加，這樣有比較好嗎？我不這麼認為，因為每瓦特產生的速度，還是跑步及功率中最重要的一環。記得，如果你沒有跑得更快，至少 EI 要提升，才能確保你的確變得更有效率。如果 EI 減少，配速又沒有增加，那你的訓練可能搞錯了方向。

　　但這是不是代表，每一次運動完，EI 就應該提升？如果真的如此，當然很棒，但實際上你可能有時會跑得比較慢。這樣疲累的狀態，可能會出現在你的數據中，顯示瓦特數值高，但速度表現卻不太好。在第 8 章會說明如何透過功率計監測並調整你的疲累狀況。

　　所以，高速及高作用力的運動特別可以提升功率，因為功率就是作用力乘以速度。運動員在這個階段需要培養的第三個一般能力是運動速度，或弗里爾所說的「速度技巧」。

速度技巧

　　速度技巧訓練的目的是改善運動時的效率。聽起來很熟悉吧？你能跑多快呢？回想一下小時候看過的大嘴怪卡通（Tasmanian Devil，編注：美國華納兄弟動畫公司設計製作的角色，也曾出現在台灣觀眾比較熟悉的《兔寶寶》卡通，常被兔寶寶耍得團團轉）。那隻大嘴怪可以高速移動牠的腳，但同時卻也浪費掉很多本來可以幫助牠前進的力量。雙腳能夠盡可能快速移動的能力，就是速度。但你能多快抵達終點線呢？這就牽涉到技巧了。

　　同樣地，功率包括作用力與速度，所以你能快速移動的能力，這個技巧將能提升功率表現。還記得前面提過，能夠從大腦傳達訊息給肌肉，快速且有效地協調動作，將有助於跑步的效率。

　　速度是跑者最珍貴的資源，所以也可以說是你應該訓練的最重要技能。就算你覺得自己的速度技巧沒有辦法再改進了，至少也要努力保持現有的狀態。

　　跑者可以跑得多快，也是顯示其潛力的一項重要指標。如果你無法維持高速度，功率輸出將受限。通常來說，隨著速度提升，瓦特也會增加，而瓦特最終會以指數成長的速度增加。速度到多少的時候，瓦特增加速度會開始以指數成長，這完全因運動員而異，要看運動員本身將瓦特轉化為速度的能力。但如果跑者的最大速度受限，那他可以輸出的最高功率和配速也會受到影響。我們知道，較慢的跑者比較快就會遇到這樣指數成長的狀況。運動員跑得愈快，就愈快會達到指數成長的臨界點。這個意思是說，如果你可以維持用較快速度持續跑下去，你在較慢速度下有效率跑步的能力也會因此增加。同樣地，我們講的是 EI。我們想找到某個點，在這個臨界點要再增加速度所需的瓦特數非常高，高到每瓦特產生的速度會以指數快速減少。

如果運動員可以達到更快的速度，就能克服 EI 相較之下較低的問題。記得，有效率的運動員不會贏得比賽，跑得最快的才是冠軍。你能在有效率的狀態下跑得愈快，跑的距離愈長，對你愈好。但如果我比另一位競爭對手更有效率，可是他跑得如此之快，就算跑完了整段距離，效率還是不成問題。如果他比我跑得還要快許多，那效率不如我也不會有影響。

改善速度技巧有一個最簡單的方法，就是提升在一段時間內的步頻。通常來說，步頻愈慢，跑者跑得愈慢。腳踩在地面上的時候，運動員就沒有在前進。同樣地，施加作用力的速度也會影響功率。如果步頻慢，施加作用力的速度也會變慢。

我們在第 3 章看到，90rpm 或 180spm 的步頻是最低目標。如果你在做有氧耐力練跑時無法維持這樣的步頻，那就要針對這點進行加強訓練。這是能提升整體輸出功率和表現最好也最簡單的方法。

圖 7.2 是一名運動員剛開始使用功率計的頭幾週， EI 數與步頻明顯相關的關係圖。步頻愈快，EI 愈高。

這個分析圖顯示出這名運動員需要著重練習的特定速度技巧。他在「一般準備期」只要試著維持較高步頻，先是在有氧耐力跑練習，接著再換到程度更困難的訓練中練習。如果運動員在比較輕鬆的有氧耐力跑都無法維持較高的步頻，那在強度較高的訓練時就更難做到了。所以正確的方式，是先在較為輕鬆的跑步練習步頻，接著試著在各種速度和強度狀態下維持這樣的步頻。

運動員狀態開始停滯，步頻增加，但 EI 開始不再提升的時候，或是步頻開始持平不再增加的時候，就可以開始練習其他技巧。如果對目前達到的步頻水準還是不滿意，另一種做法是改變訓練的壓力。

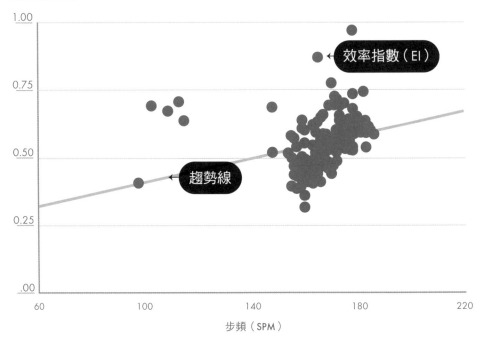

效率指數（EI）

趨勢線

效率指數（EI）

步頻（SPM）

圖7.2　EI與步頻關係圖：步頻愈高，EI愈高。這名運動員需要在所有跑步都提升步頻。

從基本到進階能力

以上提到的評估與訓練，提供的都是能找到並改善一般能力的簡單做法。基本能力增強，建立了扎實的基礎，就可以開始為比賽需要的體適能進行訓練。

這是不是代表跑者在「一般準備期」只需要訓練這三項能力呢？當然不是。但在你開始進入下一階段前，應該先把這幾項能力練好。如果在基本和較低強度的練習時，這些能力都還不夠扎實，那在更高強度狀態下就更不可能會變得更好。

你可能已經能靈活掌握這些能力了。如果是這樣，你只需要在訓練時繼續維持，同時開始專注在其他面向。說不定你的速度技巧不錯，步頻也快，但作用力的產出或有氧耐力還不夠好，無法在比賽時表現得很好。無論如何，功率計能告訴你哪一個訓練方法對你最有效，幫助你專注在跑步上。

圖 7.3 是弗里爾的完整訓練三要素。一旦調整好三項主要能力，運動員就可以開始進階練習，訓練肌肉耐力、無氧耐力和短跑力。

你會發現一般能力是在這個三角形的頂點，進階能力則在三角形的側邊上，顯示進階能力與一般能力的關係。也就是說，肌肉耐力是由有氧耐力與肌力組成，無氧耐力則涉及有氧耐力與速度技巧，短跑力則包括了肌力與速度技巧。

現在來看看這三項進階能力，先從最低強度的開始談，最後再講強度最高的一項。

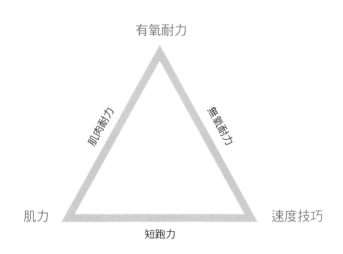

圖7.3　喬‧弗里爾的完整訓練三角圖

肌肉耐力

　　肌肉耐力結合了有氧耐力與肌力，如圖 7.3 所示。這是可以長時間施加相對較強作用力的能力。肌肉耐力訓練通常會出現在區間三與區間四，也就是節奏跑與功率閾值區間。節奏跑是長時間維持一定強度與作用力，可以維持長達三個小時。閾值功率強度的跑步則是以高強度跑一個小時左右，也可以用來訓練肌肉耐力。

　　你要如何使用功率計改善肌肉耐力呢？最好的方式就是在改善肌肉耐力的練跑時，追蹤自己 EI 的狀況。你的功率輸出如何？與配速的關係又如何？如果你能加快配速，同時可以維持或改善 EI，那你的訓練就做得不錯。如果你的 EI 下滑，但下滑幅度小，而且你對於配速增加的狀況也蠻滿意的，那就算 EI 降低，也不是什麼壞事。

無氧耐力

　　無氧耐力結合了有氧耐力與速度技巧。這些不是完全的衝刺短跑（短跑力才是），而和運動員的有氧能力有關，是接近全力的狀態，或通常稱為最大攝氧量。

　　要怎麼用功率計知道自己的無氧耐力改善了？如果你還記得第 6 章提過，區間六稱為最大攝氧量區間。通常可以跑 2-18 分鐘。運動員在這個區間可以跑多久，顯示他在訓練時的無氧耐力狀態有多好。就算運動員在這個區間的強度練習，但如果 EI 沒有改善，那可能就需要調整訓練刺激。

　　和肌肉耐力一樣，如果你有持續在做間歇訓練，那麼追蹤 EI 和其他增強無氧耐力的運動，都能提供你訓練狀況的參考。

短跑力

你可能會覺得自己不一定需要短跑力，你可能是對的。這類的訓練出現在區間七，而如我在第 6 章說過的，這個區間的練習會有很多風險。很多肌肉拉傷等等的受傷，都是因為區間七的訓練所造成。不過，這是一個高作用力、高速的運動，所以你的短跑力也會影響你能輸出的最大功率。你能輸出的最大功率愈大，你做為運動員的極限就愈大。

怎麼用功率計看出短跑力有沒有進步？既然這些運動維持的時間都很短，並無法使用 EI。要看這類訓練的結果，最好是觀察每次跑步的峰值功率輸出，大約是 2 到 30 秒。平均最大功率曲線可以呈現所有跑步的最佳表現，是很好的追蹤工具。你也可以將峰值輸出獨立出來並追蹤，如圖 7.4 所示。

圖 7.4 是運動員每週峰值功率輸出的趨勢，分別是 5 秒、12 秒、30 秒的趨勢。這張圖選出為期七天，每次練習的最高輸出狀況。趨勢向上，顯示運動員的峰值功率輸出每週都在進步，意味著訓練成效非常不錯。

特定準備訓練：為比賽做準備

「特定準備期」通常是在重要 A 等級賽事前 14 週開始。但有些運動員可能從來都沒有進入這個訓練期。如果「一般準備期」訓練狀況不錯，一般能力也持續進步，就沒有必要特別轉換進入「特定準備期」。這種情況比較可能出現在新手跑者，因為有經驗的跑者在「一般準備」的時候，用比賽特定的強度練習，比較不會看到持續進步的狀況。

在這段期間，強度較強的訓練應該模擬 A 等級賽事的強度。這不是說運動員每天都要用比賽的強度練習跑步，而是說如果某些天安排了強度較強的運動，就應該設計成比賽的強度或針對比賽需求進行訓練。

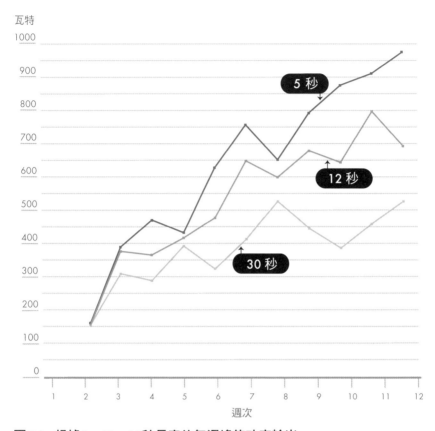

瓦特

圖7.4　根據5、12、30秒長度的每週峰值功率輸出

　　在第 6 章，我們討論了功率區間，以及因運動員速度不同，這些區間與賽事或距離的關係。這些區間與強度可以幫助運動員知道怎麼針對比賽進行準備。

　　先用一名要在 3:30 跑完馬拉松的運動員做例子。我們從這個時間長度知道，一定是低於閾值強度的運動。如果運動員想要在 3:30 跑完馬拉松，他應該在區間三（節奏跑）的強度進行訓練和比賽。

　　如果運動員是以比賽強度進行節奏跑，特別根據比賽安排了這個訓練，那在節奏跑要用 3:30 完賽的目標配速跑。跑後數據會顯示，這位跑者是否成

功維持在區間三跑步。如果實際成果大部分都出現在區間四，花了不到一小時，那就表示這位跑者應該很難維持這樣的強度超過一小時。如果是這樣，便要重新評估配速，確認在比賽當天是否真的有辦法成功執行。

如果節奏跑的 IF 是 1.00，或超過一小時且數值更大，那就不可能了。這位跑者可能要再重新做測驗，測出一個更正確的 rFTPw。

如果節奏跑的強度大部分都出現在區間二，那這名跑者應該可以跑得比 3:30 的配速或強度更快一點、更用力一點。他能不能將增加的瓦特數轉換成速度，全視其效率而定。

如果預定要參加的馬拉松場地有很多坡地，那這些節奏跑的練習就要在有坡度的場地進行，坡道要能模擬實際比賽場地的樣子。在有坡度的場地上跑，跑者很難一直持續用區間三的強度跑，但最後的平均和標準化功率數值應該還是要落在區間三的範圍內。

另一個用功率計準備馬拉松賽事的進階做法，是在節奏跑時監測區間三的瓦特數，而不是目標配速。這麼做能讓跑者看到，這樣跑所需的配速為何。維持住區間三瓦特數的同時，跑者可以試著調整跑步技術和姿勢，看看能不能加快速度，讓配速變得更快，但還是維持在區間三的功率。在訓練時監測瓦特，基本上是在跑步當下同時改善 EI 的一種方法。

這種做法可能更以比賽為導向，而不只是單純的節奏跑，因為在比賽時，所有的跑者努力跑到一定程度時，原先維持的技術與跑姿都會開始瓦解。在這個時候，產生的瓦特數便無法有效轉換成速度。運動員可能維持同樣的瓦特輸出，但跑得卻愈來愈慢，更糟的狀況是速度變慢，而輸出的瓦特也開始減少；此時，運動員已經太累，累到無法在更慢的配速下維持原來的 EI。

同樣地，我想要強調，在訓練、比賽等運動當下進行監測，這是一種功率計的進階使用方法。如同我在第 6 章所提過，剛開始用跑步功率計的人，最好用功率計檢視跑步之後的分析，看看是否成功達到跑步設定的目標。

 **功率計指標可以呈現邁向目標前的進步狀況。**

監測 EI 是否改善、受傷的可能性、過度訓練造成極度疲勞、配速與輸出瓦特的關係等等，這些最好都在跑完之後再看。如果你已經可以有效地根據功率區間跑步，那這時根據功率區間跑會最有效。

至於在跑步當下進行監測的進階做法，我只建議那些在使用功率計已經很有經驗的跑者這樣做——這類跑者在訓練當下以及運動後都會觀察瓦特狀況。你必須對自己的 rFTPw 正確性很有信心，你也知道需要在哪些技術上調整，才能在比賽強度下維持極佳的 EI。如果你沒有這樣的自信，那你應該用配速進行訓練，而不是瓦特數。

使用功率計的主要目的很明確——知道你應該著重的特定訓練類型，包括特定能量系統，到改善不同強度的效率。你可以實際執行的確切配速、能夠清楚了解自己在特定配速的效率、知道訓練是否有效改善特定強度與配速等，這些都是功率計可以提供的寶貴資訊，是過去的工具所無法企及。

減量

重要賽事結束前的 2 到 3 週，就是可以考慮減量的時候。減量的目的是要改善疲累的狀態，同時保持體適能，幫助你儲備好狀態，在需要呈現最佳表現時，可以充分發揮。

過去有很多研究都顯示，保持比賽強度的同時減少訓練量，能有效幫助運動員拿出最佳表現。既然可以用功率計設定特定強度，現在你也可以更有效地進行減量訓練。如果在減量期間，你看到進行間歇訓練和一般跑步時 EI 也進步了，那你就知道減量的狀況良好，也準備好可以表現得不錯。在第 8

章，我會談到如何設定特定數字進行減量。一旦知道哪個數字對你最適用，你對減量的信心就會立刻飆升，尤其是當訓練也證明你針對比賽特定需要，已經做了充分準備。

追蹤訓練進展

功率計測量了功率與配速，能更清楚告訴我們訓練的狀況，比只能參考配速時還要清楚。在一整季中，追蹤功率與配速的狀況，不管結果證實了或推翻了你當初規劃的訓練內容，都有助你更瞭解訓練的成效。

我相信在訓練過程中，一定有過這樣的經驗──練習時覺得結果會很不錯，但跑完卻對實際的配速感到失望、沮喪，覺得跟自己設定的目標有落差。有了功率計，你可以觀察表現的過程，而不只是結果。現在的你可以用好的方式評估自己的訓練與成效。

清點狀態

要追蹤一整季的進度前，首先是先檢查這一季一開始體適能的狀況。只需要花幾週到一個月的時間蒐集訓練數據，看看蒐集到的結果。隨著時間進展，可能一到兩季之後，你使用功率計的時間愈來愈頻繁，就可以開始減少數據蒐集的時間，只要在「一般準備期」一開始的準備期間蒐集即可。

你也可以利用這段期間測驗 rFTPw 和 rFTPa，並找出你的 EI@FT。很多不同的軟體都可以追蹤這些數值，隨著時間再以圖示呈現，簡單幫助你評估狀況。

這三項指標最能呈現你的潛力，不管訓練的距離多長，都應該注意這三個指標的表現。每 4 到 6 週就測一下這些指標，監測自己訓練的狀況。比賽的距離愈長，EI@FT 的數值就愈重要。

找到重點指標

　　追蹤一季進展的下一步，是找到符合目標賽事的特定時間長度。例如，想要在 3:30 的時間內完成馬拉松的跑者，會想要觀察以下指標，瞭解自己的訓練是否有成效：

- P120：兩小時的峰值功率輸出，比較有可能是透過較長的有氧耐力跑進行。也可能透過節奏跑或其它特別針對這樣長度設計的訓練做到。但運動員如果準備跑超過兩小時，功率和配速在這兩小時應該要改善。你應該要定期監測，在「一般準備期」和「特定準備期」都應該會看到進步。如果「一般準備期」練習的狀況不錯，就算沒有做特定訓練，成效應該還是能有助於最終設定的目標。這也是為什麼「一般準備期」這麼重要；雖然訓練內容並不是針對比賽所規劃，對你比賽時的體適能還是會有相當大的貢獻。

- 長跑 EI：跑比較長的距離時，你將多少瓦特轉化為速度？如果到某一個配速時，EI 會大幅改變，那用這個配速改進 EI，將可能有助於實際的表現。如果你在有氧耐力跑的 EI 不是很好，在比賽時跑得更快、更用力，EI 大概也不會變得更好。

- 區間三訓練時間：在「特定準備期」，你是針對課表設定的目標進行訓練的嗎？如果想要在 3:30 完成馬拉松，你的比賽強度練習應該都會出現在區間三。如果各項區間和你想要練習的能量系統、強度都不一致，那你必須重新評估你的 rFTPw、目標，或訓練配速。如果你能持續在區間三進行節奏跑的練習，同時配速也不斷進步，那你就知道訓練的狀況非常不錯。但如果在同樣功率輸出下，速度變慢了，你可能就需要重新評估訓練架構，規劃更多休息恢復的時間。

　　整體來說，一旦找到訓練的目標，不管是改善短跑力、強度，或目標賽事及時間的配速，追蹤進度的方式，就是找到相關需要特別訓練的主要指標。

那些指標有進步嗎？如果有，那你就知道自己準備得不錯。如果沒有進步，便需要在訓練時著重加強。你可能需要更多休息。如果你的訓練常常斷斷續續，就要花更多時間專注在訓練上。

如果我要開始訓練，希望在 30 分鐘內跑完 10 公里，我會追蹤一段我覺得重要的時間或區間，例如 30 分鐘的峰值功率和峰值配速。你可能會找到其他的長度，說不定是一段時間的間歇跑，時間長度和你在做的訓練長度一致。舉個例子，如果我要在跑道上做 2 公里的循環間歇跑，我會花幾週的時間，找到並追蹤每個間隔的 EI 和配速，觀察訓練的成效。

進步的關鍵，是找到和訓練目標有關的指標，並追蹤這些指標。如果進步了，就代表你做對了。如果表現停滯或退步，就是重新檢視的時候了。

本章重點整理

我們可以把一季分成「一般準備期」和「特定準備期」兩個部分。「一般準備期」著重在整體能力，「特定準備期」則要模擬重要巔峰賽事的要求。

大部分的跑者在開始針對比賽強度練習前，需要先練有氧耐力、作用力、速度技巧等一般能力。一般能力建立好基礎後，再開始著重其他能力，像是肌肉耐力、無氧耐力、短跑力。一旦到了 A 等級賽事前的 14 週，只要你的一般和進階能力都準備好了，就應該開始轉換，針對比賽需求進行訓練。

功率計測得的指標，就像是其他用配速算出來的指標一樣，可以用來呈現你訓練的進展狀況。監測這些指標，能幫助運動員或教練了解規劃的訓練是否有效。

8

進階訓練：
如何達到卓越表現

在前面四章，你看到可以如何利用功率計更瞭解自己的訓練、配速、效率、弱點與強項。這些都是可以幫助你瞭解自己是否進步的簡單方法，也能幫助你規劃最適合的訓練。但除此之外，功率計還有其他用途，甚至可以做更進階的使用。

如果你才剛接觸功率計，本章討論的內容可能會超出你目前所需知道的範圍。但隨著你的目標愈設愈高，本章的內容對你也會愈來愈重要。如果你是新手，或你只是想要用功率計知道你的效率、監測幾項類似的指標，那也沒有問題，只是本章的討論對你就沒有那麼重要。不過，如果你很認真設定了目標，想要在自己設定的 A 等級比賽好好表現，我鼓勵你嘗試接下來的進階數據追蹤功能。

我想再次強調，想要用功率數據做進階訓練的跑者，首先應該確保自己跑步時的效率良好，將瓦特轉化為速度的能力也不錯。本章稍後會再進一步討論這點。

訓練壓力相關概念

如我先前所提，體適能其實就是承受壓力的能力。跑得愈累，或跑得愈快，身體承受的壓力就愈大。事實上，訓練本身就是一件很有壓力的事。強度本身就是壓力。

你的身體能承受高配速與高功率輸出，能夠因應肌肉更強力的收縮，並吸收每一步踩在地上的作用力，這樣的能力決定了你的跑步體適能。如果你不能承受這些壓力，身體的生物力學會開始崩解，導致你開始愈跑愈慢。你能承受這些運動的時間愈長，你的身體就愈強健，體適能也愈好。既然跑步體適能被定義為你承受壓力和體力崩解的能力，感覺跑步本身好像就是一種懲罰（有些人也真的覺得跑步就是一種懲罰！）。

　　訓練和比賽的另一個壓力，來自時間長度。比較用同樣比賽強度跑 5 公里賽事和馬拉松。就算你用比較低的配速和功率跑完馬拉松，但基於跑馬拉松所需花費的時間，幾乎可以確定比 5 公里賽事要花更多時間恢復，這還不包括受傷的情況。這是跑步本身以及做為負重運動的特點。

　　就算是在區間一的功率強度（恢復）輕輕鬆鬆地跑 30 分鐘，相較於在同樣配速下跑上兩個小時，兩者對身體的影響也會非常不一樣。你可能可以用輕鬆跑的狀態跑兩個小時，但我不覺得你會在年度最重要比賽的前一天這樣做。你知道這樣做，對你的表現會有很大的影響。所以你可能會在重要賽事前一天，選擇短時間輕鬆慢跑，中間可能穿插幾次衝刺或加速。你不會選擇做太劇烈或長時間的運動，而是簡單做一些練習，讓自己的狀態保持好。

　　在跑步中，時間長度會有影響，影響的程度可能也比其他運動大。你可以輕鬆游泳游個一小時，或者和家人騎自行車騎個一小時，做完這些運動的感覺，都和輕鬆跑完一小時很不一樣。雖然只是輕鬆跑，但對身體造成的負重壓力，卻比其他運動還要大。

　　在本書中，我們已經講過如何透過功率更具體測量強度，這是其他測量方法都無法企及的。如果是這樣，如果我們可以定義並測量強度，並能追蹤維持特定強度持續的時間，那我們應該可以定義並測量訓練時的壓力。沒錯，的確可以，而我們稱之為「訓練壓力分數」（Training Stress Score，TSS）。

　　跑得多用力、跑的時間多長，是影響訓練壓力的兩個變項。我們把這兩個變項的組合稱為訓練的負荷量。運動負荷量會隨著強度和訓練時間的增加與消減而增減。

體適能就是承受壓力的能力。

有了功率計，我們就能取得這些要素的數值。在功率計中，跑得多用力是用瓦特表示。時間多長則是採用一般跑步最簡單的測量方式。有了這些負荷量的數值，我們可以根據每次訓練身體承受的壓力進行評分。這就是訓練壓力分數。這項指標是安德魯・科根為自行車訓練所設計出來的；這是另一項他創新開發的功率訓練指標。不過，TSS 同時也適用於跑步功率數據。

你用功率計蒐集到適用的數據後，TSS 的計算方式其實也就呼之欲出：

TSS =〔（運動時間秒數 × NP × IF）／（rFTPw × 3,600）〕× 100

NP：標準化功率

IF：強度因子

rFTPw：功能性閾值功率

如你所見，這些要素都是根據強度或時間長度。在這個等式中，3,600 是一小時換算成秒鐘數的結果，是該段訓練的時間。你會注意到第 4 章常常提到的 NP、IF、rFTPw 也出現在這個等式中。我要再次強調，強度很重要。

再看看使盡全力跑一小時的狀況。這就是你的 rFTPw。如果你一整個小時都使盡全力跑，得到的標準化功率應該會等於 rFTPw（如果不是，那你的 rFTPw 數值就是錯的）。假如你的 rFTPw 是 350 瓦特，然後你用 350 瓦特做為跑一小時的 NP。你的 IF 會是 1.00（還記得嗎？IF 等於 NP 除以 rFTPw）。把這些數字放入 TSS 的等式。首先，先定義這些變項：

運動時間 = 1 小時 = 3600 秒

運動員的 rFTPw = 350

NP（標準化功率）= 該段運動為 350

IF（強度因子）= 1.00

TSS = 〔（運動時間秒數 × NP × IF）／（rFTPw × 3,600）〕× 100

TSS = 〔（3,600 × 350 × 1.00）／（350 × 3,600）〕× 100

將分母和分子的兩個 3,600 和兩個 350 個別抵銷後，得到：

TSS =（1.00）× 100

TSS = 100

這樣就得到 TSS 的基線。當運動員用盡全力，用功能性閾值跑一小時，得到的 TSS 就是 100。根據功能性閾值的定義，運動員一個小時的 TSS 不會超過 100。意思就是說，你不可能超越自己跑一小時的最佳表現，不可能再跑得更用力了。

你在算 TSS 時，會發現這項指標可以讓你更清楚強度，以及和該強度有關的訓練壓力。為了要呈現 TSS 如何隨著不同的跑步強度和時間累積，我根據第 6 章中每個區間會累積的壓力分數，將 TSS 分區間列在表 8.1，並且分別以分鐘和小時的狀況列出來。

表8.1	各區間平均時間之大致TSS	
區間	TSS／分鐘	TSS／小時
1	＜1.0	＜60
2	1.1-1.4	65-88
3	1.5-1.6	89-95
4	1.6-1.7	96-100
5	1.8-1.9	N/A
6	1.9-2.2	N/A
7	2.2+	N/A

根據你在不同功率區間花費的時間，每分鐘及每小時累積的 TSS，可以幫你開始瞭解不同強度的功率區間所造成訓練壓力的差異。你可能注意到區間五到區間七都沒有以小時為單位計算的 TSS。這是因為這幾個區間都是超過功能性閾值以上的表現，而功能性閾值代表用盡全力跑完一個小時。超過區間四之後就不會出現以小時為單位的 TSS，因為一旦超過這個區間，不可能維持到一個小時。

現在你瞭解了 TSS 的基本概念，也大概知道不同跑步的訓練壓力後，來看看這些分數各又代表哪些比賽的距離。表 8.2 是一名跑者比賽不同距離與時間長度的預估 TSS 值（注意，這張表是用 3D 功率計測得的數據整理得出；用 2D 功率計蒐集的數據可能會有些微差異）。

表8.2 根據速度，TSS範圍／比賽距離

	15分鐘以下	18分鐘以下	20分鐘以下	20+分鐘
5公里	～30	32-35	35-38	38+
	30分鐘以下	35分鐘以下	45分鐘以下	50+分鐘
10公里	～55	60-65	70-80	90+
	1:00-1:10	1:10-1:20	1:30-1:45	2+小時
半馬	～100	110-125	140-160	165 +
	2:20以下	2:45以下	3:30以下	4:30+
全馬	190-210	230-250	260-280	270 +

　　表 8.2 可以讓你大致瞭解不同賽事中，身體承受的訓練壓力。可以有效幫助你評估一項賽事後，大約要花多少時間恢復，並且用你比較熟悉的賽事距離呈現參考的數據。

　　舉個例子，如果你用力跑完 5 公里的賽事，通常需要花差不多三天休息復原，你從這張表可以看到，半馬對身體造成的訓練壓力是 5 公里賽事的三倍再多一些。這是因為身體對訓練壓力的反應不是線性的，並不是每增加一單位的 TSS，身體對壓力的反應就多增加一單位。TSS 愈大，需要恢復休息的時間就愈長。跑完半馬，可能要花超過九天的時間恢復。

　　身體承受的壓力愈大，跑者就愈有可能受傷、體能愈容易衰竭。圖 8.1 顯示受傷風險與 TSS 的關係呈指數成長。

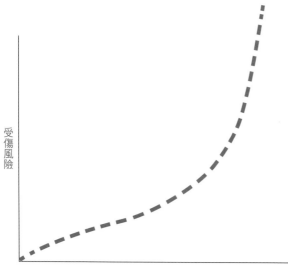

受傷風險

訓練壓力分數（TSS）

圖8.1　受傷風險隨著TSS增加

　　訓練的時間如何影響 TSS 與休息復原狀況？如果你依據區間進行訓練，你的賽事特定訓練內容主要會因你跑的速度而決定。因為 TSS 是根據強度與時間長度而決定，這代表比較慢的跑者的 TSS 其實會增加，因為他們在場上跑的時間會更長。

　　當然，在比賽中第一名和最後一名跑的強度很少會差不多。儘管如此，如果你跑在中前段，你可能會跟領頭的跑者跑在差不多的功率區間中，或非常相近。但你跑的時間會比較長，所以你的 TSS 就會比較高。

　　你可能會想，如果跑得慢的跑者的 TSS 比較高，他們需要恢復的時間會比跑得快的跑者更多嗎？好問題。答案是肯定的。我們很快地回頭復習一下第 5 章的概念，還記得你將瓦特轉化為速度的能力，不只能幫助你用比較少的做功跑得更快，也能幫助你在很用力跑完後更快速復原。畢竟當你跑得愈快，你需要用力跑步的時間就愈短。強度增強一點點，就更有機會更快速恢

復。事實上，通常如果你的體適能愈好，面對訓練壓力的能力就愈好，恢復的速度也會愈快。

舉個例子，如果你用幾乎相同的配速和另一名跑者比賽，兩人抵達終點的時間只相差幾秒鐘。在其他條件都相對一致的狀況下，如果你們其中一人的 EI 比較高，就更有可能更快恢復。而實際恢復所需的時間，和兩人間 EI 的差距、比賽長度有關。

如前面簡短提過，表 8.2 最有價值之處就是列出了範圍，讓你知道你所設定的 TSS 大概會是多少。進入「特定準備期」之後，可以根據這些 TSS 數值為你的 A 級賽事進行準備。舉個例子，如果你用低於 35 分鐘的時間跑完 1.0 公里的比賽，你的 TSS 大概會是 60。如果要為賽事做好準備，將主要運動的 TSS 設定接近 60。如果你有安排間歇練習，像是 3 × 2 英里或 10 × 1 公里的練習，將練習中比較費力的部分，TSS 設定至差不多 60（這些數值指的是主要訓練的部分，不包括暖身和緩和操）。

你在使用 TSS 時，會發現這些區間可以提供所有訓練上的參考。如果你在訓練時測得的 TSS 比較大，你大概會需要花更多時間恢復，比原先預期還要多。如果 TSS 太低，那你的訓練很可能沒有達到比賽的需求。

拿前面一個例子說明。如果你跑 5 × 2 英里的距離，TSS 是 80，那你的訓練就過頭了，可能需要額外花一天或兩天恢復，無法很快就恢復原來狀態並投入訓練。

另一方面，如果你跑 3 × 2 英里的距離，TSS 是 40，則顯示你跑得不夠，還達不到比賽要求。在這樣的情況中，你可能可以恢復得很快，但卻浪費了機會，因為你沒有把握好機會在正確的刺激下訓練，將訓練時間做最好的發揮利用。

但我要強調一點，我並不建議在準備馬拉松時，常常用馬拉松強度的 TSS 進行訓練，半馬也一樣。這些 TSS 可以提供你參考，讓你知道在準備 5 公里、10 公里或半馬的主要訓練時，身體大概要承受多少壓力，藉此幫助你更精準有效地進行準備。

另一點要特別注意的是，表 8.2 列出跑這些比賽距離通常所需時間的 TSS，你可能不一定會落在這些範圍內。因為我沒有列出所有可能的時間，你其實有可能會出現在這些範圍之間。但表 8.2 可以幫助你了解自己要訓練的壓力應該是多少。如果你的 EI 夠高，可以用較低的瓦特數達到這樣的速度和配速，那你的表現應該會比這些範圍低。將自己的數值和表 8.2 的數值比較，就能知道自己的 EI 大致落在哪裡。你的目標應該要盡自己所能跑得最快，至少能進入這些區間的最低區段。

功率的週期模式

強度和時間長度，是訓練時最重要的兩個面向。第三個，也是最後一個面向是頻率。頻率其實就是測量運動員多常承受訓練壓力。不管你只是覺得好玩想接受訓練，或是想要在波士頓馬拉松大賽贏得勝利，又或者是志在參加奧運的田徑賽事，都沒有關係；訓練要注意的面向，就是訓練的強度、訓練的時間，以及訓練的頻繁程度。

TSS頻率

跑量這個詞你可能聽過，或常常用來形容你訓練的程度。跑量其實就是訓練的頻率乘以時間長度：

跑量 = 頻率 × 時間長度（Volume = Frequency × Duration）

　　你會發現這個等式中沒有強度。這也是為什麼跑量本身不能做為訓練品質很好的指標，雖然跑者在量化訓練時很喜歡使用這個概念。如果你用跑量進行訓練，那你就追蹤錯了數據。

　　頻率大概是訓練中最難好好定義的一個面向。在長跑的世界中，有很多不同的理論，從高跑量的利迪亞模式（Lydiard model）到相反的低跑量／高強度模式，還有介於這兩者間的其他各種理論。很難知道你的訓練應該要怎麼規劃。

　　有了 TSS 後，不管你採用哪個訓練模式，我們現在可以看到強度、時間長度和頻率如何互相影響，並形塑你的體適能。你可以用 TSS 找到哪個訓練刺激最適合你，然後可以透過監測你對該刺激的反應，確認這個訓練刺激對你是否最適用。

　　目前為止，我們看到的是單次訓練的 TSS，強度和時間長度都被定義出來。因為是單次訓練，所以頻率的數值是一。接下來用頻率較為頻繁的狀況來看看 TSS。

體適能與長期訓練量（CTL）

　　如果你在週一跑了大約 30 分鐘，跑完後 TSS 是 35 左右，我們的功率區間與 TSS 圖會顯示這次跑步的強度落在區間一或區間二，屬於輕鬆跑的範圍。在週二，你很努力跑，跑完後得到的總 TSS 是 80，週三再輕鬆跑 30 分鐘，得到的 TSS 是 35。如此一來，在這三天得到的總 TSS 是 150。而這三天平均的 TSS 是一天 50（TSS ／天）。平均 TSS 為 50，這樣聽起來很辛苦費力嗎？這要看你平常訓練的平均 TSS 通常是多少。

　　還記得我們提過，體適能簡單來說就是身體承受壓力的能力嗎？我們想看到的就是你能承受多少訓練施加的壓力。我們想大概知道你的體適能狀況，

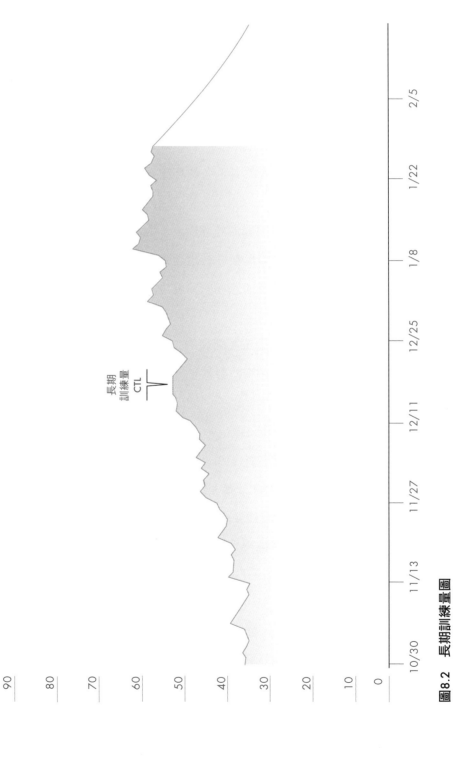

訓練壓力分數／日
TSSd

長期
訓練量
CTL

90
80
70
60
50
40
30
20
10
0

10/30　11/13　11/27　12/11　12/25　1/8　1/22　2/5

圖8.2　長期訓練量圖

才能更加了解你可以承受的壓力值。如果我們好好檢視你過去以來的 TSS，就能知道平均 TSS 為 50，究竟是高或低。

我們應該觀察多長時間的數據呢？好問題。6 週通常就可以得到大概狀況。過去 42 天的狀況通常最能反應當下的體適能。

當我們觀察過去 42 天每天 TSS 的平均值，能得到你在目前體適能狀況下，每天可能承受的壓力程度數值。這個平均值就稱為長期訓練量（Chronic Training Load，CTL）。會如此命名，是因為這個數值代表的，是在長期訓練下你可以維持的訓練量。CTL 用當天的 TSS，和過去 41 天平均後，得到該段時間的平均每日 TSS 數值。圖 8.2 是好幾週的 CTL。你可以看到隨著運動員在訓練過程中變得愈來愈穩定，CTL 的數值也會隨之增加。這很有道理，因為運動員承受壓力的能力會隨著體適能改善而提升。這就是為什麼 CTL 也常常被稱為或視為「體適能」。CTL 增加，體適能也會隨之提升。

疲累與短期訓練量（ATL）

在前面一個例子，我們將三天平均 TSS 為 50 的數值和運動員長期的平均 TSS（也就是其 CTL）比較，我們其實是在看短期平均壓力對這名運動員目前體適能的影響，或是對他目前的長期日平均 TSS 的影響。當我們將短期的日平均 TSS 和長期平均比較，我們可以大概知道，如果平均 TSS 在短期出現變化時，運動員可能的疲累程度。

舉個例子，如果運動員的 CTL 是 60 TSS ／日。然後接下來進行七天的訓練，平均都做到 120 TSS ／日。這七天的平均是過去 6 週平均的兩倍，顯示會非常疲累。如果你對這樣的說法有所懷疑，那我想讓你挑戰，在 1 週的時間將訓練壓力的量調到過去 6 週平均的兩倍，看看你到時會不會喊累。我敢跟你說，如果你很認真訓練，這樣做絕對會非常疲累。

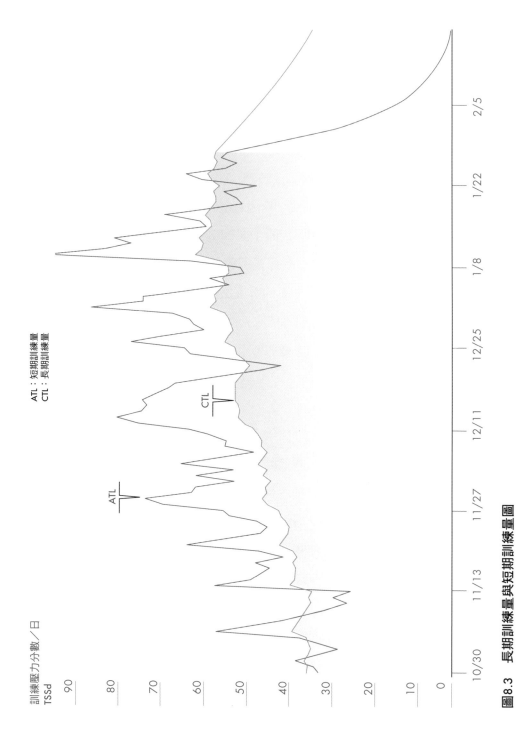

訓練壓力分數／日
TSSd

ATL：短期訓練量
CTL：長期訓練量

圖8.3　長期訓練量與短期訓練量圖

我們在看這個短期的平均數值時，觀察的是短時間內的訓練壓力量。短期訓練壓力的標準時間長度為七天。七天平均的 TSS 稱為短期訓練量（Acute Training Load，ATL）。ATL 的數值很能反映運動員的疲累程度。圖 8.3 將 ATL 與圖 8.2 的 CTL 放在一起比較。你可以看到 ATL 大幅增加時，也刺激 CTL 上升。再一次強調，你要感到疲累才能提升體適能，所以 ATL 要增加，CTL 才會增加。ATL 圖形呈現的巔峰和低谷也有助於呈現訓練的循環。要有幾段期間讓運動員感到疲累，接著安排一段恢復期，然後再安排下一個訓練期。

訓練壓力差額（TSB）

CTL 和 ATL 都是平均每日的 TSS。CTL 是長期，ATL 則是短期。因為這兩項都是以數值呈現，同樣以每日 TSS 做為單位，我們可以比較兩者，知道運動員的狀況。舉個例子，如果一名運動員的 CTL 是 65 TSS ／日，ATL 則是 100 TSS ／日，顯示增加了 35 TSS ／日，等於增加了超過 50%。這個增加幅度很大。如果你不相信我，儘管在自己的訓練中增加 50%，然後再來告訴我你是否準備好去參賽了。

CTL 與 ATL 之間的差異（你的體適能與疲累程度間的差距）能幫助你瞭解是否已經準備好可以去比賽了。這個數值可以告訴我們，你接受的訓練量是不是比之前所習慣的還要多。例如上面提到 ATL 為 100，CTL 為 65 的例子，得出的訓練壓力差額是負的：−35。過去七天中，跑者接受的訓練壓力比平常還要多更多。

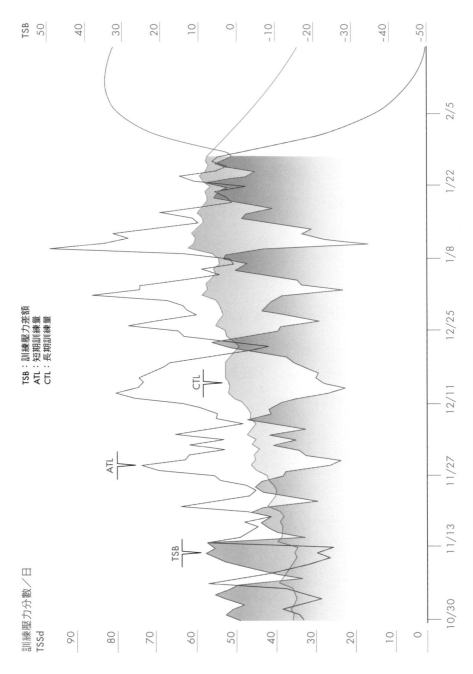

圖8.4 長期訓練量、短期訓練量與訓練壓力差額圖

182

如果這位運動員的 CTL 還是 65 TSS ／日，過去七天的 ATL 則是 50 TSS ／日，差額就會變成 +15，較接近其體適能，而不會造成疲累。

訓練壓力的差距稱為訓練壓力差額（training stress balance，TSB）。當跑者在短時間中沒有感受到太多疲累，TSB 通常是正數。如果運動員接受密集大量的訓練，TSB 便可能變成負值。圖 8.4 同時呈現 TSB、CTL 與 ATL。

訓練壓力差額最適合用來做為你是否休息充足、精力充沛，準備好比賽的指標。如果你的 TSB 是正的，體適能也高，代表你已經準備好在比賽中大展身手。這聽起來好像很顯而易見，不是特別有價值的數據，但是知道自己的訓練量非常重要。舉個例子，你的體適能可能很好，能在 2:20 以內的時間完成馬拉松。但你實際用 2:20 以內的時間跑完馬拉松的隔天，此刻體適能還是很好，卻一點也不適合再去比賽。你身體累積了太多的疲累，不適合進行任何強度的跑步。比完馬拉松隔天，光是要走下樓梯都可能很辛苦。

有時候就算 TSB 是負的，去比賽還是可以跑得很好。這對 C 級賽事來說不成問題。參加 B 級賽事時，你的 TSB 可能可以是負的，或略偏向正數。但在 A 級賽事中，你絕對會希望自己的 TSB 是正的。

TSB 可以幫助我們了解自己規劃的訓練內容是否有效，以及對未來表現的影響。稍後再討論如何利用 TSB 進行減量訓練。

分析與表現管理

CTL、ATL、TSB 能讓你更瞭解自己承受的訓練量，你對這個程度的訓練量反應如何，以及何時準備好能拿出最好的表現。這些指標幫助我們每天管理自己的表現狀況。在某些情況中，甚至能預測你的表現。當我們把這三項指標放到同一張圖中，就稱為表現管理圖（Performance Management Chart，PMC）。圖 8.4 是一張 PMC，圖中三項指標的關係可以呈現訓練成果

與恢復狀況，以及在未來特定時間有潛力可以表現得很好。

　　你可能也注意到，在這張圖非陰影區，標示了未來 21 天的訓練。在這段期間中，CTL 與 ATL 的數值都下滑，TSB 則增加。這是因為從陰影結束的地方開始就是未來，而未來的區塊中都沒有數值。如果你接下來 21 天都停止訓練，你的 PMC 就會長得像這樣。我們在本章稍後會討論減量與巔峰狀態訓練，到時會再細談怎麼利用這未來 21 天的資料。

提升表現

　　如果我們標示出你這一季中十次最佳表現，你有辦法將這十次標示在行事曆上嗎？你會知道哪幾天是你功率輸出最佳的十天嗎？你的配速表現得最好的十次，各出現在行事曆上的哪幾天？答案可能會讓你感到意外。你表現最好的幾次，有可能是你平常跟朋友進行特定密集訓練的時候。我看過很多運動員，表現最好的時候都出現在平常練習或訓練，永遠不是在比賽中。若能看到表現的趨勢，這將成為很有用的資訊，可以利用這些資訊，找到可以如何調整訓練課表或訓練的方式。

十大功率輸出最佳表現

　　你在練習特定時間長度時，如果知道峰值功率出現在哪一段，將能提升你的 PMC。跑 6 分鐘取得的十次最佳功率輸出的數據趨勢，可以用來了解你的最大攝氧量訓練是不是開始有效。我們將這個數值稱為十大 P6 數值（top-10 P6 values）。

30 分鐘的最佳功率輸出趨勢，也是很不錯的參考數據，因為大部分的跑者都有蠻大量的 30 分鐘樣本數可以參考。很認真的跑者通常不會做太多 30 分鐘以下的跑步練習。所以這個數值呈現出的趨勢，應該可以做為個人體適能及其發展很好的參考。

圖 8.5 是前面提過跑者的 PMC，是這位運動員過去 90 天的 P6 與 P30 功率輸出的狀況（這裡同樣呈現未來 21 天的區間，但還沒有數值）。你會發現這些數值在過去 4 週大幅增加，表現最好的 20 次中，有 15 次都出現在這短短的區間內。這些數據呈現輸出功率更高的正面趨勢，是很棒的結果。

十大配速最佳表現

就像我一開始說的，跑得最快的人才會贏得比賽。十大功率輸出的數據顯示跑者拿出最佳表現的潛力，那實際配速的最佳表現呢？圖 8.6 是配速的趨勢。從圖中可以看到，P6 的數值呈現明顯強勁成長的趨勢，P30 表現最佳的幾個樣本在最近幾次也進步了。

你也可以看到 P6 和 P30 的配速表現最好的幾次，都集中在過去 4 週。這是運動員希望看到的正面發展趨勢。如果你用馬拉松的目標配速跑一個小時的節奏跑，發現自己的配速進步，P60 數值也進步，那你就知道訓練規劃得很不錯。如果你發現配速變差，那可能需要考慮多安排休息及恢復的時間。

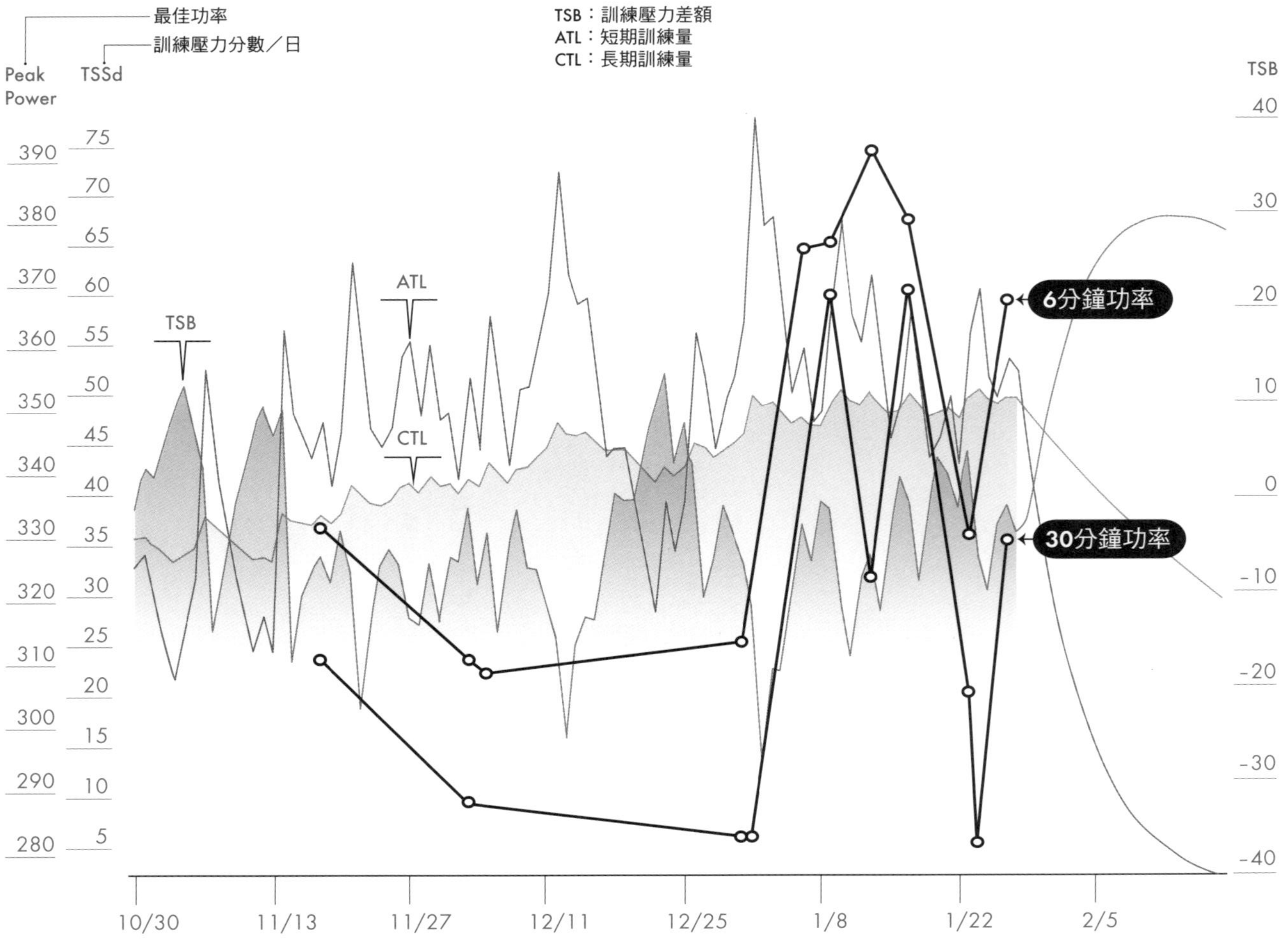

186

図8.5 6分鐘與30分鐘的十大最佳功率輸出PMC

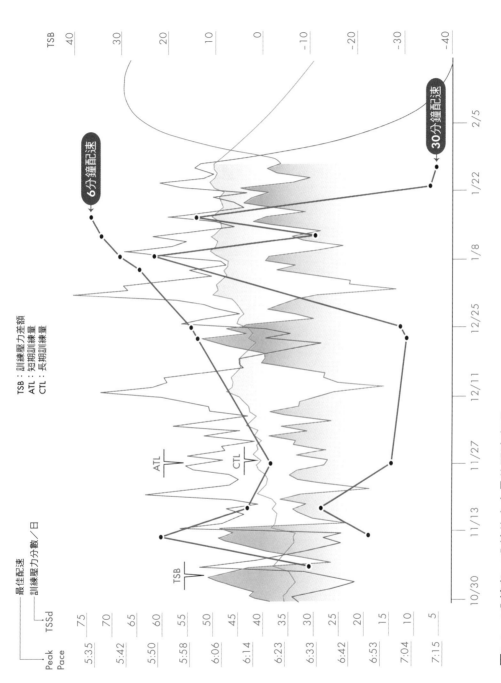

圖8.6 6分鐘與30分鐘的十大最佳配速表現PMC

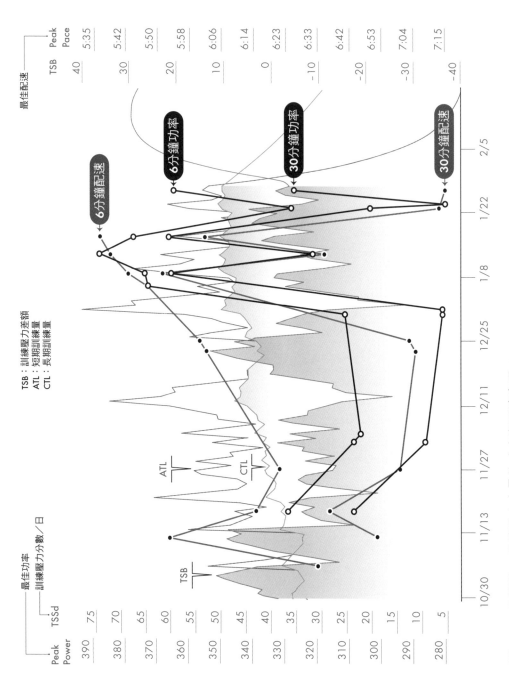

圖8.7 6分鐘與30分鐘的十大最佳功率與配速表現PMC

我們之前花蠻多篇幅討論跑者每瓦特可以產生的速度，所以你可能會好奇，功率與配速個別表現最好的十次會不會一致。我們現在將 P6 和 P30 的數值都放在圖 8.7 的 PMC 中，看看這些數值的關係。

在圖 8.7 中，功率輸出最好的十次表現中，幾乎每次都和配速最好的十次一致。隨著功率數值增加，配速的數值也提升了。這顯示 EI 很不錯。也就是說，這名運動員每瓦特產生的速度相當不錯。

如果你固定記錄並檢視這些數值，可能有時候會發現某些十大功率輸出數值和十大配速表現並不一致。逆風、坡度等狀況，都可能造成這樣不一致的結果。別忘記，功率計可以比配速更精確地測量強度，因為配速會受到地形、天候等變項影響。

十大EI最佳表現

如果你的訓練分析軟體支援的話，可以根據特定距離標示出 EI 表現最好的十次訓練，會非常有用。舉個例子，如果想要看你跑 90 分鐘或更長時間的 EI，可以標出 90 分鐘的最佳 EI，寫成 P90 EI，然後觀察這個數值的趨勢是否進步。如果你針對特定時間長度想改善你的 EI，不管是在「一般準備期」或「特定準備期」，這樣的做法都會很有幫助。不管你的訓練著重在哪些項目，都可以觀察相關時間長度和輸出指標，好藉此了解訓練的成效。如果你想觀察近期的 EI 趨勢，而不是「一般準備期」或「特定準備期」的長期趨勢，你可以直接觀察 PMC 中較短的時間範圍，即可得知近期的趨勢狀況。

大部分的分析軟體都可以追蹤配速、功率、EI 的最佳表現，就算沒有用 PMC 一樣可以追蹤。如果你的軟體不提供 EI 的追蹤功能，可能就要自己計算。找到功率和配速表現最好且重疊的點，記錄下來，以便之後進行比較。

觀察退步狀況

當你觀察這些 PMC 以及其他記錄了配速與功率最佳表現的圖表，會開始看到自己訓練量的趨勢——訓練量太大、不夠，或剛剛好。你也可以在季後分析時看看 PMC，觀察你在受傷前或生病前幾天是否呈現任何趨勢。

你的表現在什麼時候會出現停滯？什麼時候開始退步？為什麼會出現退步？是因為受傷，還是因為訓練過度？在出現退步或停滯前的 EI 又是如何？EI 是不是突然下滑，本來其實可以告訴我們可能將開始退步？在表現停滯或下滑前，有哪些可以觀察得到的警訊呢？

觀察 ATL，或受傷前出現特定 TSB 出現負值，這些都能具體告訴你訓練量太大或太過危險。這是非常重要的資訊。運動員和教練總是希望能在正確的時間施加正確的訓練刺激，以便在特定時間範圍內讓體適能達到最佳狀態。你可以隨著時間觀察訓練的成效，依據你的觀察設計出最適合個人強項、弱點等量身打造的訓練課表。

觀察突破狀況

當你針對特定時間練跑，進步的狀況以飆速成長，你還記得當時正在做哪一類的訓練內容？當時訓練的結構安排如何，與先前幾週或幾個月相比又如何？在突然快速進步前，做了哪些訓練？這些訓練是否為之後的體適能和表現奠定了基礎？

看到一年中跑得最好的幾次都出現在近期表現，這樣的結果應該最有助增加你的信心。當你可以看到過去表現，並與其他次比較，或者很方便就能看到迅速成長的趨勢，對自己的訓練成果勢必會感到振奮，對於準備的成效也會更有信心。

減量與巔峰訓練

你的訓練目標之一，就是要在個人設定的 A 級賽事達到巔峰狀態。你希望能將準備期做最好的運用，同時也精確設定減量訓練。功率計便可以做到這一點。

當你為某項賽事進行減量訓練時，通常會減少訓練量（減少訓練的頻率，並且／或時間），安排更多休息的時間。當你在進行減量時，體適能會稍微下滑，因為在這段期間，身體沒有承受壓力。體適能是身體承受壓力的能力，所以壓力愈少，就代表體適能愈低。換來的好處，當然是希望經由減量休息可以抵消掉稍微損失的體適能。

你可以透過施加剛好的壓力量，延緩體適能下滑的狀況，意思就是根據你要準備的賽事，設定剛好的量。要做到這點，必須將強度也考慮進來。你在訓練時，可以設定一定的 TSS，將 CTL 維持在一定的水準。若想在減少訓練時間長度的同時做到這點，可以維持訓練的頻率，並保持中度的訓練強度。但如果你將強度也減弱，CTL 真的就會減少，也就是體適能。你希望維持住特定的強度；如果你正在為馬拉松賽進行減量，不要突然開始用盡全力做 400 公尺的循環跑。這樣施加的壓力並不對。

壓力多少算足夠，多少算不夠？減少多少 CTL 算合理？我想建議的第一個原則，是維持訓練的頻率，但減少時間長度。這樣做會降低訓練量，但同時讓你保持在同樣的狀態。

第二個建議的原則，是減少的 CTL 不要超過 10%，無論你要參加的比賽距離多長，都不要超過 10%。

這 10% 涵蓋的期間，是從開始減量（很可能就是你達到巔峰的時間點）到比賽當天。

表8.3 減量計畫的例子

	TSS	訓練筆記
週一	0	休息
週二	40	輕鬆跑
週三	80	針對比賽安排的訓練
週四	40	輕鬆跑
週五	0	休息
週六	70	針對比賽安排的訓練
週日	40	輕鬆跑
週一	0	休息
週二	30	輕鬆跑
週三	50	針對比賽安排的訓練
週四	30	輕鬆跑
週五	0	休息
週六	20	賽前訓練
週日	N/A	比賽日

　　如果你打算進行 2 週的減量訓練，可以設定具體的減量訓練，在 PMC 上達到特定的 CTL 與 TSB。本章前面提到的 PMC 呈現過去 90 天以及未來 21 天的圖示。所以趨勢線在陰影外的區塊才會突然下滑；因為這個區塊代表的是未來。這段未來 21 天的期間可以讓你規劃減量訓練，調整到最適合你的數字。

　　如果你的訓練軟體可以呈現像這樣的 PMC，你可以根據每日及 TSS 去規劃你的減量訓練，看看你的 CTL 與 TSB 會是多少。表 8.3 是一個基本的例子，

示範如何利用 TSS 規劃為期 2 週的減量訓練。把這些數值放進你的 PMC，便能從實際數字看到減量訓練對 TSB 的影響，以及如何造成 CTL 數值下滑。

PMC 幫助你更清楚瞭解訓練成效，並在正確的時間加入正確的訓練刺激。

所以，怎樣的 TSB 算好呢？CTL 減少多少算合理？問這些問題的同時，必須將比賽距離及運動員個人狀況納入考量。

表 8.4 是跑者可能想要達到的 TSB 範圍，依比賽距離及賽事優先程度分類。這些都只是供參考用的範圍。如果你不用減量，就可以在比賽跑得很好，你可以參考並把自己的數值維持在這些範圍之下。如果你很容易訓練過度，或覺得自己還沒達到比賽狀態，你可能需要超出參考的範圍，或至少保持在這些範圍的較高區段。

你從表 8.4 中可能注意到馬拉松沒有被列在 B 級或 C 級賽事中。這是因為馬拉松賽事太長也太累了，如果沒有在最好的體適能狀態，根本很難參加馬拉松賽。我覺得馬拉松比賽只能被列為 A 級賽事。通常來說，減量訓練最好都是用來準備 A 級賽事，但如果你在 B 級賽事前也想稍微進行減量，我在表 8.4 中也提供了相關的減量指導原則。

你在表 8.4 中可能也會發現，隨著賽事距離增加，TSB 的範圍也增加了。這是因為賽事愈長，你的表現就愈有可能受到之前訓練造成的疲累所影響。因此，減量時通常也會需要更多休息與恢復的時間。

你安排好減量訓練後，之後可以再回頭檢視成效如何。如果你覺得不夠完美，可以把數字微調後再嘗試新的策略，或者乾脆根據目前狀況設定。當你找到成功的減量策略後，可以設定好數字，在每次 A 級賽事前有效執行。如果你覺得現有的減量訓練夠完美了，那每次踏上起跑線時，都可以更有自信，知道自己已完美執行好減量計畫。

最後，雖然這本書在講跑步功率計，但本章提到所有根據 rFTPw 計算的指標，及 TSS 的功率數據，都可以用 rFTPa 和配速數據計算。如果你不確定是否想採用功率數據得出的 TSS 製成的 PMC，你也可以改用配速數據。哪一種比較好，或比較有效？由於這項科技還很新，我目前還無法回答你，但我認為和個人偏好有很大的關係。不過，這項科技很棒的一點，是你現在有了很多選擇和資訊，可以根據最適合自己的方式使用，讓你在最重要的賽事，可以拿出最佳表現。

表8.4 A、B、C級賽事的CTL減量與TSB之參考原則						
賽事類型	A級		B級		C級	
	CTL 減少比率	TSB	CTL 減少比率	TSB	CTL 減少比率	TSB
5公里	<5%	5-10	0%	(-20)	N/A	(-30)
10公里	<5%	10-15	<2%	(-15)-(-5)	N/A	(-20)
半馬	<7%	15-20	<5%	(-5)-0	N/A	(-10)
全馬	<10%	20-25	N/A	N/A	N/A	N/A

本章重點整理

體適能是身體承受壓力的能力。現在我們可以用數字定義強度和時間後，便可以用這兩項指標訂出訓練壓力的確切數值。我們將這個數字稱為訓練壓力分數（TSS）。

追蹤 TSS，能幫助我們了解跑者的體適能和疲累程度，進而繪出表現管理圖（PMC）。使用 PMC 則可追蹤近期表現，並標示出各指標最佳表現。我們還可以利用 PMC 進一步了解訓練的成效，在正確的時間設定正確的刺激，讓你的訓練規劃更臻至完美。

PMC 也可以讓你根據要參加的賽事距離，設定最好的減量訓練。

9

利用功率進行比賽

談到這裡，我們討論的都和訓練有關。我們講到了訓練的一般概念及具體細節，大概說明了在跑步過程中應該追蹤並蒐集的重要指標，也提到怎麼利用數據找到自己跑步的趨勢及個人特殊需求，以便規劃一個更好的訓練課表。現在，我們來談談比賽。

我一直都認為比賽當天有六個影響表現的關鍵。前三項是準備、準備、再準備。比賽當天，你可以抱持很棒的態度和完美的比賽計畫，但是在重要賽事前做好準備，是一切的關鍵，尤其當你的目標設定得特別高時。我們稍後會看到，你的準備工作必須包括生理、心理及技術三項層面。

最後三項重點，則是執行、執行，最後還是執行。為了達到個人期望的目標，你在生理、心理、技術層面都要確實執行。如果你站在起跑線的那一刻，沒有懷抱著確實執行的決心，那準備得再好也沒用。如果你在比 5 公里賽事的頭一英里就跑得比目標配速還要快很多，那你大概沒有辦法表現得很好。如果你在馬拉松賽的頭 10 英里表現得太過興奮，那最後幾英里你可能就只能用走的完賽。在長跑賽事中忽略營養上的需求，你可能最終將沒辦法順利完賽。

簡言之，你不能隨便地訓練，然後期望在比賽當天一切都突然水到渠成，表現完美。只是純粹懷抱希望，並沒有辦法達成卓越表現。

既然我認為表現的關鍵有一半都跟比賽當天有關，本書如果沒有花一半的篇幅談比賽當天的狀況，就說不過去了。但我要澄清一下，我也認為比賽日的執行能力，是透過準備期間所學習而來，尤其是「特定準備期」（見第 7 章）。如果你在訓練時都非常投入，用心體驗過程，對自己的準備狀況也很有信心，應該就能在比賽當天好好執行訓練的成果。而隨著你在比賽及訓練時使用功率計愈來愈有經驗後，你在比賽當天也會執行得愈好。對執行來說，信心和技巧一樣重要。如果你能注意訓練時的數據，到比賽現場時將會充滿自信，能夠好好執行你的訓練計畫。

要在比賽當天實際執行訓練計畫，信心和技術同樣重要。

　　你剛開始於比賽使用功率計時，會從這項工具學到很多關於你本身的資訊，以及功率計蒐集到的數據。最好的學習及準備方式，是用功率計蒐集數據，評估你的強項、弱點及趨勢。所以跟剛開始用功率計進行訓練一樣，剛開始在比賽中使用功率計時，應該先蒐集數據就好，先不要管數字是多少。如果你都還不知道自己比賽狀況跟功率輸出、賽道狀況的關係，就試著想只用功率數據規劃策略，反而有可能出錯，因此感到挫敗。所以每次比賽時都用功率計，但一開始先不要管數字如何，蒐集到一定量的數據，可以找到趨勢、需求、目標後再開始調整。

　　現在來談談比賽與比賽日。

比賽的準備

　　本章一開始，我講到賽前準備的重要。你為了重要比賽預先做的每次訓練，都要涵括三項目標：生理、心理、技術層面的目標。這些準備目標可能會重疊，但你每次練習都要涵括這三個層面。如果你想要在比賽時表現得好，一定要有目的地進行訓練。

　　當然，你不能在比賽當天才決定要把這些技巧應用在比賽中。你需要時間練習這些技巧，所以在日常訓練時就朝著這些目標邁進，很重要。我認為賽前準備與執行的成功與否，有 80% 在比賽前都已成定局。剩下的 20% 則和比賽當下的壓力及無法預測的狀況有關，你要在這些壓力下證明你能好好執行所練習的成果。是否能掌握比賽狀態，這和經驗有關。幸好功率計可以幫助你進行準備，也可以從比賽中有效學習。

生理目標

每次訓練時，通常都會有特定的生理目標。你每次訓練的目的，就是希望訓練的成效可以運用在比賽當天。你平常訓練時的生理目標可能是一般技巧或能力訓練，或者是特定準備內容。在其他天，你的生理目標可能是休息一天，讓身體可以從之前的訓練刺激中恢復，幫助你在好好休息後達到最好的訓練成效，運用在下一次的訓練。

你設定生理目標後，要了解所做的訓練具有特定目的，要讓你的身體適應特定的訓練壓力。這就是你為什麼要特別選定做某種練習。功率計能幫助你確認所做的訓練達到比賽相關的特定區間。

心理目標

運動訓練的心理目標，比較不常見，也常常被運動員忽略。心理目標處理的是運動員體認到，也需要改善的心理要素及技巧。有可能是在高強度跑步時，快跑完前要注意的特定技巧（在這個例子中也和技術目標重疊），或在運動過程中建立信心，練習正向思考而不以負面角度思考。有可能是配速技巧，學習培養耐性，練習在剛開始跑的階段維持一定速度，不要一次衝太快。也有可能是想像比賽狀況，甚至在比賽場地練習，在心理上先有所準備。心理目標也可能是為賽道上不同部分練習不同的策略。

我甚至看過有運動員在訓練時全憑感覺，從來不看錶或顯示器。然後在練習後的分析，再看看自己的感覺和實際訓練的目標是否一致，或差了多少。這是一個很好的做法，可以提升你的心理層面，對於自己是否具備察覺、了解賽事所需正確強度的能力，也可以更有信心。運動員很常被發現在訓練或比賽中看錶，他們擔心自己跑得太用力或太快，就算自己感覺沒問題，卻還是沒有信心可以將狀態保持到完賽。對外在工具太過倚賴，反而有害。如果

你在訓練時，該做的都做對了，到了比賽當天，應該可以進一步激發身體和體適能，達到前所未有的絕佳程度。但如果受限於數字，反而會喪失了這個機會。建立強健的心理素質，能清楚察覺自己的狀態，並對訓練規劃有信心，這些對在比賽中能展現出色表現都相當關鍵。

我看過很多成功的運動員會在跑步時，對自己正面喊話並自我肯定。對自我保持正面態度，這是一項需要練習的技巧。在這個練習過程中，你可以搭配使用功率計——在平日蒐集到的數據中，看到自己的體適能不斷進步，會讓你更有信心。

技術目標

第三項目標是改善技術方面的技巧。這時候你的功率計就是非常寶貴的工具，讓你可以測量並看到任何技術上的改變。舉個例子，如果你的步頻比較慢，你可能會知道自己需要提升步頻，但你要怎麼知道快一點的步頻真的有幫到你？你的功率計會顯示 EI 提升，或者瓦特和配速增加，這些都是運動手錶沒有辦法告訴你的。

比賽時的營養

如果你比賽跑不到兩小時，那你在賽程中可能只需要一點或完全不需要補充卡路里。但在馬拉松等距離較長的比賽中，賽程中的營養補充，也是一項需要注意的技術技能。本書的重點不是比賽的營養攝取，而且我也沒有你的數據，無法幫助你設計個人的營養規劃。但功率計數據可以幫助你了解在訓練中測試的營養策略是否有效。舉個例子，在跑了兩個小時或超過兩個小時後，技術開始崩解的狀況很常見。你可能會看到功率輸出增加，但速度卻沒改變，或你可能會發現功率和速度都減少。比賽當天的營養補給，可以避

免這些狀況發生。比賽時的營養規劃，是你一定要學習的技術技能，並根據個人的需求、偏好、強項及弱點，將這項技術練到完美。你一定要記錄並分析你在訓練前與訓練過程中的營養狀況（把這些都寫在你的訓練日誌裡），再和功率數據搭配參考，幫助你了解自己的營養策略哪裡做得很好，哪些部分還不足。

設定一些賽前與比賽過程中要達到的基本目標。

不過這裡還是要提醒一點：如果配速很差，營養策略再好都不足以彌補。不然就變成吃得最多的人會得冠軍。你不能突然改跑比平常強度更強的區間，純粹只因為你在長距離賽事中決定增加攝入的卡路里。訓練時，測試你的營養策略和計算方式，看看數據是否支持現有的規劃。

用功率數據進行比賽

我在第 7 章提到，用功率計進行訓練是進階技巧，需要一定的知識與經驗。用功率計來比賽也是同樣的道理。事實上，用功率計進行比賽可能更進階，因為相較之下，你的比賽經驗會比訓練經驗還要少。如果你計畫根據功率計執行某個策略，要先確保這個計畫符合你的能力與潛力。這不太容易，尤其是你剛開始使用功率計的頭幾天，或甚至頭幾個月，要能做到如此更是困難。

不管你是否要根據功率數據規劃跑步策略，我覺得規劃時有個重點，就是設定賽前與比賽中要達到的基本目標。這些指標包括：

- 你在比賽前一天計畫達到的 CTL（並且與一開始減量時達到最高峰的 CTL 比較）；
- 比賽當天的 TSB；
- 你希望這場比賽達到的 TSS；
- 你希望這場比賽達到的 IF；
- 這場比賽預期達到的 EI；
- 這場比賽預期達到的 VI；
- 這場比賽中主要會達到的幾個功率區間，用百分比列出；及
- 12 秒和 12 秒以下的時間長度預期輸出的峰值功率。

　　比賽一結束，你可以檢視自己是否達成設定的目標。如果你的表現超過了這些目標，這對你的計畫、準備、預期，代表什麼意義？那如果還達不到呢？這些數字對你比賽當天的執行狀況代表了什麼意義？這些都是比賽之後要得到的重要資訊。

EI（效率指數）

　　你根據比賽強度做的訓練，可以告訴你以比賽狀態和配速跑的時候，EI 會是多少。如果你發現跑 5 公里（或其他比賽距離）時 EI 提升，你就可以很有信心，知道訓練達到了預期的成效。

　　如果你在比賽過程中可以觀察預先設定的 EI（尤其是在持續平均 30 秒的時間範圍內），並能維持或表現得更好，你就知道自己執行的狀況很不錯。如果你用目標配速跑，EI 比預期更高——意思就是說，你發現自己用和訓練時同樣的速度跑，但輸出的瓦特更少。聽起來像是夢寐以求的比賽，但其實在比賽時，效率更好的狀況很常見；若能好好進行減量，並能在比賽中好好

執行技術技巧，兩者搭配得當，通常可以得到這樣的結果。

比賽結束後，將實際總 EI 與預測的總 EI 比較。這樣做可以幫助你瞭解訓練是否與比賽表現一致。

將 EI@FT 與比賽總 EI 比較，可以讓你知道自己在功能性閾值之上或之下的表現是否有效率。你也可以開始追蹤這兩者比較的趨勢，並與訓練時體適能提升的狀況合併來看。不同強度下的 EI 能幫助你找到你在不同配速下的個人效率曲線。

軟體工具

一直以來，這些開發出來的軟體工具被用來分析訓練，並根據場地、風向、天候等狀況，針對特定賽事規劃跑者的配速；附錄 B 列出了一些軟體工具和其他訓練分析軟體。截至本書出版時（編注：本書英文版的出版時間為 2016 年），配速規劃軟體還沒有計算跑步功率輸出的功能，因為功率計這項科技還太新了。精確的輸出數值也會因每個跑者的 EI 而異。但配速軟體的確會根據場地等外在條件變項設定配速，能幫助你在訓練時進行調整。

另外還有一些你的顯示器可以採用的應用程式和 EI 記錄與分析軟體。這些程式都會再繼續開發；現有的則列在附錄 B。

賽後分析

不管你比得好或差，在比賽後檢視數據時，總是可以學到一些東西。如果比賽跑得不錯，你就知道好的表現呈現在功率數據資料中會是如何。這份數據可以做為後續訓練時的示範樣本，之後在規劃訓練時，可以做為參考，知道下次可以怎麼做，或如何調整可以變得更好。

如果你比得很差，還是可以從數據中學習，確保下一場賽事可以表現得更好。要檢視表現很差的結果可能很困難，但如果你能好好研究造成這次表現的原因，將能幫助你下一次避免再犯同樣的錯誤。

我建議在賽後分析時，檢視以下重要指標：

- NP（標準化功率）
- IF（強度因子）
- VI（變異性指數）
- TSS（訓練壓力分數）
- EI（效率指數）
- 比賽前一天的 CTL（長期訓練量）
- 比賽當天的 TSB（訓練壓力差額）
- 比賽過程中的 w/kg
- 功率區間分布
- 比賽過程中功率與／或配速開始下滑的時間點

為了進一步說明分析比賽數據時要特別檢視的重要指標，以下用一份半馬的功率數據說明。圖 9.1a、圖 9.1b、圖 9.1c 是一名跑者在跑半馬比賽時，使用 3D 功率計記錄下來的數據。

注意，資料顯示比賽長度是 12.8 英里；我不確定這個場地或 GPS 的正確性高不高，但這場賽事被記錄為半馬比賽！總之，這名運動員最後以 1:16:59 的時間完賽。

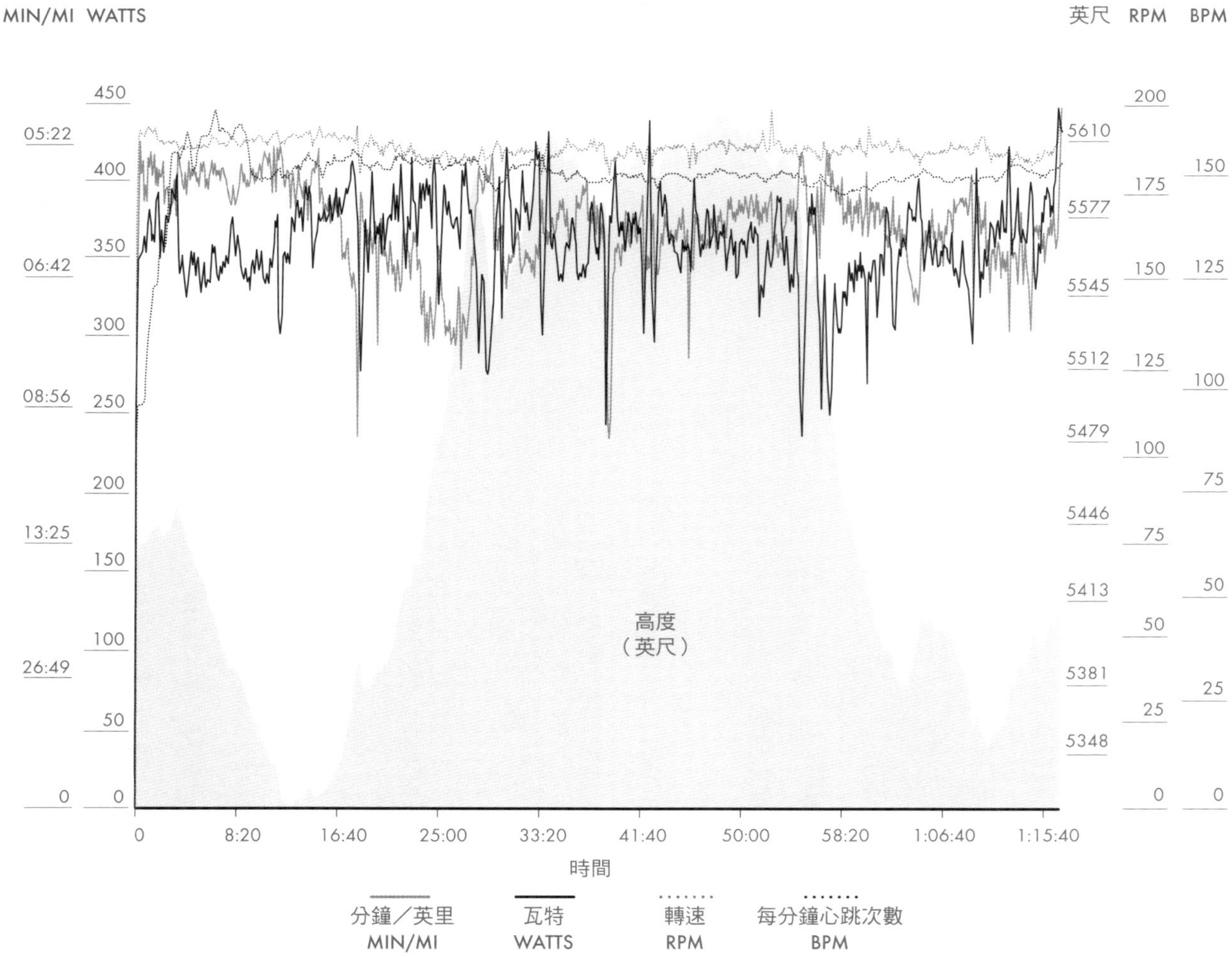
MIN/MI WATTS
英尺 RPM BPM
05:22
06:42
08:56
13:25
26:49
0
450
400
350
300
250
200
150
100
50
0
5610
5577
5545
5512
5479
5446
5413
5381
5348
200
175
150
125
100
75
50
25
0
150
125
100
75
50
25
0
高度
（英尺）
0
8:20
16:40
25:00
33:20
41:40
50:00
58:20
1:06:40
1:15:40
時間
分鐘／英里
MIN/MI
瓦特
WATTS
轉速
RPM
每分鐘心跳次數
BPM

圖9.1a　半馬比賽數據圖

你會發現賽道不是平坦的；事實上，是從 5,400 英尺（約 1,650 公尺）高度開始。接著高度持續攀升到超過 5,600 英尺，然後降到最低點的 5,300 英尺。運動員的功率在上坡時增加，雖然同時間配速降低了。下坡時狀況則相反。比賽過程中，最低功率輸出是 224 瓦特，最高則是 462 瓦特，出現在快到終點前的衝刺階段。

NP

運動員在此項賽事的標準化功率是 362 瓦特，比整場比賽的平均功率只多出 2 瓦特。

IF

強度因子是 NP 除以 rFTPw 的商。這名運動員的 rFTPw 是 372 瓦特，所以這次比賽的 IF 是 0.97。這很合理，因為比賽長度比一小時還多出 17 分鐘。跑者的強度已經接近區間四的閾值強度（362 瓦特落在跑者區間四的中低區段，他的 rFTPw 則是 372），他跑得非常好，非常接近閾值強度。

時間長度	距離	訓練壓力分數
1:16:59	12.8	120.8

Work	1662 kJ	IF	0.97
NP	362 W	VI	1.01
		Ei. Gain	541 ft
		El. Loss	551 ft
		w/kg	5.15

	最低	平均	最高	
功率	0	360	462	w
心率	84	149	166	bpm
步頻	0	188	207	rpm
配速	00:00	06:00	04:50	min/mi

圖9.1b　半馬比賽數據

VI

還記得 VI 是將平均功率與標準化功率比較的結果，能告訴我們突然增強或強度較高的跑步和其他跑步的比較。這名跑者的 VI 是

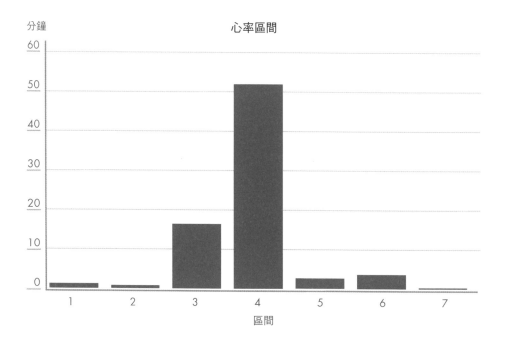

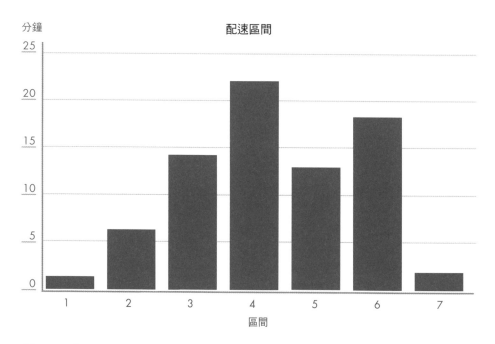

圖9.1c 半馬比賽數據分佈

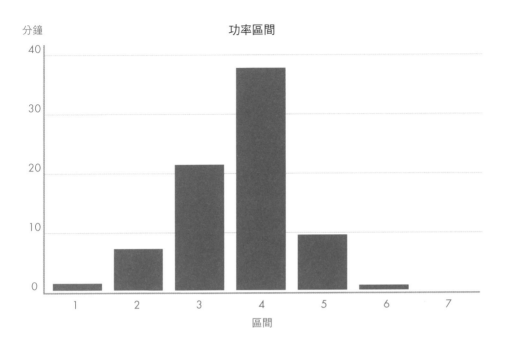

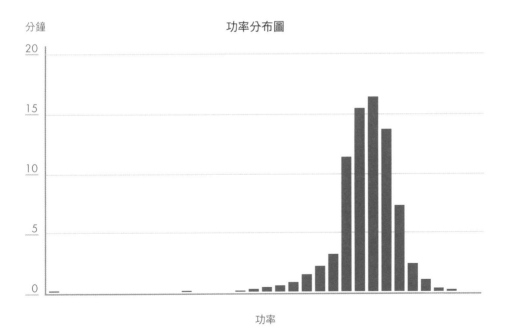

1.01，從輸出的變異性來看，顯示這場比賽的配速不錯。

TSS

跑者的 TSS 是 120.8，表 8.2 中針對這樣長度的距離，TSS 為 110-125，這位跑者的 TSS 便落在這段範圍內。如果比賽長度真的和半馬長度一樣，這名跑者還是有可能在這個範圍內完成，但會落在這個範圍較高的區段間。

EI

跑者的配速是每英里 6:00，也就是 268.22 公尺／分鐘。要得到 EI，我們將公尺／分鐘數除以平均瓦特 360 瓦。得到的 EI 是 0.75。這個數值好不好呢？他的 EI@FT 是 0.77，所以比賽的表現低於 EI@FT。但既然比賽的強度低於 rFTPw 和 rFTPa，跑者比賽時的 EI 不是應該比 EI@FT 好嗎？照理說應該如此，但跑道、高度和運動員本身狀況，都會影響到實際表現與 EI。

不管怎麼說，在區間四的 EI 為 0.75，這項資訊對未來訓練和比賽都很有用。就規劃來說，你如果能更頻繁追蹤不同比賽距離的 EI，就會更清楚在不同配速和功率下，個人的 EI 曲線會是如何。

CTL與TSB

這名運動員在比賽前一天的 CTL 為何？和剛開始進行減量時的 CTL 比較又如何？這名跑者將這場賽事當成訓練中重要的一部分，賽前的 CTL 並沒有減少。所以沒有減量，TSB 則是 –0.5。所有的比賽都有目標，而用比賽做為訓練的一部分，代表從中記錄到的數字應該可以更好，TSB 也更多。表 8.4 的 CTL 減少與 TSB 的參考數值顯示，這名跑者將這場賽事視為個人的 B 級比賽。

W/KG

我們要怎麼解讀 w/kg 為 5.15 ？這個數值本身可能沒有太大意義，但長期追蹤，了解身體質量如何影響跑步表現，也是一項很好的工具。你可能會發現，用比賽強度跑時，特定的 w/kg 數值會得到更好的 EI。這個分析結果能幫助你進行飲食規劃和體重管理。

功率分配

比賽數據中，主要出現哪些功率區間？這些資訊可以幫助你找到特定訓練上可以改進的地方，以及因應比賽的需求。在圖 9.1c 可以看到，運動員比賽中有一半的時間都在區間四，差不多就在閾值附近。顯示區間四是這份樣本中，最具代表性的區間。

第二個出現最多的區間是區間三，節奏跑區間。占總樣本數約 27%。基於這場賽事有一定程度的下坡賽道，所以出現在區間四以下的部分也會不少。

出現第三多的是區間五的高強度區間，占樣本約 12%。你可能會覺得這樣速度的運動員，跑半馬時強度應該主要都出現在區間四（閾值），但顯然這個賽道也需要超出閾值以上的強度。如果你在賽前規劃時，認為有可能出現相似的狀況，在進行比賽特定的訓練時，安排並監測超過閾值以上的練習。

整體來說，比賽中近 90% 的跑步強度都出現在區間三、四、五。如果你針對比賽做的訓練也符合這樣的區間分配，那你的訓練已經很具體。

看圖 9.1c 的功率分配圖，你會發現樣本呈現出鐘型曲線。這樣的功率分配通常代表配速很不錯，因為比賽中大部分的樣本都相當集中在一段比較狹窄的範圍內。若運動員可以在賽程中主要維持在這段範圍內，就代表配速表現很不錯。

功率與配速何時開始下滑？

這份數據的功率和配速，都沒有明顯大幅下滑，顯示跑者的表現很不錯。如果有大幅下滑的狀況，可能是配速出了錯，這種狀況可以透過比較一開始和稍後的 EI，也可以透過 IF 和 VI 得知。教練或運動員看到配速與／或功率突然下滑，也可以藉此了解訓練哪裡做得不好。運動員可以由此了解訓練中需要加強的強度長度。說不定跑者的有氧耐力或肌耐力不夠好，所以才無法維持住原來跑步的狀態。也有可能是因為運動員的節奏跑不夠長，不足以達到其目標。當然，如果跑者去參加比賽時，TSB 很低或甚至是負值，那他可能純粹是已經太過疲累，沒有辦法在比賽中發揮潛力。

本章重點整理

比賽當天的表現，和準備及執行有關。你的訓練內容需要針對生理、心理、技術上的準備進行規劃，最好是在每日課表中都能涵括這三個層面。這是帶著目的進行訓練的做法。

比賽前，可以練習預測比賽時主要幾個指標的表現。這個練習可以強化你對自我狀態察覺的能力。賽後分析應該包括檢視所有重要指標，從賽前減量開始，一直到比賽當天的 EI。

賽後分析可以幫助你了解具體比賽數據的大致狀況，幫助你在「特定準備期」規劃你的訓練。務必要檢視每次比賽的表現，將比賽數據與比賽特定訓練做比較。這樣做非常有幫助，可以讓你了解比賽特定的需求為何，也了解你的訓練是否真的有效。

A

以功率為主的
特定階段訓練計畫

第 7 章說明如何將一季分為「一般準備期」與「特定準備期」。「一般準備期」要依個人需求規劃，所以我主要將訓練計畫的重點放在為期 14 週的「特定準備期」。這個安排是要幫助你準備你的 A 級比賽。訓練計畫依序如下：

- 16 分鐘以下的 5 公里訓練計畫
- 18 分鐘以下的 5 公里訓練計畫
- 32 分鐘以下的 10 公里訓練計畫
- 40 分鐘以下的 10 公里訓練計畫
- 1:20 以下的半馬訓練計畫
- 1:40 以下的半馬訓練計畫
- 2:30 以下的馬拉松訓練計畫
- 3:30 以下的馬拉松訓練計畫

在使用功率計訓練時，情境很重要，因為跑者會有不同的需求、EI、強項，與弱點。如果你選擇以上其中一種計畫，請儘管依照需要進行調整，但同時還是要維持壓力與恢復的平衡。不要把強度較大、較累的訓練都排在一起。

記得在訓練的第一週不要從「一般準備期」的狀態，突然大幅增加強度（TSS）或訓練量。如果第一週的訓練強度或訓練量就大幅增加，將強度或訓練量降低，或者在「一般準備期」提前規劃，讓身體準備好進入下一個階段。

為了充分利用功率計記錄強度的功能，大部分的內容都根據功率區間的時間規劃。不過有些區間已先設定好距離，藉此幫助你知道特定比賽距離與時間所承受的壓力。

每個計畫的第一週都要進行 rFTPw 和 rFTPa 測驗，詳細做法請見第 4 章。測得你的 rFTPw 數值後，根據第 6 章的說明設定你的區間。持續監測比賽配速下輸出的瓦特、比賽強度下的配速、針對比賽訓練時的 EI 值。

計畫中每一頁都是一週長度的訓練，並依需要附上補充資訊。此外，在執行訓練計畫時，也請注意以下重點：

當天第二次練跑：如果一天要跑兩次，第一次應該安排在早上，第二次在下午或晚上。第二次跑步應該設定在區間一或二輕鬆慢跑。不要過度練習。

　　突破跑步法（Envelope run）：這是在特定瓦特輸出下持續增加、突破配速。目標是在輸出瓦特不變的狀況下，跑得更快，也就是要專注在效率上。利用這個練習找到可以減少瓦特、增加速度，進而提升 EI 等技術的線索。在練習的時候，想著如何變得順暢、有節奏、保持身體姿勢，讓所有的能量都轉化為向前移動的力量，並減少多餘的運動。

　　目標配速節奏跑：關於這個類型的跑步（僅限半馬和馬拉松計畫），請見第 6 章關於各區間的說明。你的目標配速應該和要比賽距離的目標速度落在同一個區間。如果你發現自己大部分時間都落在區間五和區間六，你需要重新評估你的目標配速或 rFTPw。也要把重點放在如何改善 EI。

第一週：16分鐘以下5公里訓練計畫，14週特定準備期	
週一 時間：1:10	**3/9分鐘Stryd測驗**：暖身15分鐘，為最後一段強度較強的練習做準備；用全力跑3分鐘的間歇練習；恢復時先走5分鐘、輕鬆跑10分鐘、走5分鐘、輕鬆跑5分鐘，再走5分鐘（共30分鐘）；再全力跑9分鐘的間歇練習；花10-15分鐘緩和收操。 *依照這個測驗方式預估第4章提到的rFTPw與rFTPa。*
週二 時間：0:40	**輕鬆跑／走**：在區間一至二輕鬆跑40分鐘，區間二跑4分鐘，區間一走1分鐘，在整段期間循環重複。
週三 時間：0:40	**輕鬆跑／走**：在區間一至二輕鬆跑40分鐘，區間二跑4分鐘，區間一走1分鐘，在整段期間循環重複。
週四 時間：1:00	**30分鐘測驗**：花15分鐘暖身，為最後一段強度較強的練習做準備。先在平坦道路或跑道上進行30分鐘測驗（最佳表現），同時蒐集功率數據（如果可以請同時蒐集配速與心率數據）。花10-15分鐘緩和收操。
週五 時間：0:40	**輕鬆跑／走**：在區間一至二輕鬆跑40分鐘，區間二跑4分鐘，區間一走1分鐘，在整段期間循環重複。
週六 時間：0	**休息日**：今天要認真著重在恢復：（1）盡可能讓雙腿休息；（2）密切注意營養攝取（健康的碳水化合物、精瘦蛋白質、好脂肪）；（3）伸展；（4）口渴就喝水。其他常見幫助恢復的做法，包括按摩、小睡片刻、抬腿、著壓力衣。
週日 時間：1:00 時間：0:30	**輕鬆跑／走**：在區間一至二跑，區間二跑4分鐘，區間一跑1分鐘，在整段期間循環重複。 **當天第二次練跑**：區間一至二輕鬆跑

總時間：6:10

第二週：16分鐘以下5公里訓練計畫，14週特定準備期

週一 時間：0:40	**輕鬆跑／走**：在區間一至二輕鬆跑40分鐘，區間二跑4分鐘，區間一走1分鐘，在整段期間循環重複。
週二 時間：0:40 時間：0:30	**輕鬆跑／走**：在區間一至二輕鬆跑40分鐘，區間二跑4分鐘，區間一跑1分鐘，在整段期間循環重複。 **當天第二次練跑**：區間一至二輕鬆跑
週三 時間：1:00	**長間歇跑**：暖身15分鐘，在暖身過程中逐漸建立強度，從區間一開始，最後1分鐘強度落在區間四至區間五。接著做3×8分鐘練習，增強至區間五至區間六（3分鐘休息恢復）。監測配速，在同樣功率輸出下，試著變得更快。收操，將整段練習做滿1小時，最後強度落在區間一至二。
週四 時間：0:40	**輕鬆跑／走**：在區間一至二輕鬆跑40分鐘，區間二跑4分鐘，區間一跑1分鐘，在整段期間循環重複。
週五 時間：1:00	**突破跑步法**：一開始10-15分鐘在區間一至二進行輕鬆跑，接著逐步提高配速，加強到介於舒適和不適的程度。檢視你的功率區間，有可能會是區間三至四。維持在這個區間，同時想辦法再跑得更快。試著突破這個舒適圈，努力加快的同時，不要增加輸出的瓦特。這是要練習用技術維持或提升速度。注意你的節奏、步頻、姿勢前傾、腳輕輕著地、放鬆、眼睛和頭部位置。最後10分鐘在區間一至二輕鬆跑。
週六 時間：1:00	**長間歇跑**：暖身15分鐘，在暖身過程中逐漸建立強度，從區間一開始，最後1分鐘強度落在區間四至五。接著做3×8分鐘練習，增強至區間五至六（3分鐘休息恢復）。監測配速，在同樣功率輸出下，試著變得更快。最後在區間一至二收操15分鐘。
週日 時間：1:00 時間：0:30	**輕鬆跑／走**：在區間一至二跑，區間二跑5分鐘，區間一走1分鐘，在整段期間循環重複。 **當天第二次練跑**：在區間一至二輕鬆跑

總時間：7:00

第三週：16分鐘以下5公里訓練計畫，14週特定準備期

週一 時間：0:40	**輕鬆跑／走：**在區間一至二跑40分鐘，區間二跑4分鐘，區間一走1分鐘，在整段期間循環重複。
週二 時間：1:00	**最大攝氧量間歇跑：**暖身約15分鐘，從區間一至二的強度，逐漸增強到區間三至五。接著用你的5公里賽事目標配速，跑5×3分鐘的長度。記下你用此配速跑的功率區間。試著變得更有效率，在跑步的時候讓每瓦特產生更多速度。接著3分鐘間歇休息：用功率區間一強度走1分鐘，再用區間二強度輕鬆跑2分鐘。之後花15分鐘用區間一至二的強度進行收操。 *也可視個人偏好，在跑道上跑5×1公里的距離。*
週三 時間：1:00 時間：0:30	**突破跑步法：**先用區間一至二的強度跑10-15分鐘，接著逐步提高配速，加強到介於舒適和不適的程度。檢視你的功率區間，有可能會是區間三至四。維持在這個區間，同時想辦法再跑得更快。試著突破這個舒適圈，努力加快的同時，不要增加輸出的瓦特。這是要練習用技術維持或提升速度。注意你的節奏、步頻、姿勢前傾、腳輕輕著地、放鬆、眼睛和頭部位置。最後10分鐘在區間一至二輕鬆跑。 **當天第二次練跑：**區間一至二輕鬆跑
週四 時間：0:40	**輕鬆跑／走：**在區間一至二跑40分鐘，在區間二跑4分鐘，在區間一走1分鐘，在整段期間重複循環。
週五 時間：1:10 時間：0:30	**最大攝氧量間歇跑：**花約15分鐘暖身，從區間一至二加強至區間三至五。接著用你的5公里比賽目標配速做6×3分鐘練習。記下你用此配速跑的功率區間。試著變得更有效率，在跑步的時候讓每瓦特產生更多速度。接著花3分鐘做間歇休息：用功率區間一的強度走1分鐘，再用區間二強度輕鬆跑2分鐘。之後花15分鐘用區間一至二的強度進行收操。 *可視個人偏好在跑道上做6×1公里的練習。* **當天第二次練跑：**區間一至二的輕鬆跑。
週六 時間：1:20	**輕鬆跑／走：**在區間一至二輕鬆跑，用區間二的強度跑7分鐘，再用區間一強度走1分鐘，在整段期間循環重複。
週日 時間：0	**休息日：**今天要認真著重在恢復：（1）盡可能讓雙腿休息；（2）密切注意營養攝取（健康的碳水化合物、精瘦蛋白質、好脂肪）；（3）伸展；（4）口渴就喝水。其他常見幫助恢復的做法，包括按摩、小睡片刻、抬腿、著壓力衣。

總時間：6:50

第四週：16分鐘以下5公里訓練計畫，14週特定準備期

週一 時間：0:40	**輕鬆跑／走**：區間一至二跑40分鐘，用區間二的強度跑4分鐘，再用區間一強度走1分鐘，在整段期間循環重複。
週二 時間：1:10	**3/9分鐘Stryd測驗**：暖身15分鐘，為最後一段強度較強的部分做準備；用全力跑3分鐘的間歇練習；恢復時先走5分鐘、輕鬆跑10分鐘、接著走5分鐘、輕鬆跑5分鐘，再走5分鐘（共30分鐘）；接著用全力跑9分鐘的間歇練習；花10-15分鐘緩和收操。 *依照這個測驗方式預估第4章提到的rFTPw與rFTPa。*
週三 時間：0:40	**輕鬆跑／走**：在區間一至二跑40分鐘，用區間二強度跑4分鐘，然後用區間一強度走1分鐘，在整段期間循環重複。
週四 時間：0:40	**輕鬆跑／走**：在區間一至二跑40分鐘，用區間二強度跑4分鐘，然後用區間一強度走1分鐘，在整段期間循環重複。
週五 時間：1:00 時間：0:30	**30分鐘測驗**：花15分鐘暖身，為最後一段強度較強的部分做準備。先在平坦道路或跑道上進行30分鐘測驗（以最佳狀態進行），同時蒐集功率數據（如果可以，請同時蒐集配速與心率數據）。花10-15分鐘緩和收操。 *依照這個測驗的方式，預估第4章提到的rFTPw與rFTPa。現在你應該可以開始看到3/9測驗和30分鐘測驗的正向關係。為避免在其餘的練習中採用30分鐘測驗，把重點放在3/9測驗。* **當天第二次練跑**：區間一至二輕鬆跑
週六 時間：0	**休息日**：今天要認真著重在恢復：（1）盡可能讓雙腿休息；（2）密切注意營養攝取（健康的碳水化合物、精瘦蛋白質、好脂肪）；（3）伸展；（4）口渴就喝水。其他常見幫助恢復的做法，包括按摩、小睡片刻、抬腿、著壓力衣。
週日 時間：1:00 時間：0:30	**突破跑步法**：先用區間一至二的強度跑10-15分鐘，接著逐步提高配速，加強到介於舒適和不適的程度。檢視你的功率區間，有可能會是區間三至四。維持在這個區間，同時想辦法再跑得更快。試著突破這個舒適圈，努力加快的同時，不要增加輸出的瓦特。這是要練習用技術維持或提升速度。注意你的節奏、步頻、姿勢前傾、腳輕輕著地、放鬆、眼睛和頭部位置。最後10分鐘在區間一至二輕鬆跑。 **當天第二次練跑**：區間一至二輕鬆跑

總時間：6:10

第五週：16分鐘以下5公里訓練計畫，14週特定準備期

週一 時間：0:40	**輕鬆跑／走**：在區間一至二跑40分鐘，用區間二強度跑6分鐘，然後用區間一強度走1分鐘，在整段期間循環重複。 *這個7分鐘的循環練習，無法平均分配在40分鐘內，最後一段會是跑步。之後再走個幾分鐘。*
週二 時間：1:00	**法特萊克間歇跑**：衝刺搭配練習。花約15分鐘暖身，從區間一至二逐步增強到區間三至五。在一段起伏的場地，花1-2分鐘提升到比5公里配速（區間六至七）還要快的速度，接著用區間一至二強度的狀態進行恢復，休息時間依個人需求而定。注意跑姿和步頻！用最後10分鐘收操，以區間一的強度跑或走。
週三 時間：1:00 時間：0:30	**突破跑步法**：先用區間一至二的強度跑10-15分鐘，接著逐步提高配速，加強到介於舒適和不適的程度。檢視你的功率區間，有可能會是區間三至四。維持在這個區間，同時想辦法再跑得更快。試著突破這個舒適圈，努力加快的同時，不要增加輸出的瓦特。這是要練習用技術維持或提升速度。注意你的節奏、步頻、姿勢前傾、腳輕輕著地、放鬆、眼睛和頭部位置。最後10分鐘在區間一至二輕鬆跑。 **當天第二次練跑**：區間一至二輕鬆跑
週四 時間：0:40	**輕鬆跑／走**：在區間一至二跑40分鐘，用區間二強度跑6分鐘，然後用區間一強度走1分鐘，在整段期間循環重複。 *這7分鐘的循環練習，無法平均分配在40分鐘內，最後一段會是跑步。之後再走個幾分鐘。*
週五 時間：1:10 時間：0:30	**12×400公尺練習**：暖身約15分鐘，從區間一至二逐步增強到區間三至五。接著在跑道上用5公里比賽目標配速，做12 ×400公尺練習，中間穿插1分鐘恢復休息。監測過程中的功率區間。應該會在區間六，有些會是區間七。隨著你的體能開始下滑，跑到後面，你可能會發現愈來愈多時間落在區間七。如果你一直都在區間七，檢視一下你的目標配速是否合理，或者你的rFTPw是不是太低了。最後在區間一至二慢跑或走路，緩和收操15分鐘。 *如果沒有辦法在跑道上跑，可以在一般道路上進行間歇跑，用GPS設定0.4公里／0.25英里。* **當天第二次練跑**：區間一至二輕鬆跑
週六 時間：1:10 時間：0:30	**4×1英里練習**：暖身約15分鐘，從區間一至二逐步增強到區間三至五。在平坦的場地用區間五的強度，做4×1英里（或1.6公里）練習。不要跑超過區間五的強度。維持在區間五，中間穿插3分鐘的恢復跑，強度在區間一至二。以區間二強度輕鬆跑，及區間一的強度走路，進行緩和收操15分鐘。 **當天第二次練跑**：在區間一至二輕鬆跑
週日 時間：1:15	**輕鬆跑／走**：在區間一至二跑，用區間二的強度跑7分鐘，區間一的強度走1分鐘，在整段期間循環重複。 *跑步和走路的比例無法剛好平均分配，所以最後會以跑步作結。因此，完成後再走個幾分鐘。*

總時間：8:15

第六週：16分鐘以下5公里訓練計畫，14週特定準備期	
週一 時間：0:40	**輕鬆跑／走**：在區間一至二輕鬆跑40分鐘，用區間二強度跑6分鐘，接著用區間一強度走1分鐘，在整段期間循環重複。 *這7分鐘的循環練習，無法平均分配在40分鐘內，最後一段會是跑步。之後再走個幾分鐘。*
週二 時間：1:10	**3×1英里練習**：認真暖身15分鐘，從區間一至二逐步加強到區間三至五。在平坦場地用區間三的強度做3×1英里（或1.6公里）的練習。不要超過區間三的強度。維持在此區間，中間穿插3分鐘恢復跑，強度在區間一至二。以區間二強度輕鬆跑，及區間一的強度走路，進行緩和收操15分鐘。
週三 時間：1:00 時間：0:30	**突破跑步法**：先用區間一至二的強度跑10-15分鐘，接著逐步提高配速，加強到介於舒適和不適的程度。檢視你的功率區間，有可能會是區間三至四。維持在這個區間，同時想辦法再跑得更快。試著突破這個舒適圈，努力加快的同時，不要增加輸出的瓦特。這是要練習用技術維持或提升速度。注意你的節奏、步頻、姿勢前傾、腳輕輕著地、放鬆、眼睛和頭部位置。最後10分鐘在區間一至二輕鬆跑。 **當天第二次練跑**：在區間一至二輕鬆跑
週四 時間：1:10 時間：0:30	**最大攝氧量間歇跑**：暖身約15分鐘，從區間一至二的強度，逐漸增強到區間三至五。接著用你的5公里賽事目標配速，做6×3分鐘的練習。記下你用此配速跑的功率區間。試著變得更有效率，在跑步的時候讓每瓦特產生更多速度。接著做3分鐘間歇休息：用功率區間一強度走1分鐘，再用區間二強度輕鬆跑2分鐘。之後花15分鐘用區間一至二的強度進行收操。 *可視個人偏好在跑道上做6×1公里的練習。* **當天第二次練跑**：在區間一至二輕鬆跑
週五 時間：0	**休息日**：今天要認真著重在恢復：（1）盡可能讓雙腿休息；（2）密切注意營養攝取（健康的碳水化合物、精瘦蛋白質、好脂肪）；（3）伸展；（4）口渴就喝水。其他常見幫助恢復的做法，包括按摩、小睡片刻、抬腿、讓身體在水中漂浮、聽音樂。
週六 時間：1:10 時間：0:30	**14×400公尺練習**：認真暖身15分鐘，從區間一至二的強度，逐漸增強到區間三至五。接著在跑道上用5公里賽事目標配速，跑14×400公尺練習，中間穿插1分鐘恢復休息。在過程中監測你的功率區間。應該會落在區間六，部分出現在區間七。隨著體力不支，愈到後面可能會愈常出現在區間七的強度。如果你整段過程都落在區間七，重新檢視你的目標配速是否合理，或者rFTPw是不是太低了。最後用區間一至二強度輕鬆跑和走，花15分鐘收操。 *如果無法在跑道上練習，可以在一般道路上做間歇跑，利用GPS設定0.4公里／0.25英里。* **當天第二次練跑**：在區間一至二輕鬆跑
週日 時間：1:20 時間：0:30	**輕鬆跑／走**：在區間一至二輕鬆跑，用區間二強度跑7分鐘，接著用區間一強度走1分鐘，在整段期間循環重複。 **當天第二次練跑**：在區間一至二輕鬆跑

總時間：8:30

第七週：16分鐘以下5公里訓練計畫，14週特定準備期	
週一 時間：0:40	輕鬆跑／走：在區間一至二輕鬆跑40分鐘，用區間二強度跑4分鐘，接著用區間一強度走1分鐘，在整段期間循環重複。
週二 時間：1:10	3×1英里練習：認真暖身15分鐘，從區間一至二的強度，逐漸增強到區間三至五。接著在平坦的場地用區間四強度做3×1英里（或1.6公里）的練習。*不要超過區間四*。維持在這個區間，中間穿插區間一至二強度的3分鐘恢復跑。最後用區間二的輕鬆跑和區間一強度走路，花15分鐘收操。
週三 時間：0:40	輕鬆跑／走：在區間一至二輕鬆跑40分鐘，用區間二強度跑4分鐘，接著用區間一強度走1分鐘，在整段期間循環重複。
週四 時間：1:10 時間：0:30	目標配速跑：認真暖身15分鐘，從區間一至二的強度，逐漸增強到區間三至五。接著在跑道或平坦的場地，用5公里賽事目標配速做2×2公里練習，中間搭配2分鐘恢復。你的瓦特輸出應落在區間六，部分可能出現在區間七。第二段落完成並休息了2分鐘後，用5公里目標配速跑1公里。最後用區間二的輕鬆跑和區間一強度走路，花15分鐘收操。 **當天第二次練跑**：在區間一至二輕鬆跑
週五 時間：0:40	輕鬆跑／走：在區間一至二輕鬆跑40分鐘，用區間二強度跑4分鐘，接著用區間一強度走1分鐘，在整段期間循環重複。
週六 時間：1:15 時間：0:30	15×400公尺練習：認真暖身15分鐘，從區間一至二的強度，逐漸增強到區間三至五。接著在跑道上用5公里賽事目標配速，進行15×400公尺的練習，中間穿插1分鐘恢復休息。在過程中監測你的功率區間。應該會落在區間六，部分出現在區間七。隨著體力不支，愈到後面可能會愈常出現區間七的強度。如果你整段過程強度都落在區間七，重新檢視你的目標配速是否合理，或者rFTPw是不是太低。最後用區間一至二強度輕鬆跑和走路，花15分鐘收操。 *如果無法在跑道上練習，在一般道路上做間歇跑，利用GPS設定0.4公里* *／0.25英里。* **當天第二次練跑**：在區間一至二輕鬆跑
週日 時間：1:20 時間：0:30	輕鬆跑／走：在區間一至二輕鬆跑，用區間二強度跑7分鐘，接著用區間一強度走1分鐘，在整段期間循環重複。 **當天第二次練跑**：在區間一至二輕鬆跑

總時間：8:25

第八週：16分鐘以下5公里訓練計畫，14週特定準備期

週一 時間：0	休息日：今天要認真著重在恢復：（1）盡可能讓雙腿休息；（2）密切注意營養攝取（健康的碳水化合物、精瘦蛋白質、好脂肪）；（3）伸展；（4）口渴就喝水。其他常見幫助恢復的做法，包括按摩、小睡片刻、抬腿、著壓力衣。
週二 時間：0:40	輕鬆跑／走：在區間一至二輕鬆跑40分鐘，用區間二強度跑4分鐘，接著用區間一強度走1分鐘，在整段期間循環重複。
週三 時間：1:10 時間：0:30	3/9分鐘Stryd測驗：暖身15分鐘，為最後強度較強的部分做準備；用全力跑3分鐘的間歇練習；恢復時先走5分鐘、輕鬆跑10分鐘、接著走5分鐘、輕鬆跑5分鐘，再走5分鐘（共30分鐘）；用全力跑9分鐘的間歇練習；花10-15分鐘緩和收操。 *依照這個測驗方式估測第4章提到的rFTPw與rFTPa。* 當天第二次練跑：在區間一至二輕鬆跑
週四 時間：0:40	輕鬆跑／走：在區間一至二輕鬆跑40分鐘，用區間二強度跑4分鐘，接著用區間一強度走1分鐘，在整段期間循環重複。
週五 時間：1:00 時間：0:30	突破跑步法：先用區間一至二的強度跑10-15分鐘，接著逐步提高配速，加強到介於舒適和不適的程度。檢視你的功率區間，有可能會是區間三至四。維持在這個區間，同時想辦法再跑得更快。試著突破這個舒適圈，努力加快的同時，不要增加輸出的瓦特。這是要練習用技術維持或提升速度。注意你的節奏、步頻、姿勢前傾、腳輕輕著地、放鬆、眼睛和頭部位置。最後10分鐘在區間一至二輕鬆跑。 當天第二次練跑：在區間一至二輕鬆跑
週六 時間：1:15 時間：0:30	法特萊克間歇跑：衝刺搭配練習。花約15分鐘暖身，從區間一至二逐步增強到區間三至五。在一段起伏的場地，花1-2分鐘提升到比5公里配速（區間六至七）還要快的速度，接著用區間一至二強度的狀態進行恢復，休息時間依個人需求而定。注意跑姿和步頻！用最後10分鐘收操，以區間一的強度跑或走。 當天第二次練跑：在區間一至二輕鬆跑
週日 時間：1:30 時間：0:30	突破跑步法：先用區間一至二的強度跑10-15分鐘，接著逐步提高配速，加強到介於舒適和不適的程度。檢視你的功率區間，有可能會是區間三至四。維持在這個區間，同時想辦法再跑得更快。試著突破這個舒適圈，努力加快的同時，不要增加輸出的瓦特。這是要練習用技術維持或提升速度。注意你的節奏、步頻、姿勢前傾、腳輕輕著地、放鬆、眼睛和頭部位置。最後10分鐘在區間一至二輕鬆跑。 當天第二次練跑：在區間一至二輕鬆跑

總時間：8:15

	第九週：16分鐘以下5公里訓練計畫，14週特定準備期
週一 時間：0	休息日：今天要認真著重在恢復：（1）盡可能讓雙腿休息；（2）密切注意營養攝取（健康的碳水化合物、精瘦蛋白質、好脂肪）；（3）伸展；（4）口渴就喝水。其他常見幫助恢復的做法，包括按摩、小睡片刻、抬腿、讓身體在水中漂浮、著壓力衣。
週二 時間：1:00 時間：0:30	法特萊克間歇跑：衝刺搭配練習。花約15分鐘暖身，從區間一至二逐步增強到區間三至五。在一段起伏的場地，花1-2分鐘提升到比5公里配速（區間六至七）還要快的速度，接著用區間一至二強度的狀態進行恢復，休息時間依個人需求而定。注意跑姿和步頻！用最後10分鐘收操，以區間一的強度跑或走。 **當天第二次練跑：在區間一至二輕鬆跑**
週三 時間：0:40	輕鬆跑／走：在區間一至二輕鬆跑40分鐘，用區間二強度跑4分鐘，接著用區間一強度走1分鐘，在整段期間循環重複。
週四 時間：1:10 時間：0:30	2K-2K-1K@5公里目標配速：花約15分鐘暖身，從區間一至二逐步增強到區間三至五。在跑道或一段路上用5公里目標配速進行2×2公里練習，中間搭配2分鐘恢復。你的瓦特輸出應該落在區間六，部分出現在區間七。第二個段落結束並休息2分鐘後，用5公里目標配速跑1公里。最後用區間二強度跑步、區間一強度走路，進行15分鐘收操。 **當天第二次練跑：在區間一至二輕鬆跑**
週五 時間：0:40	輕鬆跑／走：在區間一至二輕鬆跑40分鐘，用區間二強度跑4分鐘，接著用區間一強度走1分鐘，在整段期間循環重複。
週六 時間：1:20 時間：0:30	16×400公尺練習：認真暖身15分鐘，從區間一至二的強度，逐漸增強到區間三至五。接著在跑道上用5公里賽事目標配速，進行16×400公尺的練習，中間穿插1分鐘恢復休息。在過程中監測你的功率區間。應該會落在區間六，部分出現在區間七。隨著體力不支，愈到後面可能會愈常出現區間七的強度。如果你整段過程強度都落在區間七，重新檢視你的目標配速是否合理，或者rFTPw是不是太低了。最後用區間一至二強度輕鬆跑和走路，花15分鐘收操。 *如果無法在跑道上練習，在一般道路上做間歇跑，利用GPS設定0.4公里／0.25英里。* **當天第二次練跑：在區間一至二輕鬆跑**
週日 時間：1:30	突破跑步法：先用區間一至二的強度跑10-15分鐘，接著逐步提高配速，加強到介於舒適和不適的程度。檢視你的功率區間，有可能會是區間三至四。維持在這個區間，同時想辦法再跑得更快。試著突破這個舒適圈，努力加快的同時，不要增加輸出的瓦特。這是要練習用技術維持或提升速度。注意你的節奏、步頻、姿勢前傾、腳輕輕著地、放鬆、眼睛和頭部位置。最後10分鐘在區間一至二輕鬆跑。

總時間：7:50

第十週：16分鐘以下5公里訓練計畫，14週特定準備期

週一 時間：0	休息日：今天要認真著重在恢復：（1）盡可能讓雙腿休息；（2）密切注意營養攝取（健康的碳水化合物、精瘦蛋白質、好脂肪）；（3）伸展；（4）口渴就喝水。其他常見幫助恢復的做法，包括按摩、小睡片刻、抬腿、讓身體在水中漂浮、聽音樂。
週二 時間：1:00 時間：0:30	法特萊克間歇跑：衝刺搭配練習。花約15分鐘暖身，從區間一至二逐步增強到區間三至五。在一段起伏的場地，花1-2分鐘提升到比5公里配速（區間六至七）還要快的速度，接著用區間一至二強度的狀態進行恢復，休息時間依個人需求而定。注意跑姿和步頻！用最後10分鐘收操，以區間一的強度跑或走。 **當天第二次練跑：在區間一至二輕鬆跑**
週三 時間：0:40	輕鬆跑／走：在區間一至二輕鬆跑40分鐘，用區間二強度跑4分鐘，接著用區間一強度走1分鐘，在整段期間循環重複。
週四 時間：1:10 時間：0:30	2K-2K-1K@5公里目標配速：花約15分鐘暖身，從區間一至二逐步增強到區間三至五。在跑道或一段路上用5公里目標配速進行2×2公里練習，中間搭配2分鐘恢復。你的瓦特輸出應該落在區間六，部分出現在區間七。第二個段落結束並休息了2分鐘後，用5公里目標配速跑1公里。最後用區間二強度跑步、區間一強度走路，進行15分鐘收操。 **當天第二次練跑：在區間一至二輕鬆跑**
週五 時間：0:40	輕鬆跑／走：在區間一至二輕鬆跑40分鐘，用區間二強度跑4分鐘，接著用區間一強度走1分鐘，在整段期間循環重複。
週六 時間：1:20 時間：0:30	16×400公尺練習：認真暖身15分鐘，從區間一至二的強度，逐漸增強到區間三至五。接著在跑道上用5公里賽事目標配速，進行16×400公尺的練習，中間穿插1分鐘恢復休息。在過程中監測你的功率區間。應該會落在區間六，部分出現在區間七。隨著體力不支，愈到後面可能會愈常出現在區間七的強度。如果你整段過程強度都落在區間七，重新檢視你的目標配速是否合理，或者rFTPw是不是太低了。最後用區間一至二強度輕鬆跑和走路，花15分鐘收操。 *如果無法在跑道上練習，在一般道路上做間歇跑，利用GPS設定0.4公里／0.25英里。* **當天第二次練跑：在區間一至二輕鬆跑**
週日 時間：1:30	突破跑步法：先用區間一至二的強度跑10-15分鐘，接著逐步提高配速，加強到介於舒適和不適的程度。檢視你的功率區間，有可能會是區間三至四。維持在這個區間，同時想辦法再跑得更快。試著突破這個舒適圈，努力加快的同時，不要增加輸出的瓦特。這是要練習用技術維持或提升速度。注意你的節奏、步頻、姿勢前傾、腳輕輕著地、放鬆、眼睛和頭部位置。最後10分鐘在區間一至二輕鬆跑。

總時間：7:50

第十一週： 16分鐘以下5公里訓練計畫，14週特定準備期

週一 時間：0	休息日：今天要認真著重在恢復：（1）盡可能讓雙腿休息；（2）密切注意營養攝取（健康的碳水化合物、精瘦蛋白質、好脂肪）；（3）伸展；（4）口渴就喝水。其他常見幫助恢復的做法，包括按摩、小睡片刻、抬腿、讓身體在水中漂浮、聽音樂。
週二 時間：1:00 時間：0:30	法特萊克間歇跑：衝刺搭配練習。花約15分鐘暖身，從區間一至二逐步增強到區間三至五。在一段起伏的場地，花1-2分鐘提升到比5公里配速（區間六至七）還要快的速度，接著用區間一至二強度的狀態進行恢復，休息時間依個人需求而定。注意跑姿和步頻！用最後10分鐘收操，以區間一的強度跑或走。 **當天第二次練跑**：在區間一至二輕鬆跑
週三 時間：0:40	輕鬆跑／走：在區間一至二輕鬆跑40分鐘，用區間二強度跑4分鐘，接著用區間一強度走1分鐘，在整段期間循環重複。
週四 時間1:10 時間：0:30	目標配速跑：暖身15分鐘，從區間一至二增強至區間三至五。在跑道或平坦的道路上，用5公里賽事目標配速做2×2公里練習，搭配2分鐘休息。你的瓦特應該落在區間六，部分可能出現在區間七。第二段落結束並休息2分鐘後，用5公里目標配速跑1公里。最後用區間二強度慢跑，用區間一強度走，收操15分鐘。 **當天第二次練跑**：在區間一至二輕鬆跑
週五 時間：0:40	輕鬆跑／走：在區間一至二輕鬆跑40分鐘，用區間二強度跑4分鐘，接著用區間一強度走1分鐘，在整段期間循環重複。
週六 時間：1:20 時間：0:30	16×400公尺練習：認真暖身15分鐘，從區間一至二的強度，逐漸增強到區間三至五。接著在跑道上用5公里賽事目標配速，進行16×400公尺的練習，中間穿插1分鐘恢復休息。在過程中監測你的功率區間。應該會落在區間六，部分出現在區間七。隨著體力不支，愈到後面可能會愈常出現在區間七的強度。如果你整段過程強度都落在區間七，重新檢視你的目標配速是否合理，或者rFTPw是不是太低了。最後用區間一至二強度輕鬆跑和走路，花15分鐘收操。 *如果無法在跑道上練習，在一般道路上做間歇跑，利用GPS設定0.4公里／0.25英里。* **當天第二次練跑**：在區間一至二輕鬆跑
週日 時間：1:30 時間：0:30	突破跑步法：先用區間一至二的強度跑10-15分鐘，接著逐步提高配速，加強到介於舒適和不適的程度。檢視你的功率區間，有可能會是區間三至四。維持在這個區間，同時想辦法再跑得更快。試著突破這個舒適圈，努力加快的同時，不要增加輸出的瓦特。這是要練習用技術維持或提升速度。注意你的節奏、步頻、姿勢前傾、腳輕輕著地、放鬆、眼睛和頭部位置。最後10分鐘在區間一至二輕鬆跑。 **當天第二次練跑**：在區間一至二輕鬆跑

總時間：8:20

228

第十二週： 16分鐘以下5公里訓練計畫，14週特定準備期

週一 時間：0	休息日：今天要認真著重在恢復：（1）盡可能讓雙腿休息；（2）密切注意營養攝取（健康的碳水化合物、精瘦蛋白質、好脂肪）；（3）伸展；（4）口渴就喝水。其他常見幫助恢復的做法，包括按摩、小睡片刻、抬腿、讓身體在水中漂浮、聽音樂。
週二 時間：0:40	輕鬆跑／走：在區間一至二輕鬆跑40分鐘，用區間二強度跑4分鐘，接著用區間一強度走1分鐘，在整段期間循環重複。
週三 時間：1:10 時間：0:30	3/9分鐘Stryd測驗：暖身15分鐘，為最後強度較強的部分做準備；用全力跑3分鐘的間歇練習；恢復時先走5分鐘、輕鬆跑10分鐘、接著走5分鐘、輕鬆跑5分鐘，再走5分鐘（共30分鐘）；用全力跑9分鐘的間歇練習；花10-15分鐘緩和收操。 *依照這個測驗方式估測第4章提到的rFTPw與rFTPa。* **當天第二次練跑**：在區間一至二輕鬆跑
週四 時間：0:40	輕鬆跑／走：在區間一至二輕鬆跑40分鐘，用區間二強度跑4分鐘，接著用區間一強度走1分鐘，在整段期間循環重複。
週五 時間：1:00	突破跑步法：先用區間一至二的強度跑10-15分鐘，接著逐步提高配速，加強到介於舒適和不適的程度。檢視你的功率區間，有可能會是區間三至四。維持在這個區間，同時想辦法再跑得更快。試著突破這個舒適圈，努力加快的同時，不要增加輸出的瓦特。這是要練習用技術維持或提升速度。注意你的節奏、步頻、姿勢前傾、腳輕輕著地、放鬆、眼睛和頭部位置。最後10分鐘在區間一至二輕鬆跑。
週六 時間：1:00 時間：0:30	法特萊克間歇跑：衝刺搭配練習。花約15分鐘暖身，從區間一至二逐步增強到區間三至五。在一段起伏的場地，花1-2分鐘提升到比5公里配速（區間六至七）還要快的速度，接著用區間一至二強度的狀態進行恢復，休息時間依個人需求而定。注意跑姿和步頻！用最後10分鐘收操，以區間一的強度跑或走。 **當天第二次練跑**：在區間一至二輕鬆跑
週日 時間：0	休息日：今天要認真著重在恢復：（1）盡可能讓雙腿休息；（2）密切注意營養攝取（健康的碳水化合物、精瘦蛋白質、好脂肪）；（3）伸展；（4）口渴就喝水。其他常見幫助恢復的做法，包括按摩、小睡片刻、抬腿、著壓力衣。

總時間：5:30

第十三週：16分鐘以下5公里訓練計畫，14週特定準備期	
週一 時間：1:10	**目標配速跑**：暖身15分鐘，從區間一至二逐步增強到區間三至五。在跑道或平坦道路上用5公里目標配速進行2×2公里的練習，搭配2分鐘恢復休息。你的瓦特輸出應該會落在區間六，部分有可能出現在區間七。第二段跑完成並休息2分鐘後，用5公里目標配速跑1公里。最後用區間二強度慢跑，用區間一強度走，花15分鐘收操。
週二 時間：0:40 時間：0:30	**輕鬆跑／走**：在區間一至二輕鬆跑40分鐘，用區間二強度跑4分鐘，接著用區間一強度走1分鐘，在整段期間循環重複。 **當天第二次練跑**：在區間一至二輕鬆跑
週三 時間：1:00	**法特萊克間歇跑**：衝刺搭配練習。花約15分鐘暖身，從區間一至二逐步增強到區間三至五。在一段起伏的場地，花1-2分鐘提升到比5公里配速（區間六至七）還要快的速度，接著用區間一至二強度的狀態進行恢復，休息時間依個人需求而定。注意跑姿和步頻！用最後10分鐘收操，以區間一的強度跑或走。
週四 時間：0:40 時間：0:30	**輕鬆跑／走**：在區間一至二輕鬆跑40分鐘，用區間二強度跑4分鐘，接著用區間一強度走1分鐘，在整段期間循環重複。 **當天第二次練跑**：在區間一至二輕鬆跑
週五 時間：0	**休息日**：今天要認真著重在恢復：（1）盡可能讓雙腿休息；（2）密切注意營養攝取（健康的碳水化合物、精瘦蛋白質、好脂肪）；（3）伸展；（4）口渴就喝水。其他常見幫助恢復的做法，包括按摩、小睡片刻、抬腿、著壓力衣。
週六 時間：1:00 時間：0:30	**12×400公尺練習**：認真暖身15分鐘，從區間一至二的強度，逐漸增強到區間三至五。接著在跑道上用5公里賽事目標配速，進行12×400公尺的練習，中間穿插1分鐘恢復休息。在過程中監測你的功率區間。應該會落在區間六，部分出現在區間七。隨著體力不支，愈到後面可能會愈常出現在區間七的強度。如果你整段過程強度都落在區間七，重新檢視你的目標配速是否合理，或者rFTPw是不是太低了。最後用區間一至二強度輕鬆跑和走路，花15分鐘收操。 *如果無法在跑道上練習，可以在一般道路上做間歇跑，利用GPS設定0.4公里／0.25英里。* **當天第二次練跑**：在區間一至二輕鬆跑
週日 時間：0:40	**輕鬆跑／走**：在區間一至二輕鬆跑40分鐘，用區間二強度跑4分鐘，接著用區間一強度走1分鐘，在整段期間循環重複。

總時間：6:40

第十四週： 16分鐘以下5公里訓練計畫，14週特定準備期

週一 時間：0	休息日：今天要認真著重在恢復：（1）盡可能讓雙腿休息；（2）密切注意營養攝取（健康的碳水化合物、精瘦蛋白質、好脂肪）；（3）伸展；（4）口渴就喝水。其他常見幫助恢復的做法，包括按摩、小睡片刻、抬腿、著壓力衣。
週二 時間：0:40	5×2分鐘練習／區間四至六：暖身跑15分鐘，接著做5×2分鐘的練習，第1分鐘從區間四開始，接著逐漸增強，最後1分鐘落在區間五至六，完成後輕鬆跑2分鐘做為恢復休息。最後在區間一至二進行收操，將整段運動過程做滿40分鐘。
週三 時間：0:40 時間：0:30	輕鬆跑／走：在區間一至二輕鬆跑40分鐘，用區間二強度跑4分鐘，接著用區間一強度走1分鐘，在整段期間循環重複。 當天第二次練跑：在區間一至二輕鬆跑
週四 時間：0:30	衝刺搭配練習：第一部分輕鬆跑，接著做5-7×7秒鐘衝刺，強度在區間六至七，搭配較長的恢復時間，在過程中速度逐漸加快。專注在前腳掌落地、快速步頻、微微前傾、流暢的動作，動作自然不刻意勉強。
週五 時間：0:20	場地勘查：跑賽道一開始與結束的部分。過程中注意地標，練習加速幾次，加速到比賽配速，其他時間都用區間一強度練習。
週六	5公里賽事

總時間：2:40

第一週：	18分鐘以下5公里訓練計畫，14週特定準備期
週一 時間：1:10	3/9分鐘Stryd測驗：暖身15分鐘，為最後強度較強的部分做準備；用全力跑3分鐘的間歇練習；恢復時先走5分鐘、輕鬆跑10分鐘、接著走5分鐘、輕鬆跑5分鐘，再走5分鐘（共30分鐘）；用全力跑9分鐘的間歇練習；花10-15分鐘緩和收操。 *依照這個測驗方式估測第4章提到的rFTPw與rFTPa。*
週二 時間：0:40	輕鬆跑／走：在區間一至二輕鬆跑40分鐘，用區間二強度跑4分鐘，接著用區間一強度走1分鐘，在整段期間循環重複。
週三 時間：0:40	輕鬆跑／走：在區間一至二輕鬆跑40分鐘，用區間二強度跑4分鐘，接著用區間一強度走1分鐘，在整段期間循環重複。
週四 時間：1:00	30分鐘測驗：暖身15分鐘，為最後一段強度較高的部分做準備。一開始先在平坦道路或跑道上進行30分鐘的測驗（最佳表現），同時蒐集功率數據（如果可以，也蒐集配速和心率數據）。接著花10-15分鐘緩和收操。 *依照這個測驗方式估測第4章提到的rFTPw與rFTPa。*
週五 時間：0:40	輕鬆跑／走：在區間一至二輕鬆跑40分鐘，用區間二強度跑4分鐘，接著用區間一強度走1分鐘，在整段期間循環重複。
週六 時間：0	休息日：今天要認真著重在恢復：（1）盡可能讓雙腿休息；（2）密切注意營養攝取（健康的碳水化合物、精瘦蛋白質、好脂肪）；（3）伸展；（4）口渴就喝水。其他常見幫助恢復的，包括按摩、小睡片刻、抬腿、讓身體在水中漂浮、著壓力衣。
週日 時間：1:00 時間：0:30	輕鬆跑／走：在區間一至二跑，用區間二強度跑5分鐘，接著用區間一強度走1分鐘，在整段期間循環重複。 當天第二次練跑：在區間一至二輕鬆跑

總時間：5:40

第二週：18分鐘以下5公里訓練計畫，14週特定準備期

週一 時間：1:00	長間歇跑：暖身15分鐘，在暖身過程中逐漸建立強度，從區間一開始，最後1分鐘強度落在區間四至區間五。接著做3×8分鐘練習，增強至區間五至六（3分鐘休息恢復）。監測配速，試著在同樣功率輸出下變得更快。最後在區間一至區間二強度花15分鐘收操。
週二 時間：0:40 時間：0:30	輕鬆跑／走：在區間一至二輕鬆跑40分鐘，用區間二強度跑4分鐘，接著用區間一強度走1分鐘，在整段期間循環重複。 **當天第二次練跑：**在區間一至二輕鬆跑
週三 時間：1:00	長間歇跑：暖身15分鐘，在暖身過程中逐漸建立強度，從區間一開始，最後1分鐘強度落在區間四至區間五。接著做2×8分鐘練習，增強至區間五至六（3分鐘休息恢復）。監測配速，試著在同樣功率輸出下再跑得更快。最後在區間一至區間二強度收操，將整段運動做滿1小時。
週四 時間：0:40	輕鬆跑／走：在區間一至二輕鬆跑40分鐘，用區間二強度跑4分鐘，接著用區間一強度走1分鐘，在整段期間循環重複。
週五 時間：1:00	突破跑步法：先用區間一至二的強度跑10-15分鐘，接著逐步提高配速，加強到介於舒適和不適的程度。檢視你的功率區間，有可能會是區間三至四。維持在這個區間，同時想辦法再跑得更快。試著突破這個舒適圈，努力加快的同時，不要增加輸出的瓦特。這是要練習用技術維持或提升速度。注意你的節奏、步頻、姿勢前傾、腳輕輕著地、放鬆、眼睛和頭部位置。最後10分鐘在區間一至二輕鬆跑。
週六 時間：1:00	長間歇跑：暖身15分鐘，在暖身過程中逐漸建立強度，從區間一開始，最後1分鐘強度落在區間四至五。接著做4×6分鐘練習，增強至區間五至六（2分鐘休息恢復）。監測配速，試著在同樣功率輸出下再跑得更快。最後在區間一至區間二強度花15分鐘收操。
週日 時間：1:10 時間：0:30	輕鬆跑／走：在區間一至二跑，用區間二強度跑5分鐘，接著用區間一強度走1分鐘，在整段期間循環重複。 *跑步與走路的比例無法平均分配，最後一段會是跑步。完成後再走個幾分鐘。* **當天第二次練跑：**在區間一至二輕鬆跑

時間：7:30

第三週：18分鐘以下5公里訓練計畫，14週特定準備期	
週一 時間：0:40	**輕鬆跑／走：**在區間一至二輕鬆跑40分鐘，用區間二強度跑4分鐘，接著用區間一強度走1分鐘，在整段期間循環重複。
週二 時間：1:00	**最大攝氧量間歇跑：**暖身約15分鐘，從區間一至二的強度，逐漸增強到區間三至五。接著用你的5公里賽事目標配速，做5×3分鐘的練習。記下你用此配速跑的功率區間。試著變得更有效率，在跑步的時候讓每瓦特產生更多速度。接著3分鐘間歇休息：用功率區間一強度走1分鐘，再用區間二強度輕鬆跑2分鐘。之後花15分鐘用區間一至二的強度進行收操。 *可依個人偏好改在跑道上做5×1公里的練習。*
週三 時間：1:00	**突破跑步法：**先用區間一至二的強度跑10-15分鐘，接著逐步提高配速，加強到介於舒適和不適的程度。檢視你的功率區間，有可能會是區間三至四。維持在這個區間，同時想辦法再跑得更快。試著突破這個舒適圈，努力加快的同時，不要增加輸出的瓦特。這是要練習用技術維持或提升速度。注意你的節奏、步頻、姿勢前傾、腳輕輕著地、放鬆、眼睛和頭部位置。最後10分鐘在區間一至二輕鬆跑。
時間：0:30	**當天第二次練跑：**在區間一至二輕鬆跑
週四 時間：0:40	**輕鬆跑／走：**在區間一至二輕鬆跑40分鐘，用區間二強度跑4分鐘，接著用區間一強度走1分鐘，在整段期間循環重複。
週五 時間：1:10	**最大攝氧量間歇跑：**暖身約15分鐘，從區間一至二的強度，逐漸增強到區間三至五。接著用你的5公里賽事目標配速，做6×3分鐘的練習。記下你用此配速跑的功率區間。試著變得更有效率，在跑步的時候讓每瓦特產生更多速度。接著3分鐘間歇休息：用功率區間一強度走1分鐘，再用區間二強度輕鬆跑2分鐘。之後用區間一至二的強度進行收操，將整段運動做滿70分鐘。 *可依個人偏好改在跑道上做6×1公里的訓練。*
時間：0:30	**當天第二次練跑：**在區間一至二輕鬆跑
週六 時間：1:20	**輕鬆跑／走：**在區間一至二跑，用區間二強度跑7分鐘，接著區間一強度走1分鐘，在整段期間循環重複。
週日 時間：0	**休息日：**今天要認真著重在恢復：（1）盡可能讓雙腿休息；（2）密切注意營養攝取（健康的碳水化合物、精瘦蛋白質、好脂肪）；（3）伸展；（4）口渴就喝水。其他常見幫助恢復的做法，包括按摩、小睡片刻、抬腿、著壓力衣。

總時間：6:50

第四週：18分鐘以下5公里訓練計畫，14週特定準備期

週一 時間：0:40	**輕鬆跑／走**：在區間一至二輕鬆跑40分鐘，用區間二強度跑4分鐘，接著用區間一強度走1分鐘，在整段期間循環重複。
週二 時間：1:10	**3/9分鐘Stryd測驗**：暖身15分鐘，為最後一段強度較高的練習做準備；用全力跑3分鐘的間歇練習；接著進行恢復，先走5分鐘、輕鬆跑10分鐘、走5分鐘、輕鬆跑5分鐘、再走5分鐘（共30分鐘）；用全力跑9分鐘的間歇練習；再花10-15分鐘緩和收操。 *依照這個測驗的步驟進行，估測第4章討論過的rFTPw和rFTPa。*
週三 時間：0:40	**輕鬆跑／走**：在區間一至二輕鬆跑40分鐘，用區間二強度跑4分鐘，接著用區間一強度走1分鐘，在整段期間循環重複。
週四 時間：0:40	**輕鬆跑／走**：在區間一至二輕鬆跑40分鐘，用區間二強度跑4分鐘，接著用區間一強度走1分鐘，在整段期間循環重複。
週五 時間：1:00 時間：0:30	**30分鐘測驗**：暖身15分鐘，為最後一段強度較高的練習做準備。先在平坦道路或跑道上進行30分鐘的測驗（最佳表現），同時蒐集功率數據（如果可以，也一併蒐集配速與心率數據）。接著花10-15分鐘收操。 *按照這個測驗的方式進行，估測第4章討論過的rFTPw和rFTPa。現在你應該可以開始看到3/9測驗和30分鐘測驗的正向關係。為避免在其餘的練習中採用30分鐘測驗，把重點放在3/9測驗。* **當天第二次練跑**：在區間一至二輕鬆跑
週六 時間：0	**休息日**：今天要認真著重在恢復：（1）盡可能讓雙腿休息；（2）密切注意營養攝取（健康的碳水化合物、精瘦蛋白質、好脂肪）；（3）伸展；（4）口渴就喝水。其他常見幫助恢復的做法，包括按摩、小睡片刻、抬腿、著壓力衣。
週日 時間：1:00 時間：0:30	**突破跑步法**：先用區間一至二的強度跑10-15分鐘，接著逐步提高配速，加強到介於舒適和不適的程度。檢視你的功率區間，有可能會是區間三至四。維持在這個區間，同時想辦法再跑得更快。試著突破這個舒適圈，努力加快的同時，不要增加輸出的瓦特。這是要練習用技術維持或提升速度。注意你的節奏、步頻、姿勢前傾、腳輕輕著地、放鬆、眼睛和頭部位置。最後10分鐘在區間一至二輕鬆跑。 **當天第二次練跑**：在區間一至二輕鬆跑

總時間：6:10

第五週：18分鐘以下5公里訓練計畫，14週特定準備期

週一 時間：0:40	**輕鬆跑／走**：在區間一至二輕鬆跑40分鐘，用區間二強度跑4分鐘，接著用區間一強度走1分鐘，在整段期間循環重複。 *這7分鐘為單位的練習，無法平均分配在40分鐘內，最後一段會是跑步。所以，完成後再走個幾分鐘。*
週二 時間：1:00	**法特萊克間歇跑**：衝刺搭配練習。花約15分鐘暖身，從區間一至二逐步增強到區間三至五。在一段起伏的場地，花1-2分鐘提升到比5公里配速（區間六至七）還要快的速度，接著用區間一至二強度的狀態進行恢復，休息時間依個人需求而定。注意跑姿和步頻！用最後10分鐘收操，以區間一的強度跑或走。
週三 時間：1:00 時間：0:30	**突破跑步法**：先用區間一至二的強度跑10-15分鐘，接著逐步提高配速，加強到介於舒適和不適的程度。檢視你的功率區間，有可能會是區間三至四。維持在這個區間，同時想辦法再跑得更快。試著突破這個舒適圈，努力加快的同時，不要增加輸出的瓦特。這是要練習用技術維持或提升速度。注意你的節奏、步頻、姿勢前傾、腳輕輕著地、放鬆、眼睛和頭部位置。最後10分鐘在區間一至二輕鬆跑。 **當天第二次練跑**：在區間一至二輕鬆跑
週四 時間：0:40	**輕鬆跑／走**：在區間一至二輕鬆跑40分鐘，用區間二強度跑6分鐘，接著用區間一強度走1分鐘，在整段期間循環重複。 *這7分鐘為單位的練習，無法平均分配在40分鐘內，最後一段會是跑步。所以，完成後再走個幾分鐘。*
週五 時間：1:00 時間：0:30	**12×400公尺練習**：認真暖身15分鐘，從區間一至二的強度，逐漸增強到區間三至五。接著在跑道上用5公里賽事目標配速，進行12×400公尺的練習，中間穿插1分鐘恢復休息。在過程中監測你的功率區間。應該會落在區間六，部分出現在區間七。隨著體力不支，愈到後面可能會愈常出現在區間七的強度。如果你整段過程強度都落在區間七，重新檢視你的目標配速是否合理，或者rFTPw是不是太低了。最後用區間一至二強度輕鬆跑和走路，花15分鐘收操。 *如果無法在跑道上練習，可以在一般道路上做間歇跑，利用GPS設定0.4公里／0.25英里。* **當天第二次練跑**：在區間一至二輕鬆跑
週六 時間：1:10 時間：0:30	**4×1英里練習**：認真暖身15分鐘，從區間一至二逐漸增強至區間三至五。在平坦場地用區間五的強度做4×1英里（或1.6公里）的練習。不要超過區間五的強度。維持在這個區間，中間穿插3分鐘的恢復跑，強度在區間一至二。最後用區間二強度輕鬆跑，區間一強度走路，進行共15分鐘收操。 **當天第二次練跑**：在區間一至二輕鬆跑
週日 時間：1:15	**輕鬆跑／走**：在區間一至二練習，區間二跑7分鐘，區間一走1分鐘，在整段期間循環重複。 *跑步與走路的比例無法平均分配，最後一段會是跑步。因此，完成後再走個幾分鐘。*

總時間：8:15

第六週：18分鐘以下5公里訓練計畫，14週特定準備期

週一 時間：0:40	**輕鬆跑／走**：在區間一至二輕鬆跑40分鐘，用區間二強度跑6分鐘，接著用區間一強度走1分鐘，在整段期間循環重複。 *這7分鐘為單位的練習，無法平均分配在整段40分鐘的練習中，最後一段會是跑步。完成後再走個幾分鐘。*
週二 時間：1:10	**3×1英里練習**：認真暖身15分鐘，從區間一至二逐漸增強至區間三至五。在平坦場地用區間三的強度做4×1英里（或1.6公里）的練習。*不要超過區間三的強度。*維持在這個區間，中間穿插3分鐘的恢復跑，強度在區間一至二。最後用區間二輕鬆跑，區間一強度走路，進行15分鐘收操。
週三 時間：1:00 時間：0:30	**突破跑步法**：先用區間一至二的強度跑10-15分鐘，接著逐步提高配速，加強到介於舒適和不適的程度。檢視你的功率區間，有可能會是區間三至四。維持在這個區間，同時想辦法再跑得更快。試著突破這個舒適圈，努力加快的同時，不要增加輸出的瓦特。這是要練習用技術維持或提升速度。注意你的節奏、步頻、姿勢前傾、腳輕輕著地、放鬆、眼睛和頭部位置。最後10分鐘在區間一至二輕鬆跑。 **當天第二次練跑**：在區間一至二輕鬆跑
週四 時間：1:00 時間：0:30	**最大攝氧量間歇跑**：暖身約15分鐘，從區間一至二的強度，逐漸增強到區間三至五。接著用你的5公里賽事目標配速，做5×3分鐘的練習。記下你用此配速跑的功率區間。試著變得更有效率，在跑步的時候讓每瓦特產生更多速度。接著3分鐘間歇休息：用功率區間一強度走1分鐘，再用區間二強度輕鬆跑2分鐘。之後花15分鐘用區間一至二的強度進行收操。 *可依個人偏好改在跑道上做6×1公里的練習。* **當天第二次練跑**：在區間一至二輕鬆跑
週五 時間：0	**休息日**：今天要認真著重在恢復：（1）盡可能讓雙腿休息；（2）密切注意營養攝取（健康的碳水化合物、精瘦蛋白質、好脂肪）；（3）伸展；（4）口渴就喝水。其他常見幫助恢復的做法，包括按摩、小睡片刻、抬腿、讓身體在水中漂浮、聽音樂。
週六 時間：1:10 時間：0:30	**14×400公尺練習**：認真暖身15分鐘，從區間一至二的強度，逐漸增強到區間三至五。接著在跑道上用5公里賽事目標配速，進行14×400公尺的練習，中間穿插1分鐘恢復休息。在過程中監測你的功率區間。應該會落在區間六，部分出現在區間七。隨著體力不支，愈到後面可能會愈常出現在區間七的強度。如果你整段過程強度都落在區間七，重新檢視你的目標配速是否合理，或者rFTPw是不是太低了。最後用區間一至二強度輕鬆跑和走路，花15分鐘收操。 *如果無法在跑道上練習，在一般道路上做間歇跑，利用GPS設定0.4公里／0.25英里。* **當天第二次練跑**：在區間一至二輕鬆跑
週日 時間：1:20 時間：0:30	**輕鬆跑／走**：在區間一至二跑，用區間二強度跑7分鐘，接著用區間一強度走1分鐘，在整段期間循環重複。 **當天第二次練跑**：在區間一至二輕鬆跑

總時間：8:20

第七週：18分鐘以下5公里訓練計畫，14週特定準備期

週一 時間：0:40	輕鬆跑／走：在區間一至二輕鬆跑40分鐘，用區間二強度跑4分鐘，接著用區間一強度走1分鐘，在整段期間循環重複。
週二 時間：1:00	3×1英里練習：認真暖身15分鐘，從區間一至二強度逐漸增強至區間三至五。在平坦場地上用區間四強度做4×1英里（或1.6公里）練習。*不要超過區間四*。維持在此區間，中間穿插3分鐘的恢復跑，強度在區間一至二。以區間二強度輕鬆跑，及區間一的強度走路，進行緩和收操15分鐘。
週三 時間：0:40	輕鬆跑／走：在區間一至二輕鬆跑40分鐘，用區間二強度跑4分鐘，接著用區間一強度走1分鐘，在整段期間循環重複。
週四 時間：1:10 時間：0:30	目標配速跑：認真暖身15分鐘，從區間一至二強度增強到區間三至五。接著在跑道或平坦道路上，用5公里目標配速做2×2公里練習，搭配2分鐘恢復休息。你的瓦特輸出應該維持在區間六，部分出現在區間七。第二個段落完成並休息2分鐘後，用5公里目標配速跑1公里。最後用區間二強度跑步、區間一強度走路，進行15分鐘收操。 **當天第二次練跑**：在區間一至二輕鬆跑
週五 時間：0:40	輕鬆跑／走：在區間一至二輕鬆跑40分鐘，用區間二強度跑4分鐘，接著用區間一強度走1分鐘，在整段期間循環重複。
週六 時間：1:15 時間：0:30	15×400公尺練習：認真暖身15分鐘，從區間一至二的強度，逐漸增強到區間三至五。接著在跑道上用5公里賽事目標配速，進行15×400公尺的練習，中間穿插1分鐘恢復休息。在過程中監測你的功率區間。應該會落在區間六，部分出現在區間七。隨著體力不支，愈到後面可能會愈常出現在區間七的強度。如果你整段過程強度都落在區間七，重新檢視你的目標配速是否合理，或者rFTPw是否過低。最後用區間一至二強度輕鬆跑和走路，花15分鐘收操。 *若無法在跑道上練習，在一般道路上進行間歇跑，利用GPS設定0.4公里／0.25英里。* **當天第二次練跑**：在區間一至二輕鬆跑
週日 時間：1:20 時間：0:30	輕鬆跑／走：在區間一至二輕鬆練習，用區間二強度跑7分鐘，接著用區間一強度走1分鐘，在整段期間循環重複。 **當天第二次練跑**：在區間一至二輕鬆跑

總時間：8:25

第八週：18分鐘以下5公里訓練計畫，14週特定準備期

週一 時間：0	休息日：今天要認真著重在恢復：（1）盡可能讓雙腿休息；（2）密切注意營養攝取（健康的碳水化合物、精瘦蛋白質、好脂肪）；（3）伸展；（4）口渴就喝水。其他常見幫助恢復的做法，包括按摩、小睡片刻、抬腿、著壓力衣。
週二 時間：0:40	輕鬆跑／走：在區間一至二輕鬆跑40分鐘，用區間二強度跑4分鐘，接著用區間一強度走1分鐘，在整段期間循環重複。
週三 時間：1:10 時間：0:30	3/9分鐘Stryd測驗：暖身15分鐘，為最後強度較強的部分做準備；用全力跑3分鐘的間歇練習；接著進行恢復，先走5分鐘、輕鬆跑10分鐘、走5分鐘、輕鬆跑5分鐘、再走5分鐘（共30分鐘）；用全力跑9分鐘的間歇練習；緩和收操10-15分鐘。 *根據第4章說明，進行這項測驗，估測你的rFTPw和rFTPa。* **當天第二次練跑**：在區間一至二輕鬆跑
週四 時間：0:40	輕鬆跑／走：在區間一至二輕鬆跑40分鐘，用區間二強度跑4分鐘，接著用區間一強度走1分鐘，在整段期間循環重複。
週五 時間：1:00 時間：0:30	突破跑步法：先用區間一至二的強度跑10-15分鐘，接著逐步提高配速，加強到介於舒適和不適的程度。檢視你的功率區間，有可能會是區間三至四。維持在這個區間，同時想辦法再跑得更快。試著突破這個舒適圈，努力加快的同時，不要增加輸出的瓦特。這是要練習用技術維持或提升速度。注意你的節奏、步頻、姿勢前傾、腳輕輕著地、放鬆、眼睛和頭部位置。最後10分鐘在區間一至二輕鬆跑。 **當天第二次練跑**：在區間一至二輕鬆跑
週六 時間：1:15 時間：0:30	法特萊克間歇跑：衝刺搭配練習。花約15分鐘暖身，從區間一至二逐步增強到區間三至五。在一段起伏的場地，花1-2分鐘提升到比5公里配速（區間六至七）還要快的速度，接著用區間一至二強度的狀態進行恢復，休息時間依個人需求而定。注意跑姿和步頻！用最後10分鐘收操，以區間一的強度跑或走。 **當天第二次練跑**：在區間一至二輕鬆跑
週日 時間：1:30 時間：0:30	突破跑步法：先用區間一至二的強度跑10-15分鐘，接著逐步提高配速，加強到介於舒適和不適的程度。檢視你的功率區間，有可能會是區間三至四。維持在這個區間，同時想辦法再跑得更快。試著突破這個舒適圈，努力加快的同時，不要增加輸出的瓦特。這是要練習用技術維持或提升速度。注意你的節奏、步頻、姿勢前傾、腳輕輕著地、放鬆、眼睛和頭部位置。最後10分鐘在區間一至二輕鬆跑。 **當天第二次練跑**：在區間一至二輕鬆跑

總時間：8:15

第九週：18分鐘以下5公里訓練計畫，14週特定準備期	
週一 時間：0	休息日：今天要認真著重在恢復：（1）盡可能讓雙腿休息；（2）密切注意營養攝取（健康的碳水化合物、精瘦蛋白質、好脂肪）；（3）伸展；（4）口渴就喝水。其他常見幫助恢復的做法，包括按摩、小睡片刻、抬腿、著壓力衣。
週二 時間：1:00 時間：0:30	法特萊克間歇跑：衝刺搭配練習。花約15分鐘暖身，從區間一至二逐步增強到區間三至五。在一段起伏的場地，花1-2分鐘提升到比5公里配速（區間六至七）還要快的速度，接著用區間一至二強度的狀態進行恢復，休息時間依個人需求而定。注意跑姿和步頻！用最後10分鐘收操，以區間一的強度跑或走。 當天第二次練跑：在區間一至二輕鬆跑
週三 時間：0:40	輕鬆跑／走：在區間一至二輕鬆跑40分鐘，用區間二強度跑4分鐘，接著用區間一強度走1分鐘，在整段期間循環重複。
週四 時間：1:10 時間：0:30	目標配速跑：認真暖身15分鐘，從區間一至二強度增強到區間三至五。接著在跑道或平坦道路上，用5公里目標配速做2×2公里的練習，搭配2分鐘恢復休息。你的瓦特輸出應該維持在區間六，部分出現在區間七。第二個段落完成並休息2分鐘後，用5公里目標配速跑1公里。最後用區間二強度輕鬆跑，區間一強度走路，進行15分鐘收操。 當天第二次練跑：在區間一至二輕鬆跑
週五 時間：1:00	輕鬆跑／走：在區間一至二跑，用區間二強度跑4分鐘，接著用區間一強度走1分鐘，在整段期間循環重複。
週六 時間：1:20 時間：0:30	16×400公尺練習：認真暖身15分鐘，從區間一至二的強度，逐漸增強到區間三至五。接著在跑道上用5公里賽事目標配速，做16×400公尺的練習，中間穿插1分鐘恢復休息。在過程中監測你的功率區間。應該會落在區間六，部分出現在區間七。隨著體力不支，愈到後面可能會愈常出現在區間七的強度。如果你整段過程強度都落在區間七，重新檢視你的目標配速是否合理，或者rFTPw是否過低。最後用區間一至二強度輕鬆跑和走路，花15分鐘收操。 *若無法在跑道上練習，改在一般道路上做間歇跑，利用GPS設定0.4公里／0.25英里。* 當天第二次練跑：在區間一至二輕鬆跑
週日 時間：1:30	突破跑步法：先用區間一至二的強度跑10-15分鐘，接著逐步提高配速，加強到介於舒適和不適的程度。檢視你的功率區間，有可能會是區間三至四。維持在這個區間，同時想辦法再跑得更快。試著突破這個舒適圈，努力加快的同時，不要增加輸出的瓦特。這是要練習用技術維持或提升速度。注意你的節奏、步頻、姿勢前傾、腳輕輕著地、放鬆、眼睛和頭部位置。最後10分鐘在區間一至二輕鬆跑。

總時間：7:50

第十週：18分鐘以下5公里訓練計畫，14週特定準備期

週一 時間：0	休息日：今天要認真著重在恢復：（1）盡可能讓雙腿休息；（2）密切注意營養攝取（健康的碳水化合物、精瘦蛋白質、好脂肪）；（3）伸展；（4）口渴就喝水。其他常見幫助恢復的做法，包括按摩、小睡片刻、抬腿、讓身體在水中漂浮、聽音樂。
週二 時間：1:00 時間：0:30	法特萊克間歇跑：衝刺搭配練習。認真暖身15分鐘，從區間一至二逐步增強到區間三至五。在一段起伏的場地，花1-2分鐘提升到比5公里配速（區間六至七）還要快的速度，衝刺間搭配區間一至二強度進行恢復，休息長度依個人需求而定。注意跑姿和步頻！用最後10分鐘收操，以區間一的強度跑或走。 **當天第二次練跑：在區間一至二輕鬆跑**
週三 時間：0:40	輕鬆跑／走：在區間一至二輕鬆跑40分鐘，用區間二強度跑4分鐘，接著用區間一強度走1分鐘，在整段期間循環重複。
週四 時間：1:10 時間：0:30	目標配速跑：認真暖身15分鐘，從區間一至二強度逐漸增強到區間三至五。接著在跑道或平坦道路上，用5公里賽事目標配速做2×2公里的練習，中間搭配2分鐘恢復休息。你的瓦特輸出強度應該會在區間六，可能部分出現在區間七。第二段完成並休息2分鐘後，用5公里目標配速跑1公里。最後用區間二強度跑步、區間一強度走路，進行15分鐘收操。 **當天第二次練跑：在區間一至二輕鬆跑**
週五 時間：0:40	輕鬆跑／走：在區間一至二輕鬆跑40分鐘，用區間二強度跑4分鐘，接著用區間一強度走1分鐘，在整段期間循環重複。
週六 時間：1:20 時間：0:30	16×400公尺練習：認真暖身15分鐘，從區間一至二的強度，逐漸增強到區間三至五。接著在跑道上用5公里賽事目標配速，做16×400公尺的練習，中間穿插1分鐘恢復休息。在過程中監測你的功率區間。應該會落在區間六，部分出現在區間七。隨著體力不支，愈到後面可能會愈常出現在區間七的強度。如果你整段過程強度都落在區間七，重新檢視你的目標配速是否合理，或者rFTPw是否過低。最後用區間一至二強度輕鬆跑和走路，花15分鐘收操。 *若你無法在跑道上練習，改在一般道路上進行間歇跑，利用GPS設定0.4公里／0.25英里。* **當天第二次練跑：在區間一至二輕鬆跑**
週日 時間：1:30	突破跑步法：先用區間一至二的強度跑10-15分鐘，接著逐步提高配速，加強到介於舒適和不適的程度。檢視你的功率區間，有可能會是區間三至四。維持在這個區間，同時想辦法再跑得更快。試著突破這個舒適圈，努力加快的同時，不要增加輸出的瓦特。這是要練習用技術維持或提升速度。注意你的節奏、步頻、姿勢前傾、腳輕輕著地、放鬆、眼睛和頭部位置。最後10分鐘在區間一至二輕鬆跑。

總時間：7:50

第十一週：18分鐘以下5公里訓練計畫，14週特定準備期

週一 時間：0	**休息日**：今天要認真著重在恢復：（1）盡可能讓雙腿休息；（2）密切注意營養攝取（健康的碳水化合物、精瘦蛋白質、好脂肪）；（3）伸展；（4）口渴就喝水。其他常見幫助恢復的做法，包括按摩、小睡片刻、抬腿、讓身體在水中漂浮、聽音樂。
週二 時間：1:00 時間：0:30	**法特萊克間歇跑**：衝刺搭配練習。認真暖身15分鐘，從區間一至二逐步增強到區間三至五。在一段起伏的場地，花1-2分鐘提升到比5公里配速（區間六至七）還要快的速度，衝刺間搭配區間一至二強度進行恢復，休息長度依個人需求而定。注意跑姿和步頻！用最後10分鐘收操，以區間一的強度跑或走。 **當天第二次練跑**：在區間一至二輕鬆跑
週三 時間：0:40	**輕鬆跑／走**：在區間一至二輕鬆跑40分鐘，用區間二強度跑4分鐘，接著用區間一強度走1分鐘，在整段期間循環重複。
週四 時間：1:10 時間：0:30	**目標配速跑**：認真暖身15分鐘，從區間一至二強度逐漸增強到區間三至五。接著在跑道或平坦道路上，用5公里賽事目標配速做2×2公里練習，中間搭配2分鐘恢復休息。你的瓦特輸出強度應該會在區間六，可能部分出現在區間七。第二段完成並休息2分鐘後，用5公里目標配速跑1公里。最後用區間二強度跑步、區間一強度走路，進行15分鐘收操。 **當天第二次練跑**：在區間一至二輕鬆跑
週五 時間：0:40	**輕鬆跑／走**：在區間一至二輕鬆跑40分鐘，用區間二強度跑4分鐘，接著用區間一強度走1分鐘，在整段期間循環重複。
週六 時間：1:20 時間：0:30	**16×400公尺練習**：認真暖身15分鐘，從區間一至二的強度，逐漸增強到區間三至五。接著在跑道上用5公里賽事目標配速，做16×400公尺的練習，中間穿插1分鐘恢復休息。在過程中監測你的功率區間。應該會落在區間六，部分出現在區間七。隨著體力不支，愈到後面可能會愈常出現在區間七的強度。如果你整段過程強度都落在區間七，重新檢視你的目標配速是否合理，或者rFTPw是否過低。最後用區間一至二強度輕鬆跑和走路，花15分鐘收操。 *若你無法在跑道上練習，改在一般道路上進行間歇跑，利用GPS設定0.4公里／0.25英里。* **當天第二次練跑**：在區間一至二輕鬆跑
週日 時間：1:30 時間：0:30	**突破跑步法**：先用區間一至二的強度跑10-15分鐘，接著逐步提高配速，加強到介於舒適和不適的程度。檢視你的功率區間，有可能會是區間三至四。維持在這個區間，同時想辦法再跑得更快。試著突破這個舒適圈，努力加快的同時，不要增加輸出的瓦特。這是要練習用技術維持或提升速度。注意你的節奏、步頻、姿勢前傾、腳輕輕著地、放鬆、眼睛和頭部位置。最後10分鐘在區間一至二輕鬆跑。 **當天第二次練跑**：在區間一至二輕鬆跑

總時間：8:20

第十二週：18分鐘以下5公里訓練計畫，14週特定準備期

週一 時間：0	休息日：今天要認真著重在恢復：（1）盡可能讓雙腿休息；（2）密切注意營養攝取（健康的碳水化合物、精瘦蛋白質、好脂肪）；（3）伸展；（4）口渴就喝水。其他常見幫助恢復的做法，包括按摩、小睡片刻、抬腿、讓身體在水中漂浮、聽音樂。
週二 時間：0:40	輕鬆跑／走：在區間一至二輕鬆跑40分鐘，用區間二強度跑4分鐘，接著用區間一強度走1分鐘，在整段期間循環重複。
週三 時間：1:10	3/9分鐘Stryd測驗：暖身15分鐘，為最後強度較強的部分做準備；用全力跑3分鐘的間歇練習；接著進行恢復，先走5分鐘、輕鬆跑10分鐘、走5分鐘、輕鬆跑5分鐘、再走5分鐘（共30分鐘）；用全力跑9分鐘的間歇練習；緩和收操10-15分鐘。 *根據第4章的說明進行這項測驗，估測你的rFTPw和rFTPa。*
時間：0:30	**當天第二次練跑：在區間一至二輕鬆跑**
週四 時間：0:40	輕鬆跑／走：在區間一至二輕鬆跑40分鐘，用區間二強度跑4分鐘，接著用區間一強度走1分鐘，在整段期間循環重複。
週五 時間：1:00	突破跑步法：先用區間一至二的強度跑10-15分鐘，接著逐步提高配速，加強到介於舒適和不適的程度。檢視你的功率區間，有可能會是區間三至四。維持在這個區間，同時想辦法再跑得更快。試著突破這個舒適圈，努力加快的同時，不要增加輸出的瓦特。這是要練習用技術維持或提升速度。注意你的節奏、步頻、姿勢前傾、腳輕輕著地、放鬆、眼睛和頭部位置。最後10分鐘在區間一至二輕鬆跑。
週六 時間：1:00	法特萊克間歇跑：衝刺搭配練習。認真暖身15分鐘，從區間一至二逐步增強到區間三至五。在一段起伏的場地，花1-2分鐘提升到比5公里配速（區間六至七）還要快的速度，衝刺間搭配區間一至二強度進行恢復，休息長度依個人需求而定。注意跑姿和步頻！用最後10分鐘收操，以區間一的強度跑或走。
時間：0:30	**當天第二次練跑：在區間一至二輕鬆跑**
週日 時間：0	休息日：今天要認真著重在恢復：（1）盡可能讓雙腿休息；（2）密切注意營養攝取（健康的碳水化合物、精瘦蛋白質、好脂肪）；（3）伸展；（4）口渴就喝水。其他常見幫助恢復的做法，包括按摩、小睡片刻、抬腿、著壓力衣。

總時間：5:30

第十三週：18分鐘以下5公里訓練計畫，14週特定準備期

週一 時間：1:10	**目標配速跑**：認真暖身15分鐘，從區間一至二強度逐漸增強到區間三至五。接著在跑道或平坦道路上，用5公里賽事目標配速做2×2公里練習，中間搭配2分鐘恢復休息。你的瓦特輸出強度應該會在區間六，可能部分出現在區間七。第二段完成並休息2分鐘後，用5公里目標配速跑1公里。最後用區間二強度跑步、區間一強度走路，進行15分鐘收操。
週二 時間：0:40 時間：0:30	**輕鬆跑／走**：在區間一至二輕鬆跑40分鐘，用區間二強度跑4分鐘，接著用區間一強度走1分鐘，在整段期間循環重複。 **當天第二次練跑**：在區間一至二輕鬆跑
週三 時間：1:00	**法特萊克間歇跑**：衝刺搭配練習。認真暖身15分鐘，從區間一至二逐步增強到區間三至五。在一段起伏的場地，花1-2分鐘提升到比5公里配速（區間六至七）還要快的速度，衝刺間搭配區間一至二強度進行恢復，休息長度依個人需求而定。注意跑姿和步頻！用最後10分鐘收操，以區間一的強度跑或走。
週四 時間：0:40 時間：0:30	**輕鬆跑／走**：在區間一至二輕鬆跑40分鐘，用區間二強度跑4分鐘，接著用區間一強度走1分鐘，在整段期間循環重複。 **當天第二次練跑**：在區間一至二輕鬆跑
週五 時間：0	**休息日**：今天要認真著重在恢復：（1）盡可能讓雙腿休息；（2）密切注意營養攝取（健康的碳水化合物、精瘦蛋白質、好脂肪）；（3）伸展；（4）口渴就喝水。其他常見幫助恢復的做法，包括按摩、小睡片刻、抬腿、著壓力衣。
週六 時間：1:00 時間：0:30	**12×400公尺練習**：認真暖身15分鐘，從區間一至二的強度，逐漸增強到區間三至五。接著在跑道上用5公里賽事目標配速，做12×400公尺的練習，中間穿插1分鐘恢復休息。在過程中監測你的功率區間。應該會落在區間六，部分出現在區間七。隨著體力不支，愈到後面可能會愈常出現在區間七的強度。如果你整段過程強度都落在區間七，重新檢視你的目標配速是否合理，或者rFTPw是否過低。最後用區間一至二強度輕鬆跑和走路，花15分鐘收操。 *若你無法在跑道上練習，改在一般道路上進行間歇跑，利用GPS設定0.4公里／0.25英里。* **當天第二次練跑**：在區間一至二輕鬆跑
週日 時間：0:40	**輕鬆跑／走**：在區間一至二輕鬆跑40分鐘，用區間二強度跑4分鐘，接著用區間一強度走1分鐘，在整段期間循環重複。

總時間：6:40

第十四週：18分鐘以下5公里訓練計畫，14週特定準備期	
週日 時間：0	休息日：今天要認真著重在恢復：（1）盡可能讓雙腿休息；（2）密切注意營養攝取（健康的碳水化合物、精瘦蛋白質、好脂肪）；（3）伸展；（4）口渴就喝水。其他常見幫助恢復的做法，包括按摩、小睡片刻、抬腿、著壓力衣。
週二 時間：0:40	5×2分鐘練習／區間四至六：跑步暖身15分鐘，接著做5×2分鐘練習，頭1分鐘從區間四開始，逐漸增強，最後1分鐘強度落在區間五至六，搭配2分鐘輕鬆恢復跑。用區間一至二強度緩和收操，將整段運動做滿40分鐘。
週三 時間：0:40 時間：0:30	輕鬆跑／走：在區間一至二輕鬆跑40分鐘，用區間二強度跑4分鐘，接著用區間一強度走1分鐘，在整段期間循環重複。 當天第二次練跑：在區間一至二輕鬆跑
週四 時間：0:30	衝刺搭配練習：第一部分輕鬆跑，接著用區間六至七的強度做5-7×7秒鐘的衝刺，中間搭配較長的恢復時間，並在過程中速度逐漸加快。專注在前腳掌落地、快速步頻、微微前傾、流暢的動作，動作自然不刻意勉強。
週五 時間：0:20	場地勘查：跑賽道一開始與結束的部分。過程中注意地標，練習加速幾次，加速到比賽配速，其他時間都用區間一強度練習。
週六	5公里賽事

總時間：2:40

第一週：32分鐘以下10公里訓練計畫，14週特定準備期

週一 時間：1:10	**3/9分鐘Stryd測驗**：暖身15分鐘，為最後強度較強的部分做準備；用全力跑3分鐘的間歇練習；接著進行恢復，先走5分鐘、輕鬆跑10分鐘、走5分鐘、輕鬆跑5分鐘、再走5分鐘（共30分鐘）；用全力跑9分鐘的間歇練習；最後緩和收操10-15分鐘。 *根據第4章的說明進行這項測驗，估測你的rFTPw和rFTPa。*
週二 時間：0:40	**輕鬆跑／走**：在區間一至二輕鬆跑40分鐘，用區間二強度跑4分鐘，接著用區間一強度走1分鐘，在整段期間循環重複。
週三 時間：0:40	**輕鬆跑／走**：在區間一至二輕鬆跑40分鐘，用區間二強度跑4分鐘，接著用區間一強度走1分鐘，在整段期間循環重複。
週四 時間：1:00	**30分鐘測驗**：暖身15分鐘，為最後強度較強的部分做準備。先在平坦道路或跑道上進行30分鐘測驗（最佳表現），過程中蒐集功率數據（如果可以，也一併蒐集配速與心率數據）。花10-15分鐘緩和收操。 *根據第4章的說明進行這項測驗，估測你的rFTPw和rFTPa。*
週五 時間：0:40 時間：0:30	**輕鬆跑／走**：在區間一至二輕鬆跑40分鐘，用區間二強度跑4分鐘，接著用區間一強度走1分鐘，在整段期間循環重複。 **當天第二次練跑**：在區間一至二輕鬆跑
週六 時間：0	**休息日**：今天要認真著重在恢復：（1）盡可能讓雙腿休息；（2）密切注意營養攝取（健康的碳水化合物、精瘦蛋白質、好脂肪）；（3）伸展；（4）口渴就喝水。其他常見幫助恢復的做法，包括按摩、小睡片刻、抬腿、讓身體在水中漂浮、著壓力衣。
週日 時間：1:00 時間：0:30	**輕鬆跑／走**：在區間一至二跑，用區間二強度跑5分鐘，接著用區間一強度走1分鐘，在整段期間循環重複。 **當天第二次練跑**：在區間一至二輕鬆跑

總時間：6:10

第二週：32分鐘以下10公里訓練計畫，14週特定準備期

週一 時間：1:00	**長間歇跑**：暖身15分鐘，在暖身過程中逐漸增加強度，先從區間一開始，最後1分鐘強度落在區間四至五。接著做3×8分鐘的練習，將強度增加到區間五至六（3分鐘恢復休息）。監測配速，試著在同樣功率輸出下再跑得更快。最後用區間一至二強度收操，將整段運動做滿1小時。
週二 時間：0:40	**輕鬆跑／走**：在區間一至二輕鬆跑40分鐘，用區間二強度跑4分鐘，接著用區間一強度走1分鐘，在整段期間循環重複。
週三 時間：1:00 時間：0:30	**長間歇跑**：暖身15分鐘，在暖身過程中逐漸增加強度，先從區間一開始，最後1分鐘強度落在區間四至五。接著做3×8分鐘練習，將強度增加到區間五至六（3分鐘恢復休息）。監測配速，試著在同樣功率輸出下再跑得更快。最後用區間一至二強度收操，將整段運動做滿1小時。 **當天第二次練跑**：區間一至二輕鬆跑
週四 時間：0:40	**輕鬆跑／走**：在區間一至二輕鬆跑40分鐘，用區間二強度跑4分鐘，接著用區間一強度走1分鐘，在整段期間循環重複。
週五 時間：1:00 時間：0:30	**突破跑步法**：先用區間一至二的強度跑10-15分鐘，接著逐步提高配速，加強到介於舒適和不適的程度。檢視你的功率區間，有可能會是區間三至四。維持在這個區間，同時想辦法再跑得更快。試著突破這個舒適圈，努力加快的同時，不要增加輸出的瓦特。這是要練習用技術維持或提升速度。注意你的節奏、步頻、姿勢前傾、腳輕輕著地、放鬆、眼睛和頭部位置。最後10分鐘在區間一至二輕鬆跑。 **當天第二次練跑**：區間一至二輕鬆跑
週六 時間：1:00	**長間歇跑**：暖身15分鐘，在暖身過程中逐漸增加強度，先從區間一開始，最後1分鐘強度落在區間四至五。接著做4×6分鐘練習，將強度增加到區間五至六（3分鐘恢復休息）。監測配速，試著在同樣功率輸出下再跑得更快。最後用區間一至二強度收操，將整段運動做滿1小時。
週日 時間：1:10 時間：0:30	**輕鬆跑／走**：在區間一至二跑，用區間二強度跑5分鐘，接著用區間一強度走1分鐘，在整段期間循環重複。 *跑步與走路的比例，無法平均分配在整段時間中，最後一段會是跑步。因此，完成後再走個幾分鐘。* **當天第二次練跑**：區間一至二輕鬆跑

總時間：8:00

第三週：32分鐘以下10公里訓練計畫，14週特定準備期	
週一 時間：0:40	**輕鬆跑／走**：在區間一至二輕鬆跑40分鐘，用區間二強度跑4分鐘，接著用區間一強度走1分鐘，在整段期間循環重複。
週二 時間：1:00	**最大攝氧量間歇跑**：認真暖身約15分鐘，從區間一至二的強度，逐漸增強到區間三至五。接著用你的5公里賽事目標配速，做5×3分鐘的練習。記下你用此配速跑的功率區間。試著變得更有效率，在跑步的時候讓每瓦特產生更多速度。接著做3分鐘間歇休息：用功率區間一強度走1分鐘，再用區間二強度輕鬆跑2分鐘。之後花15分鐘用區間一至二的強度進行收操。 *可依個人偏好改在跑道上做5×1公里的練習。*
週三 時間：1:00 時間：0:30	**突破跑步法**：先用區間一至二的強度跑10-15分鐘，接著逐步提高配速，加強到介於舒適和不適的程度。檢視你的功率區間，有可能會是區間三至四。維持在這個區間，同時想辦法再跑得更快。試著突破這個舒適圈，努力加快的同時，不要增加輸出的瓦特。這是要練習用技術維持或提升速度。注意你的節奏、步頻、姿勢前傾、腳輕輕著地、放鬆、眼睛和頭部位置。最後10分鐘在區間一至二輕鬆跑。 **當天第二次練跑**：區間一至二輕鬆跑
週四 時間：0:40	**輕鬆跑／走**：在區間一至二輕鬆跑40分鐘，用區間二強度跑4分鐘，接著用區間一強度走1分鐘，在整段期間循環重複。
週五 時間：1:10 時間：0:30	**最大攝氧量間歇跑**：認真暖身約15分鐘，從區間一至二的強度，逐漸增強到區間三至五。接著用你的5公里賽事目標配速，做5×3分鐘的練習。記下你用此配速跑的功率區間。試著變得更有效率，在跑步的時候讓每瓦特產生更多速度。接著3分鐘間歇休息：用功率區間一強度走1分鐘，再用區間二強度輕鬆跑2分鐘。之後花15分鐘用區間一至二的強度進行收操。 *可依個人偏好改在跑道上做5×1公里的練習。* **當天第二次練跑**：區間一至二輕鬆跑
週六 時間：1:20 時間：0:30	**輕鬆跑／走**：在區間一至二輕鬆跑，用區間二強度跑7分鐘，接著用區間一強度走1分鐘，在整段期間循環重複。 **當天第二次練跑**：區間一至二輕鬆跑
週日 時間：0	**休息日**：今天要認真著重在恢復：（1）盡可能讓雙腿休息；（2）密切注意營養攝取（健康的碳水化合物、精瘦蛋白質、好脂肪）；（3）伸展；（4）口渴就喝水。其他幫助恢復的常用做法，包括按摩、小睡片刻、抬腿、著壓力衣。

總時間：7:20

第四週：32分鐘以下10公里訓練計畫，14週特定準備期

週一 時間：0:40	輕鬆跑／走：在區間一至二輕鬆跑40分鐘，用區間二強度跑4分鐘，接著用區間一強度走1分鐘，在整段期間循環重複。
週二 時間：1:10	3/9分鐘Stryd測驗：暖身15分鐘，為最後強度較強的部分做準備；用全力跑3分鐘的間歇練習；接著進行恢復，先走5分鐘、輕鬆跑10分鐘、走5分鐘、輕鬆跑5分鐘、再走5分鐘（共30分鐘）；用全力跑9分鐘的間歇練習；緩和收操10-15分鐘。 *根據第4章的說明進行這項測驗，估測你的rFTPw和rFTPa。*
週三 時間：0:40	輕鬆跑／走：在區間一至二輕鬆跑40分鐘，用區間二強度跑4分鐘，接著用區間一強度走1分鐘，在整段期間循環重複。
週四 時間：0:40	輕鬆跑／走：在區間一至二輕鬆跑40分鐘，用區間二強度跑4分鐘，接著用區間一強度走1分鐘，在整段期間循環重複。
週五 時間：1:00 時間：0:30	30分鐘測驗：暖身15分鐘，為最後強度較強的部分做準備。先在平坦道路或跑道上進行30分鐘測驗（最佳表現），過程中蒐集功率數據（如果可以，也一併蒐集配速與心率數據）。花10-15分鐘緩和收操。 *根據第4章的說明進行這項測驗，估測你的rFTPw和rFTPa。現在你應該可以開始看到3/9測驗和30分鐘測驗彼此間的正向關係。為避免在其餘的練習中採用30分鐘測驗，把重點放在3/9測驗。* **當天第二次練跑：區間一至二輕鬆跑**
週六 時間：0	休息日：今天要認真著重在恢復：（1）盡可能讓雙腿休息；（2）密切注意營養攝取（健康的碳水化合物、精瘦蛋白質、好脂肪）；（3）伸展；（4）口渴就喝水。其他幫助恢復的常用做法，包括按摩、小睡片刻、抬腿、讓身體在水中漂浮、聽音樂。
週日 時間：1:30 時間：0:30	突破跑步法：先用區間一至二的強度跑10-15分鐘，接著逐步提高配速，加強到介於舒適和不適的程度。檢視你的功率區間，有可能會是區間三至四。維持在這個區間，同時想辦法再跑得更快。試著突破這個舒適圈，努力加快的同時，不要增加輸出的瓦特。這是要練習用技術維持或提升速度。注意你的節奏、步頻、姿勢前傾、腳輕輕著地、放鬆、眼睛和頭部位置。最後10分鐘在區間一至二輕鬆跑。 **當天第二次練跑：區間一至二輕鬆跑**

總時間：6:40

	第五週：32分鐘以下10公里訓練計畫，14週特定準備期
週一 時間：0:40	**輕鬆跑／走**：在區間一至二輕鬆跑40分鐘，用區間二強度跑6分鐘，接著用區間一強度走1分鐘，在整段期間循環重複。 *這7分鐘的循環練習，無法平均分配在40分鐘內，最後一段會是跑步。完成後再走個幾分鐘。*
週二 時間：1:00	**法特萊克間歇跑**：衝刺搭配練習。認真暖身15分鐘，從區間一至二逐步增強到區間三至五。在一段起伏的場地，花1-2分鐘提升到比5公里配速（區間六至七）還要快的速度，衝刺間搭配區間一至二強度進行恢復，休息長度依個人需求而定。注意跑姿和步頻！用最後10分鐘收操，以區間一的強度跑或走。
週三 時間：1:00 時間：0:30	**突破跑步法**：先用區間一至二的強度跑10-15分鐘，接著逐步提高配速，加強到介於舒適和不適的程度。檢視你的功率區間，有可能會是區間三至四。維持在這個區間，同時想辦法再跑得更快。試著突破這個舒適圈，努力加快的同時，不要增加輸出的瓦特。這是要練習用技術維持或提升速度。注意你的節奏、步頻、姿勢前傾、腳輕輕著地、放鬆、眼睛和頭部位置。最後10分鐘在區間一至二輕鬆跑。 **當天第二次練跑**：區間一至二輕鬆跑
週四 時間：1:10	**8×800公尺練習**：認真暖身15分鐘，從區間一至二的強度，逐漸增強到區間三至五。接著在跑道上用10公里賽事目標配速，進行8×800公尺的練習，中間穿插2分鐘休息恢復。在過程中監測你的功率區間。應該會落在區間五，部分出現在區間六。隨著體力不支，愈到後面可能會愈常出現在區間六的強度。如果你整段過程強度都落在區間六至七，重新檢視你的目標配速是否合理，或者rFTPw是否過低。最後用區間一至二強度輕鬆跑和走路，花15分鐘收操。 *若你無法在跑道上練習，改在一般道路上進行間歇跑，利用GPS設定0.8公里／0.5英里。*
週五 時間：0:40 時間：0:30	**輕鬆跑／走**：在區間一至二輕鬆跑40分鐘，用區間二強度跑6分鐘，接著用區間一強度走1分鐘，在整段期間循環重複。 *這7分鐘的循環練習，無法平均分配在40分鐘內，最後一段會是跑步。完成後再走個幾分鐘。* **當天第二次練跑**：區間一至二輕鬆跑
週六 時間：1:30 時間：0:30	**6×1英里練習**：認真暖身15分鐘，從區間一至二逐漸增強至區間三至五。在平坦場地用區間五強度做6×1英里（或1.6公里）練習。*不要超過區間五*。維持在此區間，搭配3分鐘恢復跑，強度在區間一至二。最後用區間二強度輕鬆跑，及區間一的強度走路，進行緩和收操15分鐘。 **當天第二次練跑**：區間一至二輕鬆跑
週日 時間：1:30	**輕鬆跑／走**：在區間一至二輕鬆跑，用區間二強度跑9分鐘，接著用區間一強度走1分鐘，在整段期間循環重複。

總時間：9:00

第六週：32分鐘以下10公里訓練計畫，14週特定準備期

週一 時間：0:40	**輕鬆跑／走**：在區間一至二輕鬆跑40分鐘，用區間二強度跑6分鐘，接著用區間一強度走1分鐘，在整段期間循環重複。 *這7分鐘的循環練習，無法平均分配在40分鐘內，最後一段會是跑步。完成後再走個幾分鐘。*
週二 時間：1:10	**4×1英里練習**：認真暖身15分鐘，從區間一至二逐漸增強至區間三至五。在平坦場地用區間四的強度做4×1英里（或1.6公里）的練習。強度不要超過區間四。維持在此區間，搭配3分鐘恢復跑，強度在區間一至二。最後用區間二強度輕鬆跑，區間一強度走路，進行收操，將整段運動時間做滿70分鐘。
週三 時間：1:00 時間：0:30	**突破跑步法**：先用區間一至二的強度跑10-15分鐘，接著逐步提高配速，加強到介於舒適和不適的程度。檢視你的功率區間，有可能會是區間三至四。維持在這個區間，同時想辦法再跑得更快。試著突破這個舒適圈，努力加快的同時，不要增加輸出的瓦特。這是要練習用技術維持或提升速度。注意你的節奏、步頻、姿勢前傾、腳輕輕著地、放鬆、眼睛和頭部位置。最後10分鐘在區間一至二輕鬆跑。 **當天第二次練跑**：區間一至二輕鬆跑
週四 時間：1:10 時間：0:30	**最大攝氧量間歇跑**：暖身約15分鐘，從區間一至二的強度，逐漸增強到區間三至五。接著用你的5公里賽事目標配速，做6×3分鐘的練習。記下你用此配速跑的功率區間。試著變得更有效率，在跑步的時候讓每瓦特產生更多速度。接著做3分鐘間歇休息：用功率區間一強度走1分鐘，再用區間二強度輕鬆跑2分鐘。之後花15分鐘用區間一至二的強度進行收操。 *可依個人偏好改在跑道上做6×800公尺的練習。* **當天第二次練跑**：區間一至二輕鬆跑
週五 時間：0	**休息日**：今天要認真著重在恢復：（1）盡可能讓雙腿休息；（2）密切注意營養攝取（健康的碳水化合物、精瘦蛋白質、好脂肪）；（3）伸展；（4）口渴就喝水。其他幫助恢復的常用做法，包括按摩、小睡片刻、抬腿、讓身體在水中漂浮、聽音樂。
週六 時間：1:20 時間：0:30	**目標配速跑**：認真暖身15分鐘，從區間一至二強度逐漸增強到區間三至五。接著在跑道或平坦道路上，用10公里賽事目標配速進行10×800公尺練習，中間搭配2分鐘恢復休息。你的瓦特輸出強度應該會在區間五，可能部分出現在區間六。隨著體力開始不支，強度會愈來愈常出現在區間六。如果你整段練習的強度都落在區間七，重新檢視目標配速設定是否合理，或rFTPw是否過低。第二段完成並休息2分鐘後，用5公里目標配速跑1公里。最後用區間二強度跑步、區間一強度走路，進行15分鐘收操。 *如果無法在跑道上練習，改在一般道路上間歇跑，利用GPS設定0.8公里／0.5英里。* **當天第二次練跑**：區間一至二輕鬆跑
週日 時間：1:45 時間：0:30	**輕鬆跑／走**：在區間一至二跑，用區間二強度跑9分鐘，接著用區間一強度走1分鐘，在整段期間循環重複。 *跑步與走路的比例無法平均分配，最後一段會是跑步。完成後再走個幾分鐘。* **當天第二次練跑**：區間一至二輕鬆跑

總時間：9:05

第七週：32分鐘以下10公里訓練計畫，14週特定準備期

週一 時間：0:40	輕鬆跑／走：在區間一至二輕鬆跑40分鐘，用區間二強度跑4分鐘，接著用區間一強度走1分鐘，在整段期間循環重複。
週二 時間：1:10	4×1英里練習：認真暖身15分鐘，從區間一至二逐漸增強至區間三至五。在平坦場地用區間五的強度做4×1英里（或1.6公里）的練習。強度不要超過區間五。維持在此區間，搭配3分鐘恢復跑，強度在區間一至二。最後用區間二強度輕鬆跑，及區間一的強度走路，進行緩和收操15分鐘。
週三 時間：0:40	輕鬆跑／走：在區間一至二輕鬆跑40分鐘，用區間二強度跑4分鐘，接著用區間一強度走1分鐘，在整段期間循環重複。
週四 時間：1:10	目標配速跑：認真暖身15分鐘，從區間一至二強度逐漸增強到區間三至五。接著在跑道或平坦道路上，用10公里賽事目標配速進行5×2公里練習，中間搭配3分鐘恢復休息。你的瓦特輸出強度應該會在區間六，可能部分出現在區間七。最後用區間二強度跑步、區間一強度走路，進行15分鐘收操。 *這次訓練結束後，用目標配速／強度檢視你的EI。*
時間：0:30	**當天第二次練跑**：區間一至二輕鬆跑
週五 時間：0:40	輕鬆跑／走：在區間一至二輕鬆跑40分鐘，用區間二強度跑4分鐘，接著用區間一強度走1分鐘，在整段期間循環重複。
週六 時間：1:00	12×400公尺練習：認真暖身15分鐘，從區間一至二的強度，逐漸增強到區間三至五。接著在跑道上用10公里賽事目標配速，進行12×400公尺的練習，間隔為2分鐘。也就是說，每2分鐘跑一次400公尺，所以你會有2分鐘用比賽配速跑400公尺，並休息，接著再開始下一次400公尺。所以如果你用90秒跑完400公尺，會有30秒可以休息。在過程中監測你的功率區間。應該會落在區間五，部分出現在區間六。隨著體力不支，愈到後面可能會愈常出現在區間六的強度。如果你整段過程強度都落在區間六至七，重新檢視你的目標配速是否合理，或者rFTPw是否過低。最後用區間一至二強度輕鬆跑和走路，花15分鐘收操。 *若你無法在跑道上練習，改在一般道路上進行間歇跑，利用GPS設定0.4公里／0.25英里。*
時間：0:30	**當天第二次練跑**：區間一至二輕鬆跑
週日 時間：1:45	輕鬆跑／走：在區間一至二跑，用區間二強度跑9分鐘，接著用區間一強度走1分鐘，在整段期間循環重複。 *跑步與走路的比例無法平均分配，最後一段會是跑步。完成後再走個幾分鐘。*
時間：0:30	**當天第二次練跑**：區間一至二輕鬆跑

總時間：8:35

第八週：32分鐘以下10公里訓練計畫，14週特定準備期

週一 時間：0	休息日：今天要認真著重在恢復：（1）盡可能讓雙腿休息；（2）密切注意營養攝取（健康的碳水化合物、精瘦蛋白質、好脂肪）；（3）伸展；（4）口渴就喝水。其他幫助恢復的常用做法，包括按摩、小睡片刻、抬腿、讓身體在水中漂浮、聽音樂。
週二 時間：0:40	**輕鬆跑／走**：在區間一至二輕鬆跑40分鐘，用區間二強度跑4分鐘，接著用區間一強度走1分鐘，在整段期間循環重複。
週三 時間：1:10 時間：0:30	**3/9分鐘Stryd測驗**：暖身15分鐘，為最後強度較強的部分做準備；用全力跑3分鐘的間歇練習；接著進行恢復，先走5分鐘、輕鬆跑10分鐘、走5分鐘、輕鬆跑5分鐘、再走5分鐘（共30分鐘）；用全力跑9分鐘的間歇練習；緩和收操10-15分鐘。 *根據第4章的說明進行這項測驗，估測你的rFTPw和rFTPa。* **當天第二次練跑**：區間一至二輕鬆跑
週四 時間：0:40	**輕鬆跑／走**：在區間一至二輕鬆跑40分鐘，用區間二強度跑4分鐘，接著用區間一強度走1分鐘，在整段期間循環重複。
週五 時間：1:00 時間：0:30	**突破跑步法**：先用區間一至二的強度跑10-15分鐘，接著逐步提高配速，加強到介於舒適和不適的程度。檢視你的功率區間，有可能會是區間三至四。維持在這個區間，同時想辦法再跑得更快。試著突破這個舒適圈，努力加快的同時，不要增加輸出的瓦特。這是要練習用技術維持或提升速度。注意你的節奏、步頻、姿勢前傾、腳輕輕著地、放鬆、眼睛和頭部位置。最後10分鐘在區間一至二輕鬆跑。 **當天第二次練跑**：區間一至二輕鬆跑
週六 時間：1:20 時間：0:30	**法特萊克間歇跑**：衝刺搭配練習。認真暖身15分鐘，從區間一至二逐步增強到區間三至五。在一段起伏的場地，花1-2分鐘提升到比5公里配速（區間六至七）還要快的速度，衝刺間搭配區間一至二強度進行恢復，休息長度依個人需求而定。注意跑姿和步頻！用最後10分鐘收操，以區間一的強度跑或走。 **當天第二次練跑**：區間一至二輕鬆跑
週日 時間：1:45 時間：0:30	**突破跑步法**：先用區間一至二的強度跑10-15分鐘，接著逐步提高配速，加強到介於舒適和不適的程度。檢視你的功率區間，有可能會是區間三至四。維持在這個區間，同時想辦法再跑得更快。試著突破這個舒適圈，努力加快的同時，不要增加輸出的瓦特。這是要練習用技術維持或提升速度。注意你的節奏、步頻、姿勢前傾、腳輕輕著地、放鬆、眼睛和頭部位置。最後10分鐘在區間一至二輕鬆跑。 **當天第二次練跑**：區間一至二輕鬆跑

總時間：8:35

第九週：32分鐘以下10公里訓練計畫，14週特定準備期

週一 時間：0	**休息日**：今天要認真著重在恢復：（1）盡可能讓雙腿休息；（2）密切注意營養攝取（健康的碳水化合物、精瘦蛋白質、好脂肪）；（3）伸展；（4）口渴就喝水。其他幫助恢復的常用做法，包括按摩、小睡片刻、抬腿、讓身體在水中漂浮、聽音樂。
週二 時間：1:00 時間：0:30	**法特萊克間歇跑**：衝刺搭配練習。認真暖身15分鐘，從區間一至二逐步增強到區間三至五。在一段起伏的場地，花1-2分鐘提升到比5公里配速（區間六至七）還要快的速度，衝刺間搭配區間一至二強度進行恢復，休息長度依個人需求而定。注意跑姿和步頻！用最後10分鐘收操，以區間一的強度跑或走。 **當天第二次練跑**：區間一至二輕鬆跑
週三 時間：0:40	**輕鬆跑／走**：在區間一至二輕鬆跑40分鐘，用區間二強度跑4分鐘，接著用區間一強度走1分鐘，在整段期間循環重複。
週四 時間：1:10 時間：0:30	**目標配速跑**：認真暖身15分鐘，從區間一至二強度逐漸增強到區間三至五。接著在跑道或平坦道路上，用10公里賽事目標配速進行5×2公里練習，中間搭配3分鐘恢復休息。你的瓦特輸出強度應該會在區間五，可能部分出現在區間六。最後用區間二強度跑步、區間一強度走路，進行15分鐘收操。 *這次訓練結束後，用目標配速／強度檢視你的EI。* **當天第二次練跑**：區間一至二輕鬆跑
週五 時間：0:40	**輕鬆跑／走**：在區間一至二輕鬆跑40分鐘，用區間二強度跑4分鐘，接著用區間一強度走1分鐘，在整段期間循環重複。
週六 時間：1:20 時間：0:30	**16×400公尺練習**：認真暖身15分鐘，從區間一至二的強度，逐漸增強到區間三至五。接著在跑道上用10公里賽事目標配速，進行16×400公尺的練習，間隔為2分鐘。也就是說，每2分鐘跑一次400公尺，所以你會有2分鐘用比賽配速跑400公尺，並休息，接著再開始下一次400公尺。所以如果你用90秒跑完400公尺，會有30秒可以休息。在過程中監測你的功率區間。應該會落在區間五，部分出現在區間六。隨著體力不支，愈到後面可能會愈常出現在區間六的強度。如果你整段過程強度都落在區間六至七，重新檢視你的目標配速是否合理，或者rFTPw是否過低。最後用區間一至二強度輕鬆跑和走路，花15分鐘收操。 *若你無法在跑道上練習，改在一般道路上進行間歇跑，利用GPS設定0.4公里／0.25英里。* **當天第二次練跑**：區間一至二輕鬆跑
週日 時間：1:45 時間：0:30	**突破跑步法**：先用區間一至二的強度跑10-15分鐘，接著逐步提高配速，加強到介於舒適和不適的程度。檢視你的功率區間，有可能會是區間三至四。維持在這個區間，同時想辦法再跑得更快。試著突破這個舒適圈，努力加快的同時，不要增加輸出的瓦特。這是要練習用技術維持或提升速度。注意你的節奏、步頻、姿勢前傾、腳輕輕著地、放鬆、眼睛和頭部位置。最後10分鐘在區間一至二輕鬆跑。 **當天第二次練跑**：區間一至二輕鬆跑

總時間：8:35

第十週：32分鐘以下10公里訓練計畫，14週特定準備期

週一 時間：0	休息日：今天要認真著重在恢復：（1）盡可能讓雙腿休息；（2）密切注意營養攝取（健康的碳水化合物、精瘦蛋白質、好脂肪）；（3）伸展；（4）口渴就喝水。其他常見幫助恢復的做法，包括按摩、小睡片刻、抬腿、讓身體在水中漂浮、聽音樂。
週二 時間：1:00 時間：0:30	法特萊克間歇跑：衝刺搭配練習。認真暖身15分鐘，從區間一至二逐步增強到區間三至五。在一段起伏的場地，花1-2分鐘提升到比5公里配速（區間六至七）還要快的速度，衝刺間搭配區間一至二強度進行恢復，休息長度依個人需求而定。注意跑姿和步頻！用最後10分鐘收操，以區間一的強度跑或走。 **當天第二次練跑**：區間一至二輕鬆跑
週三 時間：0:40	輕鬆跑／走：在區間一至二輕鬆跑40分鐘，用區間二強度跑4分鐘，接著用區間一強度走1分鐘，在整段期間循環重複。
週四 時間：1:10 時間：0:30	目標配速跑：認真暖身15分鐘，從區間一至二強度逐漸增強到區間三至五。接著在跑道或平坦道路上，用10公里賽事目標配速進行5×2公里練習，中間搭配2分鐘恢復休息。你的瓦特輸出強度應該會在區間五，可能部分出現在區間六。最後用區間二強度跑步、區間一強度走路，進行15分鐘收操。 *這次訓練結束後，用目標配速／強度評估你的EI。* **當天第二次練跑**：區間一至二輕鬆跑
週五 時間：0:40	輕鬆跑／走：在區間一至二輕鬆跑40分鐘，用區間二強度跑4分鐘，接著用區間一強度走1分鐘，在整段期間循環重複。
週六 時間：1:20 時間：0:30	18×400公尺練習：認真暖身15分鐘，從區間一至二的強度，逐漸增強到區間三至五。接著在跑道上用10公里賽事目標配速，進行18×400公尺的練習，間隔為2分鐘。也就是說，每2分鐘跑一次400公尺，所以你會有2分鐘用比賽配速跑400公尺，並休息，接著再開始下一次400公尺。所以如果你用90秒跑完400公尺，會有30秒可以休息。在過程中監測你的功率區間。應該會落在區間五，部分出現在區間六。隨著體力不支，愈到後面可能會愈常出現在區間六的強度。如果你整段過程強度都落在區間六至七，重新檢視你的目標配速是否合理，或者rFTPw是否過低。最後用區間一至二強度輕鬆跑和走路，花15分鐘收操。 *若你無法在跑道上練習，改在一般道路上進行間歇跑，利用GPS設定0.4公里／0.25英里。* **當天第二次練跑**：區間一至二輕鬆跑
週日 時間：2:00 時間：0:30	突破跑步法：先用區間一至二的強度跑10-15分鐘，接著逐步提高配速，加強到介於舒適和不適的程度。檢視你的功率區間，有可能會是區間三至四。維持在這個區間，同時想辦法再跑得更快。試著突破這個舒適圈，努力加快的同時，不要增加輸出的瓦特。這是要練習用技術維持或提升速度。注意你的節奏、步頻、姿勢前傾、腳輕輕著地、放鬆、眼睛和頭部位置。最後10分鐘在區間一至二輕鬆跑。 **當天第二次練跑**：區間一至二輕鬆跑

總時間：8:50

第十一週：32分鐘以下10公里訓練計畫，14週特定準備期

週一 時間：0	休息日：今天要認真著重在恢復：（1）盡可能讓雙腿休息；（2）密切注意營養攝取（健康的碳水化合物、精瘦蛋白質、好脂肪）；（3）伸展；（4）口渴就喝水。其他常見幫助恢復的做法，包括按摩、小睡片刻、抬腿、讓身體在水中漂浮、聽音樂。
週二 時間：1:00 時間：0:30	法特萊克間歇跑：衝刺搭配練習。認真暖身15分鐘，從區間一至二逐步增強到區間三至五。在一段起伏的場地，花1-2分鐘提升到比5公里配速（區間六至七）還要快的速度，衝刺間搭配區間一至二強度進行恢復，休息長度依個人需求而定。注意跑姿和步頻！用最後10分鐘收操，以區間一的強度跑或走。 **當天第二次練跑：區間一至二輕鬆跑**
週三 時間：0:40	輕鬆跑／走：在區間一至二輕鬆跑40分鐘，用區間二強度跑4分鐘，接著用區間一強度走1分鐘，在整段期間循環重複。
週四 時間：1:10 時間：0:30	目標配速跑：認真暖身15分鐘，從區間一至二強度逐漸增強到區間三至五。接著在跑道或平坦道路上，用10公里賽事目標配速進行3×2公里練習，中間搭配3分鐘恢復休息。接著做3×1公里練習，搭配2分鐘恢復休息。你的瓦特輸出強度應該會在區間五，可能部分出現在區間六。最後用區間二強度跑步、區間一強度走路，進行15分鐘收操。 *這次訓練結束，用目標配速／強度評估你的EI。* **當天第二次練跑：區間一至二輕鬆跑**
週五 時間：0:40	輕鬆跑／走：在區間一至二輕鬆跑40分鐘，用區間二強度跑4分鐘，接著用區間一強度走1分鐘，在整段期間循環重複。
週六 時間：1:30 時間：0:30	20×400公尺練習：認真暖身15分鐘，從區間一至二的強度，逐漸增強到區間三至五。接著在跑道上用10公里賽事目標配速，進行20×400公尺的練習，間隔為2分鐘。也就是說，每2分鐘跑一次400公尺，所以你會有2分鐘用比賽配速跑400公尺，並休息，接著再開始下一次400公尺。所以如果你用90秒跑完400公尺，會有30秒可以休息。在過程中監測你的功率區間。應該會落在區間五，部分出現在區間六。隨著體力不支，愈到後面可能會愈常出現在區間六的強度。如果你整段過程強度都落在區間六至七，重新檢視你的目標配速是否合理，或者rFTPw是否過低。最後用區間一至二強度輕鬆跑和走路，花15分鐘收操。 *若你無法在跑道上練習，改在一般道路上進行間歇跑，利用GPS設定0.4公里／0.25英里。* **當天第二次練跑：區間一至二輕鬆跑**
週日 時間：2:00 時間：0:30	突破跑步法：先用區間一至二的強度跑10-15分鐘，接著逐步提高配速，加強到介於舒適和不適的程度。檢視你的功率區間，有可能會是區間三至四。維持在這個區間，同時想辦法再跑得更快。試著突破這個舒適圈，努力加快的同時，不要增加輸出的瓦特。這是要練習用技術維持或提升速度。注意你的節奏、步頻、姿勢前傾、腳輕輕著地、放鬆、眼睛和頭部位置。最後10分鐘在區間一至二輕鬆跑。 **當天第二次練跑：區間一至二輕鬆跑**

總時間：9:00

第十二週：32分鐘以下10公里訓練計畫，14週特定準備期

週一 時間：0	休息日：今天要認真著重在恢復：（1）盡可能讓雙腿休息；（2）密切注意營養攝取（健康的碳水化合物、精瘦蛋白質、好脂肪）；（3）伸展；（4）口渴就喝水。其他常見幫助恢復的做法，包括按摩、小睡片刻、抬腿、讓身體在水中漂浮、聽音樂。
週二 時間：0:40	輕鬆跑／走：在區間一至二輕鬆跑40分鐘，用區間二強度跑4分鐘，接著用區間一強度走1分鐘，在整段期間循環重複。
週三 時間：1:10 時間：0:30	3/9分鐘Stryd測驗：暖身15分鐘，為最後強度較強的部分做準備；用全力跑3分鐘的間歇練習；接著進行恢復，先走5分鐘、輕鬆跑10分鐘、走5分鐘、再走5分鐘（共30分鐘）；用全力跑9分鐘的間歇練習；緩和收操10-15分鐘。 *根據第4章的說明進行這項測驗，估測你的rFTPw和rFTPa。* 當天第二次練跑：區間一至二輕鬆跑
週四 時間：0:40	輕鬆跑／走：在區間一至二輕鬆跑40分鐘，用區間二強度跑4分鐘，接著用區間一強度走1分鐘，在整段期間循環重複。
週五 時間：1:00	突破跑步法：先用區間一至二的強度跑10-15分鐘，接著逐步提高配速，加強到介於舒適和不適的程度。檢視你的功率區間，有可能會是區間三至四。維持在這個區間，同時想辦法再跑得更快。試著突破這個舒適圈，努力加快的同時，不要增加輸出的瓦特。這是要練習用技術維持或提升速度。注意你的節奏、步頻、姿勢前傾、腳輕輕著地、放鬆、眼睛和頭部位置。最後10分鐘在區間一至二輕鬆跑。
週六 時間：1:00 時間：0:30	法特萊克間歇跑：衝刺搭配練習。認真暖身15分鐘，從區間一至二逐步增強到區間三至五。在一段起伏的場地，花1-2分鐘提升到比5公里配速（區間六至七）還要快的速度，衝刺間搭配區間一至二強度進行恢復，休息長度依個人需求而定。注意跑姿和步頻！用最後10分鐘收操，以區間一的強度跑或走。 當天第二次練跑：區間一至二輕鬆跑
週日 時間：0	休息日：今天要認真著重在恢復：（1）盡可能讓雙腿休息；（2）密切注意營養攝取（健康的碳水化合物、精瘦蛋白質、好脂肪）；（3）伸展；（4）口渴就喝水。其他常見幫助恢復的做法，包括按摩、小睡片刻、抬腿、著壓力衣。

總時間：5:30

第十三週：32分鐘以下10公里訓練計畫，14週特定準備期

週一 時間：0:45	**目標配速跑**：認真暖身15分鐘，從區間一至二強度逐漸增強到區間三至五。接著在跑道或平坦道路上，用10公里賽事目標配速進行3×2公里練習，中間搭配3分鐘恢復休息。接著做3×1公里練習，搭配2分鐘恢復休息。你的瓦特輸出強度應該會在區間五，可能部分出現在區間六。最後用區間二強度跑步、區間一強度走路，進行15分鐘收操。 *這次訓練結束，用目標配速／強度評估你的EI。*
週二 時間：0:40 時間：0:30	**輕鬆跑／走**：在區間一至二輕鬆跑40分鐘，用區間二強度跑4分鐘，接著用區間一強度走1分鐘，在整段期間循環重複。 **當天第二次練跑**：區間一至二輕鬆跑
週三 時間：1:00	**法特萊克間歇跑**：衝刺搭配練習。認真暖身15分鐘，從區間一至二逐步增強到區間三至五。在一段起伏的場地，花1-2分鐘提升到比5公里配速（區間六至七）還要快的速度，衝刺間搭配區間一至二強度進行恢復，休息長度依個人需求而定。注意跑姿和步頻！用最後10分鐘收操，以區間一的強度跑或走。
週四 時間：0:40 時間：0:30	**輕鬆跑／走**：在區間一至二輕鬆跑40分鐘，用區間二強度跑4分鐘，接著用區間一強度走1分鐘，在整段期間循環重複。 **當天第二次練跑**：區間一至二輕鬆跑
週五 時間：0	**休息日**：今天要認真著重在恢復：（1）盡可能讓雙腿休息；（2）密切注意營養攝取（健康的碳水化合物、精瘦蛋白質、好脂肪）；（3）伸展；（4）口渴就喝水。其他常見幫助恢復的做法，包括按摩、小睡片刻、抬腿、著壓力衣。
週六 時間：1:00 時間：0:30	**12×400公尺練習**：認真暖身15分鐘，從區間一至二的強度，逐漸增強到區間三至五。接著在跑道上用10公里賽事目標配速，進行12×400公尺的練習，間隔為2分鐘。也就是説，每2分鐘跑一次400公尺，所以你會有2分鐘用比賽配速跑400公尺，並休息，接著再開始下一次400公尺。所以如果你用90秒跑完400公尺，會有30秒可以休息。在過程中監測你的功率區間。應該會落在區間五，部分出現在區間六。隨著體力不支，愈到後面可能會愈常出現在區間六的強度。如果你整段過程強度都落在區間六至七，重新檢視你的目標配速是否合理，或者rFTPw是否過低。最後用區間一至二強度輕鬆跑和走路，花15分鐘收操。 *若你無法在跑道上練習，改在一般道路上進行間歇跑，利用GPS設定0.4公里／0.25英里。* **當天第二次練跑**：區間一至二輕鬆跑
週日 時間：0:40	**輕鬆跑／走**：在區間一至二輕鬆跑40分鐘，用區間二強度跑4分鐘，接著用區間一強度走1分鐘，在整段期間循環重複。

總時間：6:15

第十四週：32分鐘以下10公里訓練計畫，14週特定準備期	
週一 時間：0	休息日：今天要認真著重在恢復：（1）盡可能讓雙腿休息；（2）密切注意營養攝取（健康的碳水化合物、精瘦蛋白質、好脂肪）；（3）伸展；（4）口渴就喝水。其他常見幫助恢復的做法，包括按摩、小睡片刻、抬腿、著壓力衣。
週二 時間：0:40	5×2分鐘練習／區間四至六：跑步暖身15分鐘，接著做5×2分鐘練習，頭1分鐘從區間四開始，逐漸增強，最後1分鐘強度落在區間五至六，搭配2分鐘輕鬆恢復跑。用區間一至二強度緩和收操，將整段運動做滿40分鐘。
週三 時間：0:40 時間：0:30	輕鬆跑／走：在區間一至二輕鬆跑40分鐘，用區間二強度跑4分鐘，接著用區間一強度走1分鐘，在整段期間循環重複。 當天第二次練跑：區間一至二輕鬆跑
週四 時間：0:30	衝刺搭配練習：第一部分輕鬆跑，接著用區間六至七的強度做5-7×7秒鐘的衝刺，中間搭配較長的恢復時間，並在過程中速度逐漸加快。專注在前腳掌落地、快速步頻、微微前傾、流暢的動作，動作自然不刻意勉強。
週五 時間：0:20	場地勘查：跑賽道一開始與結束的部分。過程中注意地標，練習幾次加速到比賽配速，其他時間都用區間一強度練習。
週六	10公里賽事

總時間：2:40

第一週：40分鐘以下10公里訓練計畫，14週特定準備期	
週一 時間：1:10	3/9分鐘Stryd測驗：暖身15分鐘，為最後強度較強的部分做準備；用全力跑3分鐘的間歇練習；接著進行恢復，先走5分鐘、輕鬆跑10分鐘、走5分鐘、輕鬆跑5分鐘、再走5分鐘（共30分鐘）；用全力跑9分鐘的間歇練習；緩和收操10-15分鐘。 *根據第4章的說明進行這項測驗，估測你的rFTPw和rFTPa。*
週二 時間：0:40	輕鬆跑／走：在區間一至二輕鬆跑40分鐘，用區間二強度跑4分鐘，接著用區間一強度走1分鐘，在整段期間循環重複。
週三 時間：0:40	輕鬆跑／走：在區間一至二輕鬆跑40分鐘，用區間二強度跑4分鐘，接著用區間一強度走1分鐘，在整段期間循環重複。
週四 時間：1:00	30分鐘測驗：暖身15分鐘，為最後強度較強的部分做準備。先在平坦道路或跑道上進行30分鐘測驗（最佳表現），過程中蒐集功率數據（如果可以，也一併蒐集配速與心率數據）。花10-15分鐘緩和收操。 *根據第4章的說明進行這項測驗，估測你的rFTPw和rFTPa。*
週五 時間：0:40 時間：0:30	輕鬆跑／走：在區間一至二輕鬆跑40分鐘，用區間二強度跑4分鐘，接著用區間一強度走1分鐘，在整段期間循環重複。 當天第二次練跑：區間一至二輕鬆跑
週六 時間：0	休息日：今天要認真著重在恢復：（1）盡可能讓雙腿休息；（2）密切注意營養攝取（健康的碳水化合物、精瘦蛋白質、好脂肪）；（3）伸展；（4）口渴就喝水。其他常見幫助恢復的做法，包括按摩、小睡片刻、抬腿、讓身體在水中漂浮、著壓力衣。
週日 時間：1:00 時間：0:30	輕鬆跑／走：在區間一至二輕鬆跑，用區間二強度跑5分鐘，接著用區間一強度走1分鐘，在整段期間循環重複。 當天第二次練跑：區間一至二輕鬆跑

總時間：6:10

第二週：40分鐘以下10公里訓練計畫，14週特定準備期

週一 時間：1:00	**長間歇跑**：暖身15分鐘，在暖身過程中逐漸建立強度，從區間一開始，最後1分鐘強度落在區間四至區間五。接著做3×8分鐘練習，增強至區間五至區間六（3分鐘休息恢復）。監測配速，在同樣功率輸出下，試著變得更快。最後收操15分鐘，強度落在區間一至區間二。
週二 時間：0:40	**輕鬆跑／走**：在區間一至二輕鬆跑40分鐘，用區間二強度跑4分鐘，接著用區間一強度走1分鐘，在整段期間循環重複。
週三 時間：1:00 時間：0:30	**長間歇跑**：暖身15分鐘，在暖身過程中逐漸建立強度，從區間一開始，最後1分鐘強度落在區間四至區間五。接著做3×8分鐘練習，增強至區間五至區間六（3分鐘休息恢復）。監測配速，在同樣功率輸出下，試著變得更快。最後收操15分鐘，強度落在區間一至區間二。 **當天第二次練跑**：區間一至二輕鬆跑
週四 時間：0:40	**輕鬆跑／走**：在區間一至二輕鬆跑40分鐘，用區間二強度跑4分鐘，接著用區間一強度走1分鐘，在整段期間循環重複。
週五 時間：1:00 時間：0:30	**突破跑步法**：先用區間一至二的強度跑10-15分鐘，接著逐步提高配速，加強到介於舒適和不適的程度。檢視你的功率區間，有可能會是區間三至四。維持在這個區間，同時想辦法再跑得更快。試著突破這個舒適圈，努力加快的同時，不要增加輸出的瓦特。這是要練習用技術維持或提升速度。注意你的節奏、步頻、姿勢前傾、腳輕輕著地、放鬆、眼睛和頭部位置。最後10分鐘在區間一至二輕鬆跑。 **當天第二次練跑**：區間一至二輕鬆跑
週六 時間：1:00	**長間歇跑**：暖身15分鐘，在暖身過程中逐漸建立強度，從區間一開始，最後1分鐘強度落在區間四至五。接著做3×8分鐘練習，增強至區間五至六（3分鐘休息恢復）。監測配速，在同樣功率輸出下，試著變得更快。最後收操15分鐘，強度落在區間一至二。
週日 時間：1:10 時間：0:30	**輕鬆跑／走**：在區間一至二輕鬆跑，用區間二強度跑5分鐘，接著用區間一強度走1分鐘，在整段期間循環重複。 *跑步與走路的比例無法平均分配在整段練習中，最後一段會是跑步。完成後再走個幾分鐘。* **當天第二次練跑**：區間一至二輕鬆跑

總時間：8:00

第三週：40分鐘以下10公里訓練計畫，14週特定準備期

週一 時間：0:40	**輕鬆跑／走**：在區間一至二輕鬆跑40分鐘，用區間二強度跑4分鐘，接著用區間一強度走1分鐘，在整段期間循環重複。
週二 時間：1:00	**最大攝氧量間歇跑**：暖身約15分鐘，從區間一至二的強度，逐漸增強到區間三至五。接著用你的5公里賽事目標配速，做5×3分鐘的練習。記下你用此配速跑的功率區間。試著變得更有效率，在跑步的時候讓每瓦特產生更多速度。接著3分鐘間歇休息：用功率區間一強度走1分鐘，再用區間二強度輕鬆跑2分鐘。之後花15分鐘用區間一至二的強度進行收操。*可依個人偏好改在跑道上做6×800公尺的練習。*
週三 時間：1:00 時間：0:30	**突破跑步法**：先用區間一至二的強度跑10-15分鐘，接著逐步提高配速，加強到介於舒適和不適的程度。檢視你的功率區間，有可能會是區間三至四。維持在這個區間，同時想辦法再跑得更快。試著突破這個舒適圈，努力加快的同時，不要增加輸出的瓦特。這是要練習用技術維持或提升速度。注意你的節奏、步頻、姿勢前傾、腳輕輕著地、放鬆、眼睛和頭部位置。最後10分鐘在區間一至二輕鬆跑。 **當天第二次練跑**：區間一至二輕鬆跑
週四 時間：0:40	**輕鬆跑／走**：在區間一至二輕鬆跑40分鐘，用區間二強度跑4分鐘，接著用區間一強度走1分鐘，在整段期間循環重複。
週五 時間：1:00 時間：0:30	**最大攝氧量間歇跑**：暖身約15分鐘，從區間一至二的強度，逐漸增強到區間三至五。接著用你的5公里賽事目標配速，跑5×3分鐘的長度。記下你用此配速跑的功率區間。試著變得更有效率，在跑步的時候讓每瓦特產生更多速度。接著3分鐘間歇休息：用功率區間一強度走1分鐘，再用區間二強度輕鬆跑2分鐘。之後花15分鐘用區間一至二的強度進行收操。*可依個人偏好改在跑道上做6×800公尺的練習。* **當天第二次練跑**：區間一至二輕鬆跑
週六 時間：1:20 時間：0:30	**輕鬆跑／走**：在區間一至二輕鬆跑，用區間二強度跑7分鐘，接著用區間一強度走1分鐘，在整段期間循環重複。 **當天第二次練跑**：區間一至二輕鬆跑
週日 時間：0	**休息日**：今天要認真著重在恢復：（1）盡可能讓雙腿休息；（2）密切注意營養攝取（健康的碳水化合物、精瘦蛋白質、好脂肪）；（3）伸展；（4）口渴就喝水。其他常見幫助恢復的做法，包括按摩、小睡片刻、抬腿、著壓力衣。

總時間：7:10

第四週：40分鐘以下10公里訓練計畫，14週特定準備期

週一 時間：0:40	**輕鬆跑／走**：在區間一至二輕鬆跑40分鐘，用區間二強度跑4分鐘，接著用區間一強度走1分鐘，在整段期間循環重複。
週二 時間：1:10	**3/9分鐘Stryd測驗**：暖身15分鐘，為最後強度較強的部分做準備；用全力跑3分鐘的間歇練習；接著進行恢復，先走5分鐘、輕鬆跑10分鐘、走5分鐘、輕鬆跑5分鐘、再走5分鐘（共30分鐘）；用全力跑9分鐘的間歇練習；緩和收操10-15分鐘。 *根據第4章的說明進行這項測驗，估測你的rFTPw和rFTPa。*
週三 時間：0:40	**輕鬆跑／走**：在區間一至二輕鬆跑40分鐘，用區間二強度跑4分鐘，接著用區間一強度走1分鐘，在整段在整段期間循環重複。
週四 時間：0:40	**輕鬆跑／走**：在區間一至二輕鬆跑40分鐘，用區間二強度跑4分鐘，接著用區間一強度走1分鐘，在整段期間循環重複。
週五 時間：1:00 時間：0:30	**30分鐘測驗**：暖身15分鐘，為最後強度較強的部分做準備。先在平坦道路或跑道上進行30分鐘測驗（最佳表現），過程中蒐集功率數據（如果可以，也一併蒐集配速與心率數據）。花10-15分鐘緩和收操。 *根據第4章的說明進行這項測驗，估測你的rFTPw和rFTPa。現在你應該可以看到3/9測驗與30分鐘測驗彼此間的正向關係。為避免在其餘的練習中採用30分鐘測驗，把重點放在3/9測驗。* **當天第二次練跑**：區間一至二輕鬆跑
週六 時間：0	**休息日**：今天要認真著重在恢復：（1）盡可能讓雙腿休息；（2）密切注意營養攝取（健康的碳水化合物、精瘦蛋白質、好脂肪）；（3）伸展；（4）口渴就喝水。其他常見幫助恢復的做法，包括按摩、小睡片刻、抬腿、讓身體在水中漂浮、聽音樂。
週日 時間：1:30 時間：0:30	**突破跑步法**：先用區間一至二的強度跑10-15分鐘，接著逐步提高配速，加強到介於舒適和不適的程度。檢視你的功率區間，有可能會是區間三至四。維持在這個區間，同時想辦法再跑得更快。試著突破這個舒適圈，努力加快的同時，不要增加輸出的瓦特。這是要練習用技術維持或提升速度。注意你的節奏、步頻、姿勢前傾、腳輕輕著地、放鬆、眼睛和頭部位置。最後10分鐘在區間一至二輕鬆跑。 **當天第二次練跑**：區間一至二輕鬆跑

總時間：6:40

第五週：40分鐘以下10公里訓練計畫，14週特定準備期

週一 時間：0:40	輕鬆跑／走：在區間一至二輕鬆跑40分鐘，用區間二強度跑6分鐘，接著用區間一強度走1分鐘，在整段期間循環重複。 *這7分鐘為單位的練習，無法平均分配在40分鐘內，最後一段會是跑步。完成後再走個幾分鐘。*
週二 時間：1:00	法特萊克間歇跑：衝刺搭配練習。認真暖身15分鐘，從區間一至二逐步增強到區間三至五。在一段起伏的場地，花1-2分鐘提升到比5公里配速（區間六至七）還要快的速度，衝刺間搭配區間一至二強度進行恢復，休息長度依個人需求而定。注意跑姿和步頻！用最後10分鐘收操，以區間一的強度跑或走。
週三 時間：1:00 時間：0:30	突破跑步步法：先用區間一至二的強度跑10-15分鐘，接著逐步提高配速，加強到介於舒適和不適的程度。檢視你的功率區間，有可能會是區間三至四。維持在這個區間，同時想辦法再跑得更快。試著突破這個舒適圈，努力加快的同時，不要增加輸出的瓦特。這是要練習用技術維持或提升速度。注意你的節奏、步頻、姿勢前傾、腳輕輕著地、放鬆、眼睛和頭部位置。最後10分鐘在區間一至二輕鬆跑。 **當天第二次練跑：區間一至二輕鬆跑**
週四 時間：0:40	輕鬆跑／走：在區間一至二輕鬆跑40分鐘，用區間二強度跑6分鐘，接著用區間一強度走1分鐘，在整段期間循環重複。 *這7分鐘為單位的練習，無法平均分配在40分鐘內，最後一段會是跑步。完成後再走個幾分鐘。*
週五 時間：1:10 時間：0:30	8×800公尺練習：認真暖身15分鐘，從區間一至二的強度，逐漸增強到區間三至五。接著在跑道上用10公里賽事目標配速，進行8×800公尺的練習，間隔為2分鐘。在過程中監測你的功率區間。應該會落在區間五，部分出現在區間六。隨著體力不支，愈到後面可能會愈常出現在區間六的強度。如果你整段過程強度都落在區間六至七，重新檢視你的目標配速是否合理，或者rFTPw是否過低。最後用區間一至二強度輕鬆跑和走路，花15分鐘收操。 *若你無法在跑道上練習，改在一般道路上進行間歇跑，利用GPS設定0.8公里／0.5英里。* **當天第二次練跑：區間一至二輕鬆跑**
週六 時間：1:30 時間：0:30	6×1英里練習：認真暖身15分鐘，從區間一至二強度逐漸增強至區間三至五。在平坦場地上用區間四強度做6×1英里（或1.6公里）練習。強度不要超過區間四。維持在此區間，中間穿插3分鐘的恢復跑，強度在區間一至二。用區間二強度跑，區間一強度走，進行緩和收操15分鐘。 **當天第二次練跑：區間一至二輕鬆跑**
週日 時間：1:30	輕鬆跑／走：在區間一至二跑，用區間二強度跑9分鐘，接著用區間一強度走1分鐘，在整段期間循環重複。

總時間：9:00

第六週：40分鐘以下10公里訓練計畫，14週特定準備期

週一 時間：0:40	**輕鬆跑／走**：在區間一至二輕鬆跑40分鐘，用區間二強度跑6分鐘，接著用區間一強度走1分鐘，在整段期間循環重複。 *這7分鐘為單位的練習，無法平均分配在40分鐘內，最後一段會是跑步。完成後再走個幾分鐘。*
週二 時間：1:10	**4×1英里練習**：認真暖身15分鐘，從區間一至二逐漸增強至區間三至五。在平坦場地用區間四進行4×1英里（或1.6公里）的練習。強度不要超過區間四。維持在此區間，中間搭配3分鐘恢復跑，強度落在區間一至二。用區間二強度跑，區間一強度走，進行緩和收操15分鐘。
週三 時間：1:00	**突破跑步法**：先用區間一至二的強度跑10-15分鐘，接著逐步提高配速，加強到介於舒適和不適的程度。檢視你的功率區間，有可能會是區間三至四。維持在這個區間，同時想辦法再跑得更快。試著突破這個舒適圈，努力加快的同時，不要增加輸出的瓦特。這是要練習用技術維持或提升速度。注意你的節奏、步頻、姿勢前傾、腳輕輕著地、放鬆、眼睛和頭部位置。最後10分鐘在區間一至二輕鬆跑。
時間：0:30	**當天第二次練跑**：區間一至二輕鬆跑
週四 時間：1:10	**最大攝氧量間歇跑**：暖身約15分鐘，從區間一至二的強度，逐漸增強到區間三至五。接著用你的5公里賽事目標配速，做6×3分鐘的練習。記下你用此配速跑的功率區間。試著變得更有效率，在跑步的時候讓每瓦特產生更多速度。接著3分鐘間歇休息：用功率區間一強度走1分鐘，再用區間二強度輕鬆跑2分鐘。之後花15分鐘用區間一至二的強度進行收操。 *可依個人偏好改在跑道上做6×800公尺的練習。*
時間：0:30	**當天第二次練跑**：區間一至二輕鬆跑
週五 時間：0	**休息日**：今天要認真著重在恢復：（1）盡可能讓雙腿休息；（2）密切注意營養攝取（健康的碳水化合物、精瘦蛋白質、好脂肪）；（3）伸展；（4）口渴就喝水。其他常見幫助恢復的做法，包括按摩、小睡片刻、抬腿、讓身體在水中漂浮、聽音樂。
週六 時間：1:20	**10×800公尺練習**：認真暖身15分鐘，從區間一至二的強度，逐漸增強到區間三至五。接著在跑道上用10公里賽事目標配速，進行10×800公尺的練習，間隔為2分鐘。在過程中監測你的功率區間。應該會落在區間五，部分出現在區間六。隨著體力不支，愈到後面可能會愈常出現在區間六的強度。如果你整段過程強度都落在區間七，重新檢視你的目標配速是否合理，或者rFTPw是否過低。最後用區間一至二強度輕鬆跑和走路，花15分鐘收操。 *若你無法在跑道上練習，改在一般道路上進行間歇跑，利用GPS設定0.8公里／0.5英里。*
時間：0:30	**當天第二次練跑**：區間一至二輕鬆跑
週日 時間：1:45	**輕鬆跑／走**：在區間一至二跑，用區間二強度跑9分鐘，接著用區間一強度走1分鐘，在整段期間循環重複。 *跑步與走路的比例無法均分，最後一段會是跑步。完成後再走個幾分鐘。*
時間：0:30	**當天第二次練跑**：區間一至二輕鬆跑

總時間：9:05

第七週：40分鐘以下10公里訓練計畫，14週特定準備期

週一 時間：0:40	**輕鬆跑／走**：在區間一至二輕鬆跑40分鐘，用區間二強度跑4分鐘，接著用區間一強度走1分鐘，在整段期間循環重複。
週二 時間：1:10	**4×1英里練習**：認真暖身15分鐘，從區間一至二逐漸增強至區間三至五。在平坦場地上，用區間五進行4×1英里（或1.6公里）練習。不要超過區間五。維持在此區間，中間搭配3分鐘恢復跑，強度在區間一至二。最後用區間二強度跑，及區間一的強度走路，進行緩和收操15分鐘。
週三 時間：0:40	**輕鬆跑／走**：在區間一至二輕鬆跑40分鐘，用區間二強度跑4分鐘，接著用區間一強度走1分鐘，在整段期間循環重複。
週四 時間：1:20 時間：0:30	**目標配速跑**：認真暖身15分鐘，從區間一至二強度逐漸增強到區間三至五。接著在跑道或平坦道路上，用10公里賽事目標配速進行4×2公里練習，中間搭配3分鐘恢復休息。你的瓦特輸出強度應該會在區間五，可能部分出現在區間六。最後用區間二強度跑步、區間一強度走路，進行15分鐘收操。 *這段訓練結束後，用目標配速／強度估測你的EI。* **當天第二次練跑**：區間一至二輕鬆跑
週五 時間：0:40	**輕鬆跑／走**：在區間一至二輕鬆跑40分鐘，用區間二強度跑4分鐘，接著用區間一強度走1分鐘，在整段期間循環重複。
週六 時間：1:00 時間：0:30	**12×400公尺練習**：認真暖身15分鐘，從區間一至二的強度，逐漸增強到區間三至五。接著在跑道上用10公里賽事目標配速，進行12×400公尺的練習，間隔為2分鐘。也就是說，每2分鐘跑一次400公尺，所以你會有2分鐘用比賽配速跑400公尺，並休息，接著再開始下一次400公尺。所以如果你用90秒跑完400公尺，會有30秒可以休息。在過程中監測你的功率區間。應該會落在區間五，部分出現在區間六。隨著體力不支，愈到後面可能會常出現在區間六的強度。如果你整段過程強度都落在區間六至七，重新檢視你的目標配速是否合理，或者rFTPw是否過低。最後用區間一至二強度輕鬆跑和走路，花15分鐘收操。 *若你無法在跑道上練習，改在一般道路上進行間歇跑，利用GPS設定0.4公里／0.25英里。* **當天第二次練跑**：區間一至二輕鬆跑
週日 時間：1:45 時間：0:30	**輕鬆跑／走**：在區間一至二輕鬆跑，用區間二強度跑9分鐘，接著用區間一強度走1分鐘，在整段期間循環重複。 *跑步與走路的比例無法完全均分，最後一段會是跑步。完成後再走個幾分鐘。* **當天第二次練跑**：區間一至二輕鬆跑

總時間：8:45

第八週：40分鐘以下10公里訓練計畫，14週特定準備期

週一 時間：0	**休息日**：今天要認真著重在恢復：（1）盡可能讓雙腿休息；（2）密切注意營養攝取（健康的碳水化合物、精瘦蛋白質、好脂肪）；（3）伸展；（4）口渴就喝水。其他常見幫助恢復的做法，包括按摩、小睡片刻、抬腿、著壓力衣。
週二 時間：0:40	**輕鬆跑／走**：在區間一至二輕鬆跑40分鐘，用區間二強度跑4分鐘，接著用區間一強度走1分鐘，在整段期間循環重複。
週三 時間：1:10 時間：0:30	**3/9分鐘Stryd測驗**：暖身15分鐘，為最後強度較強的部分做準備；用全力跑3分鐘的間歇練習；接著進行恢復，先走5分鐘、輕鬆跑10分鐘、走5分鐘、輕鬆跑5分鐘、再走5分鐘（共30分鐘）；用全力跑9分鐘的間歇練習；緩和收操10-15分鐘。 *根據第4章的說明進行這項測驗，估測你的rFTPw和rFTPa。* **當天第二次練跑**：區間一至二輕鬆跑
週四 時間：0:40	**輕鬆跑／走**：在區間一至二輕鬆跑40分鐘，用區間二強度跑4分鐘，接著用區間一強度走1分鐘，在整段期間循環重複。
週五 時間：1:00 時間：0:30	**突破跑步法**：先用區間一至二的強度跑10-15分鐘，接著逐步提高配速，加強到介於舒適和不適的程度。檢視你的功率區間，有可能會是區間三至四。維持在這個區間，同時想辦法再跑得更快。試著突破這個舒適圈，努力加快的同時，不要增加輸出的瓦特。這是要練習用技術維持或提升速度。注意你的節奏、步頻、姿勢前傾、腳輕輕著地、放鬆、眼睛和頭部位置。最後10分鐘在區間一至二輕鬆跑。 **當天第二次練跑**：區間一至二輕鬆跑
週六 時間：1:20 時間：0:30	**法特萊克間歇跑**：衝刺搭配練習。認真暖身15分鐘，從區間一至二逐步增強到區間三至五。在一段起伏的場地，花1-2分鐘提升到比5公里配速（區間六至七）還要快的速度，衝刺間搭配區間一至二強度進行恢復，休息長度依個人需求而定。注意跑姿和步頻！用最後10分鐘收操，以區間一的強度跑或走。 **當天第二次練跑**：區間一至二輕鬆跑
週日 時間：1:45 時間：0:30	**突破跑步法**：先用區間一至二的強度跑10-15分鐘，接著逐步提高配速，加強到介於舒適和不適的程度。檢視你的功率區間，有可能會是區間三至四。維持在這個區間，同時想辦法再跑得更快。試著突破這個舒適圈，努力加快的同時，不要增加輸出的瓦特。這是要練習用技術維持或提升速度。注意你的節奏、步頻、姿勢前傾、腳輕輕著地、放鬆、眼睛和頭部位置。最後10分鐘在區間一至二輕鬆跑。 **當天第二次練跑**：區間一至二輕鬆跑

總時間：8:35

第九週：40分鐘以下10公里訓練計畫，14週特定準備期	
週一 時間：0	**休息日：**今天要認真著重在恢復：（1）盡可能讓雙腿休息；（2）密切注意營養攝取（健康的碳水化合物、精瘦蛋白質、好脂肪）；（3）伸展；（4）口渴就喝水。其他常見幫助恢復的做法，包括按摩、小睡片刻、抬腿、讓身體在水中漂浮、聽音樂。
週二 時間：1:00 時間：0:30	**法特萊克間歇跑：**衝刺搭配練習。認真暖身15分鐘，從區間一至二逐步增強到區間三至五。在一段起伏的場地，花1-2分鐘提升到比5公里配速（區間六至七）還要快的速度，衝刺間搭配區間一至二強度進行恢復，休息長度依個人需求而定。注意跑姿和步頻！用最後10分鐘收操，以區間一的強度跑或走。 **當天第二次練跑：**區間一至二輕鬆跑
週三 時間：0:40	**輕鬆跑／走：**在區間一至二輕鬆跑40分鐘，用區間二強度跑4分鐘，接著用區間一強度走1分鐘，在整段期間循環重複。
週四 時間：1:20 時間：0:30	**目標配速跑：**認真暖身15分鐘，從區間一至二強度逐漸增強到區間三至五。接著在跑道或平坦道路上，用10公里賽事目標配速進行4×2公里練習，中間搭配3分鐘恢復休息。你的瓦特輸出強度應該會在區間五，可能部分出現在區間六。最後用區間二強度跑步、區間一強度走路，進行15分鐘收操。 *完成後，用目標配速／強度估測你的EI。* **當天第二次練跑：**區間一至二輕鬆跑
週五 時間：0:40	**輕鬆跑／走：**在區間一至二輕鬆跑40分鐘，用區間二強度跑4分鐘，接著用區間一強度走1分鐘，在整段期間循環重複。
週六 時間：1:20 時間：0:30	**16×400公尺練習：**認真暖身15分鐘，從區間一至二的強度，逐漸增強到區間三至五。接著在跑道上用10公里賽事目標配速，進行16×400公尺的練習，間隔為2分鐘。也就是說，每2分鐘跑一次400公尺，所以你會有2分鐘用比賽配速跑400公尺，並休息，接著再開始下一次400公尺。所以如果你用90秒跑完400公尺，會有30秒可以休息。在過程中監測你的功率區間。應該會落在區間五，部分出現在區間六。隨著體力不支，愈到後面可能會愈常出現在區間六的強度。如果你整段過程強度都落在區間六至七，重新檢視你的目標配速是否合理，或者rFTPw是否過低。最後用區間一至二強度輕鬆跑和走路，花15分鐘收操。 *若你無法在跑道上練習，改在一般道路上進行間歇跑，利用GPS設定0.4公里／0.25英里。* **當天第二次練跑：**區間一至二輕鬆跑
週日 時間：1:45 時間：0:30	**突破跑步法：**先用區間一至二的強度跑10-15分鐘，接著逐步提高配速，加強到介於舒適和不適的程度。檢視你的功率區間，有可能會是區間三至四。維持在這個區間，同時想辦法再跑得更快。試著突破這個舒適圈，努力加快的同時，不要增加輸出的瓦特。這是要練習用技術維持或提升速度。注意你的節奏、步頻、姿勢前傾、腳輕輕著地、放鬆、眼睛和頭部位置。最後10分鐘在區間一至二輕鬆跑。 **當天第二次練跑：**區間一至二輕鬆跑

總時間：8:45

第十週：40分鐘以下10公里訓練計畫，14週特定準備期

週一 時間：0	**休息日：**今天要認真著重在恢復：（1）盡可能讓雙腿休息；（2）密切注意營養攝取（健康的碳水化合物、精瘦蛋白質、好脂肪）；（3）伸展；（4）口渴就喝水。其他常見幫助恢復的做法，包括按摩、小睡片刻、抬腿、讓身體在水中漂浮、聽音樂。
週二 時間：1:00 時間：0:30	**法特萊克間歇跑：**衝刺搭配練習。認真暖身15分鐘，從區間一至二逐步增強到區間三至五。在一段起伏的場地，花1-2分鐘提升到比5公里配速（區間六至七）還要快的速度，衝刺間搭配區間一至二強度進行恢復，休息長度依個人需求而定。注意跑姿和步頻！用最後10分鐘收操，以區間一的強度跑或走。 **當天第二次練跑：**區間一至二輕鬆跑
週三 時間：0:40	**輕鬆跑／走：**在區間一至二輕鬆跑40分鐘，用區間二強度跑4分鐘，接著用區間一強度走1分鐘，在整段期間循環重複。
週四 時間：1:10 時間：0:30	**目標配速跑：**認真暖身15分鐘，從區間一至二強度逐漸增強到區間三至五。接著在跑道或平坦道路上，用10公里賽事目標配速進行4×2公里練習，中間搭配3分鐘恢復休息。你的瓦特輸出強度應該會在區間五，可能部分出現在區間六。最後用區間二強度跑步、區間一強度走路，進行15分鐘收操。 *完成後，用目標配速／強度估測你的EI。* **當天第二次練跑：**區間一至二輕鬆跑
週五 時間：0:40	**輕鬆跑／走：**在區間一至二跑40分鐘，用區間二強度跑4分鐘，接著用區間一強度走1分鐘，在整段期間循環重複。
週六 時間：1:20 時間：0:30	**18×400公尺練習：**認真暖身15分鐘，從區間一至二的強度，逐漸增強到區間三至五。接著在跑道上用10公里賽事目標配速，進行18×400公尺的練習，間隔為2分鐘。也就是說，每2分鐘跑一次400公尺，所以你會有2分鐘用比賽配速跑400公尺，並休息，接著再開始下一次400公尺。所以如果你用90秒跑完400公尺，會有30秒可以休息。在過程中監測你的功率區間。應該會落在區間五，部分出現在區間六。隨著體力不支，愈到後面可能會愈常出現在區間六的強度。如果你整段過程強度都落在區間六至七，重新檢視你的目標配速是否合理，或者rFTPw是否過低。最後用區間一至二強度輕鬆跑和走路，花15分鐘收操。 *若你無法在跑道上練習，改在一般道路上進行間歇跑，利用GPS設定0.4公里／0.25英里。* **當天第二次練跑：**區間一至二輕鬆跑
週日 時間：2:00 時間：0:30	**突破跑步法：**先用區間一至二的強度跑10-15分鐘，接著逐步提高配速，加強到介於舒適和不適的程度。檢視你的功率區間，有可能會是區間三至四。維持在這個區間，同時想辦法再跑得更快。試著突破這個舒適圈，努力加快的同時，不要增加輸出的瓦特。這是要練習用技術維持或提升速度。注意你的節奏、步頻、姿勢前傾、腳輕輕著地、放鬆、眼睛和頭部位置。最後10分鐘在區間一至二輕鬆跑。 **當天第二次練跑：**區間一至二輕鬆跑

總時間：8:50

第十一週：40分鐘以下10公里訓練計畫，14週特定準備期	
週一 時間：0	**休息日**：今天要認真著重在恢復：（1）盡可能讓雙腿休息；（2）密切注意營養攝取（健康的碳水化合物、精瘦蛋白質、好脂肪）；（3）伸展；（4）口渴就喝水。其他常見幫助恢復的做法，包括按摩、小睡片刻、抬腿、讓身體在水中漂浮、聽音樂。
週二 時間：1:00 時間：0:30	**法特萊克間歇跑**：衝刺搭配練習。認真暖身15分鐘，從區間一至二逐步增強到區間三至五。在一段起伏的場地，花1-2分鐘提升到比五5公里配速（區間六至七）還要快的速度，衝刺間搭配區間一至二強度進行恢復，休息長度依個人需求而定。注意跑姿和步頻！用最後10分鐘收操，以區間一的強度跑或走。 **當天第二次練跑**：區間一至二輕鬆跑
週三 時間：0:40	**輕鬆跑／走**：在區間一至二跑40分鐘，用區間二強度跑4分鐘，接著用區間一強度走1分鐘，在整段期間循環重複。
週四 時間：1:20 時間：0:30	**目標配速跑**：認真暖身15分鐘，從區間一至二強度逐漸增強到區間三至五。接著在跑道或平坦道路上，用10公里賽事目標配速進行4×2公里練習，中間搭配3分鐘恢復休息。你的瓦特輸出強度應該會在區間五，可能部分出現在區間六。最後用區間二強度跑步、區間一強度走路，進行15分鐘收操。 *完成後，用目標配速／強度估測你的EI。* **當天第二次練跑**：區間一至二輕鬆跑
週五 時間：0:40	**輕鬆跑／走**：在區間一至二跑40分鐘，用區間二強度跑4分鐘，接著用區間一強度走1分鐘，在整段期間循環重複。
週六 時間：1:30 時間：0:30	**20×400公尺練習**：認真暖身15分鐘，從區間一至二的強度，逐漸增強到區間三至五。接著在跑道上用10公里賽事目標配速，進行20×400公尺的練習，間隔為2分鐘。也就是說，每2分鐘跑一次400公尺，所以你會有2分鐘用比賽配速跑400公尺，並休息，接著再開始下一次400公尺。所以如果你用90秒跑完400公尺，會有30秒可以休息。在過程中監測你的功率區間。應該會落在區間五，部分出現在區間六。隨著體力不支，愈到後面可能會愈常出現在區間六的強度。如果你整段過程強度都落在區間六至七，重新檢視你的目標配速是否合理，或者rFTPw是否過低。最後用區間一至二強度輕鬆跑和走路，花15分鐘收操。 *若你無法在跑道上練習，改在一般道路上進行間歇跑，利用GPS設定0.4公里／0.25英里。* **當天第二次練跑**：區間一至二輕鬆跑
週日 時間：2:00 時間：0:30	**突破跑步法**：先用區間一至二的強度跑10-15分鐘，接著逐步提高配速，加強到介於舒適和不適的程度。檢視你的功率區間，有可能會是區間三至四。維持在這個區間，同時想辦法再跑得更快。試著突破這個舒適圈，努力加快的同時，不要增加輸出的瓦特。這是要練習用技術維持或提升速度。注意你的節奏、步頻、姿勢前傾、腳輕輕著地、放鬆、眼睛和頭部位置。最後10分鐘在區間一至二輕鬆跑。 **當天第二次練跑**：區間一至二輕鬆跑

總時間：9:10

第十二週：40分鐘以下10公里訓練計畫，14週特定準備期

週一 時間：0	**休息日**：今天要認真著重在恢復：（1）盡可能讓雙腿休息；（2）密切注意營養攝取（健康的碳水化合物、精瘦蛋白質、好脂肪）；（3）伸展；（4）口渴就喝水。其他常見幫助恢復的做法，包括按摩、小睡片刻、抬腿、讓身體在水中漂浮、聽音樂。
週二 時間：0:40	**輕鬆跑／走**：在區間一至二跑40分鐘，用區間二強度跑4分鐘，接著用區間一強度走1分鐘，在整段期間循環重複。
週三 時間：1:10 時間：0:30	**3/9分鐘Stryd測驗**：暖身15分鐘，為最後強度較強的部分做準備；用全力跑3分鐘的間歇練習；接著進行恢復，先走5分鐘、輕鬆跑10分鐘、走5分鐘、輕鬆跑5分鐘、再走5分鐘（共30分鐘）；用全力跑9分鐘的間歇練習；緩和收操10-15分鐘。 *根據第4章的說明進行這項測驗，估測你的rFTPw和rFTPa。* **當天第二次練跑**：區間一至二輕鬆跑
週四 時間：0:40	**輕鬆跑／走**：在區間一至二跑40分鐘，用區間二強度跑4分鐘，接著用區間一強度走1分鐘，在整段期間循環重複。
週五 時間：1:00	**突破跑步法**：先用區間一至二的強度跑10-15分鐘，接著逐步提高配速，加強到介於舒適和不適的程度。檢視你的功率區間，有可能會是區間三至四。維持在這個區間，同時想辦法再跑得更快。試著突破這個舒適圈，努力加快的同時，不要增加輸出的瓦特。這是要練習用技術維持或提升速度。注意你的節奏、步頻、姿勢前傾、腳輕輕著地、放鬆、眼睛和頭部位置。最後10分鐘在區間一至二輕鬆跑。
週六 時間：1:00 時間：0:30	**法特萊克間歇跑**：衝刺搭配練習。認真暖身15分鐘，從區間一至二逐步增強到區間三至五。在一段起伏的場地，花1-2分鐘提升到比5公里配速（區間六至七）還要快的速度，衝刺間搭配區間一至二強度進行恢復，休息長度依個人需求而定。注意跑姿和步頻！用最後10分鐘收操，以區間一的強度跑或走。 **當天第二次練跑**：區間一至二輕鬆跑
週日 時間：0	**休息日**：今天要認真著重在恢復：（1）盡可能讓雙腿休息；（2）密切注意營養攝取（健康的碳水化合物、精瘦蛋白質、好脂肪）；（3）伸展；（4）口渴就喝水。其他常見幫助恢復的做法，包括按摩、小睡片刻、抬腿、著壓力衣。

總時間：5:30

第十三週：40分鐘以下10公里訓練計畫，14週特定準備期

週一 時間：1:20	**目標配速跑**：認真暖身15分鐘，從區間一至二強度逐漸增強到區間三至五。接著在跑道或平坦道路上，用10公里賽事目標配速進行4×2公里練習，中間搭配3分鐘恢復休息。你的瓦特輸出強度應該會在區間五，可能部分出現在區間六。最後用區間二強度跑步、區間一強度走路，進行15分鐘收操。 *完成後，用目標配速／強度估測你的EI。*
週二 時間：0:40 時間：0:30	**輕鬆跑／走**：在區間一至二跑40分鐘，用區間二強度跑4分鐘，接著用區間一強度走1分鐘，在整段期間循環重複。 **當天第二次練跑**：區間一至二輕鬆跑
週三 時間：1:00	**法特萊克間歇跑**：衝刺搭配練習。認真暖身15分鐘，從區間一至二逐步增強到區間三至五。在一段起伏的場地，花1-2分鐘提升到比5公里配速（區間六至七）還要快的速度，衝刺間搭配區間一至二強度進行恢復，休息長度依個人需求而定。注意跑姿和步頻！用最後10分鐘收操，以區間一的強度跑或走。
週四 時間：0:40 時間：0:30	**輕鬆跑／走**：在區間一至二跑40分鐘，用區間二強度跑4分鐘，接著用區間一強度走1分鐘，在整段期間循環重複。 **當天第二次練跑**：區間一至二輕鬆跑
週五 時間：0	**休息日**：今天要認真著重在恢復：（1）盡可能讓雙腿休息；（2）密切注意營養攝取（健康的碳水化合物、精瘦蛋白質、好脂肪）；（3）伸展；（4）口渴就喝水。其他常見幫助恢復的做法，包括按摩、小睡片刻、抬腿、著壓力衣。
週六 時間：1:00 時間：0:30	**12×400公尺練習**：認真暖身15分鐘，從區間一至二的強度，逐漸增強到區間三至五。接著在跑道上用10公里賽事目標配速，進行12×400公尺的練習，間隔為2分鐘。也就是説，每2分鐘跑一次400公尺，所以你會有2分鐘用比賽配速跑400公尺，並休息，接著再開始下一次400公尺。所以如果你用90秒跑完400公尺，會有30秒可以休息。在過程中監測你的功率區間。應該會落在區間五，部分出現在區間六。隨著體力不支，愈到後面可能會愈常出現在區間六的強度。如果你整段過程強度都落在區間六至七，重新檢視你的目標配速是否合理，或者rFTPw是否過低。最後用區間一至二強度輕鬆跑和走路，花15分鐘收操。 *若你無法在跑道上練習，改在一般道路上進行間歇跑，利用GPS設定0.4公里／0.25英里。* **當天第二次練跑**：區間一至二輕鬆跑
週日 時間：0:40	**輕鬆跑／走**：在區間一至二跑40分鐘，用區間二強度跑4分鐘，接著用區間一強度走1分鐘，在整段期間循環重複。

總時間：6:50

第十四週：40分鐘以下10公里訓練計畫，14週特定準備期

週一 時間：0	休息日：今天要認真著重在恢復：（1）盡可能讓雙腿休息；（2）密切注意營養攝取（健康的碳水化合物、精瘦蛋白質、好脂肪）；（3）伸展；（4）口渴就喝水。其他常見幫助恢復的做法，包括按摩、小睡片刻、抬腿、著壓力衣。
週二 時間：0:40	5×2分鐘練習／區間四至六：15分鐘暖身跑，接著做5×2分鐘練習，頭1分鐘以區間四強度開始，最後1分鐘增強至區間五至六，搭配2分鐘輕鬆恢復跑。最後以區間一至二緩和收操，將整段練習做滿40分鐘。
週三 時間：0:40 時間：0:30	輕鬆跑／走：在區間一至二跑40分鐘，用區間二強度跑4分鐘，接著用區間一強度走1分鐘，在整段期間循環重複。 當天第二次練跑：區間一至二輕鬆
週四 時間：0:30	衝刺搭配練習：第一部分輕鬆跑，接著用區間六至七的強度做5-7×7秒鐘的衝刺，中間搭配較長的恢復時間，並在過程中速度逐漸加快。專注在前腳掌落地、快速步頻、微微前傾、流暢的動作，動作自然不刻意勉強。
週五 時間：0:20	場地勘查：跑賽道一開始與結束的部分。過程中注意地標，練習幾次加速到比賽配速，其他時間都用區間一強度練習。
週六	10公里賽事

總時間：2:40

第一週：1:20以下半馬訓練計畫，14週特定準備期	
週一 時間：1:10	**3/9分鐘Stryd測驗**：暖身15分鐘，為最後強度較強的部分做準備；用全力跑3分鐘的間歇練習；接著進行恢復，先走5分鐘、輕鬆跑10分鐘、走5分鐘、輕鬆跑5分鐘、再走5分鐘（共30分鐘）；用全力跑9分鐘的間歇練習；緩和收操10-15分鐘。 *根據第4章的說明進行這項測驗，估測你的rFTPw和rFTPa。*
週二 時間：0:40	**輕鬆跑／走**：在區間一至二跑40分鐘，用區間二強度跑4分鐘，接著用區間一強度走1分鐘，在整段期間循環重複。
週三 時間：0:40	**輕鬆跑／走**：在區間一至二跑40分鐘，用區間二強度跑4分鐘，接著用區間一強度走1分鐘，在整段期間循環重複。
週四 時間：1:00	**30分鐘測驗**：暖身15分鐘，為最後強度較強的部分做準備。先在平坦道路或跑道上進行30分鐘測驗（最佳表現），過程中蒐集功率數據（如果可以，也一併蒐集配速與心率數據）。花10-15分鐘緩和收操。 *根據第4章的說明進行這項測驗，估測你的rFTPw和rFTPa。*
週五 時間：0:40 時間：0:30	**輕鬆跑／走**：在區間一至二跑40分鐘，用區間二強度跑4分鐘，接著用區間一強度走1分鐘，在整段期間循環重複。 **當天第二次練跑**：區間一至二輕鬆跑
週六 時間：0	**休息日**：今天要認真著重在恢復：（1）盡可能讓雙腿休息；（2）密切注意營養攝取（健康的碳水化合物、精瘦蛋白質、好脂肪）；（3）伸展；（4）口渴就喝水。其他常見幫助恢復的做法，包括按摩、小睡片刻、抬腿、讓身體在水中漂浮、著壓力衣。
週日 時間：1:00 時間：0:30	**輕鬆跑／走**：在區間一至二跑40分鐘，用區間二強度跑5分鐘，接著用區間一強度走1分鐘，在整段期間循環重複。 **當天第二次練跑**：區間一至二輕鬆跑

總時間：6:10

第二週：1:20以下半馬訓練計畫，14週特定準備期

週一 時間：1:10	**長間歇跑**：暖身15分鐘，在過程中建立強度，從區間一開始，最後1分鐘落在區間四至五。接著做4×8分鐘練習，強度在區間三至四（2分鐘恢復休息）。監測配速，在同樣功率輸出下，試著變得更快。最後用區間一至二強度收操15分鐘。
週二 時間：0:40	**輕鬆跑／走**：在區間一至二跑40分鐘，用區間二強度跑4分鐘，接著用區間一強度走1分鐘，在整段期間循環重複。
週三 時間：1:00 時間：0:30	**長間歇跑**：暖身15分鐘，在過程中建立強度，從區間一開始，最後1分鐘落在區間四至五。接著做3×8分鐘練習，強度在區間五至六（3分鐘恢復休息）。監測配速，在同樣功率輸出下，試著變得更快。最後用區間一至二強度收操15分鐘。 **當天第二次練跑**：區間一至二輕鬆跑
週四 時間：0:40	**輕鬆跑／走**：在區間一至二輕鬆跑40分鐘，用區間二強度跑4分鐘，接著用區間一強度走1分鐘，在整段期間循環重複。
週五 時間：1:00 時間：0:30	**突破跑步法**：先用區間一至二的強度跑10-15分鐘，接著逐步提高配速，加強到介於舒適和不適的程度。檢視你的功率區間，有可能會是區間三至四。維持在這個區間，同時想辦法再跑得更快。試著突破這個舒適圈，努力加快的同時，不要增加輸出的瓦特。這是要練習用技術維持或提升速度。注意你的節奏、步頻、姿勢前傾、腳輕輕著地、放鬆、眼睛和頭部位置。最後10分鐘在區間一至二輕鬆跑。 **當天第二次練跑**：區間一至二輕鬆跑
週六 時間：1:10	**長間歇跑**：暖身15分鐘，在過程中建立強度，從區間一開始，最後1分鐘落在區間四至五。接著做5×6分鐘練習，強度在區間五（2分鐘恢復休息）。監測配速，在同樣功率輸出下，試著變得更快。最後用區間一至二強度收操15分鐘。
週日 時間：1:15 時間：0:30	**輕鬆跑／走**：在區間一至二跑，用區間二強度跑5分鐘，接著用區間一強度走1分鐘，在整段期間循環重複。 *跑步與走路的比例無法平均分配在整段時間中，最後一段會是跑步。完成後再走個幾分鐘。* **當天第二次練跑**：區間一至二輕鬆跑

總時間：8:25

第三週：1:20以下半馬訓練計畫，14週特定準備期

週一 時間：0:40	輕鬆跑／走：在區間一至二輕鬆跑40分鐘，用區間二強度跑4分鐘，接著用區間一強度走1分鐘，在整段期間循環重複。
週二 時間：1:00	目標配速節奏跑：認真暖身15分鐘，最後1分鐘增強至區間四的強度。在過程中以區間五強度進行幾次衝刺練習，每次約10-15秒。休息幾分鐘。接著用半馬的目標配速，在區間四至五進行30分鐘節奏跑，場地選在類似比賽的場地。最後在區間一至二慢跑和走路，收操15分鐘。
週三 時間：0:40 時間：0:30	輕鬆跑／走：在區間一至二輕鬆跑40分鐘，用區間二強度跑4分鐘，接著用區間一強度走1分鐘，在整段期間循環重複。 當天第二次練跑：區間一至二輕鬆跑
週四 時間：1:00 時間：0:30	法特萊克間歇跑：衝刺搭配練習。認真暖身15分鐘，從區間一至二逐步增強到區間三至五。在一段起伏的場地，花1-2分鐘提升到比5公里配速（區間六至七）還要快的速度，衝刺間搭配區間一至二強度進行恢復，休息長度依個人需求而定。注意跑姿和步頻！用最後10分鐘收操，以區間一的強度跑或走。 當天第二次練跑：區間一至二輕鬆跑
週五 時間：1:00	突破跑步法：先用區間一至二的強度跑10-15分鐘，接著逐步提高配速，加強到介於舒適和不適的程度。檢視你的功率區間，有可能會是區間三至四。維持在這個區間，同時想辦法再跑得更快。試著突破這個舒適圈，努力加快的同時，不要增加輸出的瓦特。這是要練習用技術維持或提升速度。注意你的節奏、步頻、姿勢前傾、腳輕輕著地、放鬆、眼睛和頭部位置。最後10分鐘在區間一至二輕鬆跑。
週六 時間：1:30 時間：0:30	輕鬆跑／走：在區間一至二跑，用區間二強度跑9分鐘，接著用區間一強度走1分鐘，在整段期間循環重複。 當天第二次練跑：區間一至二輕鬆跑
週日 時間：0	休息日：今天要認真著重在恢復：（1）盡可能讓雙腿休息；（2）密切注意營養攝取（健康的碳水化合物、精瘦蛋白質、好脂肪）；（3）伸展；（4）口渴就喝水。其他常見幫助恢復的做法，包括按摩、小睡片刻、抬腿、著壓力衣。

總時間：7:20

第四週：1:20以下半馬訓練計畫，14週特定準備期

週一 時間：0:40	輕鬆跑／走：在區間一至二跑40分鐘，用區間二強度跑4分鐘，接著用區間一強度走1分鐘，在整段期間循環重複。
週二 時間：1:10	3/9分鐘Stryd測驗：暖身15分鐘，為最後強度較強的部分做準備；用全力跑3分鐘的間歇練習；接著進行恢復，先走5分鐘、輕鬆跑10分鐘、走5分鐘、輕鬆跑5分鐘、再走5分鐘（共30分鐘）；用全力跑9分鐘的間歇練習；緩和收操10-15分鐘。 *根據第4章的說明，進行這項測驗，估測你的rFTPw和rFTPa。*
週三 時間：0:40	輕鬆跑／走：在區間一至二跑40分鐘，用區間二強度跑4分鐘，接著用區間一強度走1分鐘，在整段期間循環重複。
週四 時間：0:40	輕鬆跑／走：在區間一至二跑40分鐘，用區間二強度跑4分鐘，接著用區間一強度走1分鐘，在整段期間循環重複。
週五 時間：1:00 時間：0:30	30分鐘測驗：暖身15分鐘，為最後強度較強的部分做準備。先在平坦道路或跑道上進行30分鐘測驗（最佳表現），過程中蒐集功率數據（如果可以，也一併蒐集配速與心率數據）。花10-15分鐘緩和收操。 *根據第4章的說明進行這項測驗，估測你的rFTPw和rFTPa。現在你可以看到3/9測驗與30分鐘測驗的正向關係。為避免在其餘的練習中採用30分鐘測驗，把重點放在3/9測驗。* 當天第二次練跑：區間一至二輕鬆跑
週六 時間：0	休息日：今天要認真著重在恢復：（1）盡可能讓雙腿休息；（2）密切注意營養攝取（健康的碳水化合物、精瘦蛋白質、好脂肪）；（3）伸展；（4）口渴就喝水。其他常見幫助恢復的做法，包括按摩、小睡片刻、抬腿、讓身體在水中漂浮、聽音樂。
週日 時間：1:30 時間：0:30	突破跑步法：先用區間一至二的強度跑10-15分鐘，接著逐步提高配速，加強到介於舒適和不適的程度。檢視你的功率區間，有可能會是區間三至四。維持在這個區間，同時想辦法再跑得更快。試著突破這個舒適圈，努力加快的同時，不要增加輸出的瓦特。這是要練習用技術維持或提升速度。注意你的節奏、步頻、姿勢前傾、腳輕輕著地、放鬆、眼睛和頭部位置。最後10分鐘在區間一至二輕鬆跑。 當天第二次練跑：區間一至二輕鬆跑

總時間：6:40

第五週：1:20以下半馬訓練計畫，14週特定準備期

週一 時間：0:40	**輕鬆跑／走**：在區間一至二跑40分鐘，用區間二強度跑6分鐘，接著用區間一強度走1分鐘，在整段期間循環重複。 *這段7分鐘為單位的練習，無法平均分配進40分鐘內，最後一段會是跑步。完成後再走個幾分鐘。*
週二 時間：1:00	**法特萊克間歇跑**：衝刺搭配練習。認真暖身15分鐘，從區間一至二逐步增強到區間三至五。在一段起伏的場地，花1-2分鐘提升到比10公里配速（區間六至七）還要快的速度，衝刺間搭配區間一至二強度進行恢復，休息長度依個人需求而定。注意跑姿和步頻！用最後10分鐘收操，以區間一的強度跑或走。
週三 時間：1:00 時間：0:30	**突破跑步法**：先用區間一至二的強度跑10-15分鐘，接著逐步提高配速，加強到介於舒適和不適的程度。檢視你的功率區間，有可能會是區間三至四。維持在這個區間，同時想辦法再跑得更快。試著突破這個舒適圈，努力加快的同時，不要增加輸出的瓦特。這是要練習用技術維持或提升速度。注意你的節奏、步頻、姿勢前傾、腳輕輕著地、放鬆、眼睛和頭部位置。最後10分鐘在區間一至二輕鬆跑。 **當天第二次練跑**：區間一至二輕鬆跑
週四 時間：1:10 時間：0:30	**6×1英里練習**：認真暖身15分鐘，從區間一至二增強至區間三至五。接著在平坦場地上，用半馬的目標配速，在區間四至五進行6×1英里（或1.6公里）練習。*不要超過區間五。*中間搭配2分鐘慢跑／走路恢復休息，強度在區間一至二。最後在區間二強度輕鬆跑，及區間一的強度走路，進行緩和收操15分鐘。 **當天第二次練跑**：區間一至二輕鬆跑
週五 時間：0:40	**輕鬆跑／走**：在區間一至二跑40分鐘，用區間二強度跑6分鐘，接著用區間一強度走1分鐘，在整段期間循環重複。 *這段7分鐘為單位的練習，無法平均分配進40分鐘內，最後一段會是跑步。完成後再走個幾分鐘。*
週六 時間：1:20 時間：0:30	**目標配速節奏跑**：認真暖身15分鐘，最後1分鐘增強到區間四。過程中在區間五做幾次衝刺練習，每次約10-15秒。休息幾分鐘。接著用半馬的目標配速，在區間四至五，做4×10分鐘的節奏跑，場地選擇類似比賽的場地，中間搭配2分鐘恢復休息。最後在區間一至二慢跑及走路，收操15分鐘。 **當天第二次練跑**：區間一至二輕鬆跑
週日 時間：1:30 時間：0:30	**輕鬆跑／走**：在區間一至二跑，用區間二強度跑9分鐘，接著用區間一強度走1分鐘，在整段期間循環重複。 **當天第二次練跑**：區間一至二輕鬆跑

總時間：9:20

第六週：1:20以下半馬訓練計畫，14週特定準備期

週一 時間：0:40	**輕鬆跑／走**：在區間一至二跑40分鐘，用區間二強度跑6分鐘，接著用區間一強度走1分鐘，在整段期間循環重複。 *這段7分鐘為單位的練習，無法平均分配在40分鐘內，最後一段會是跑步。完成後再走個幾分鐘。*
週二 時間：1:10	**4×1英里練習**：認真暖身15分鐘，從區間一至二強度逐漸增強至區間三至五。在平坦場地上用區間四強度做4×1英里（或1.6公里）練習。不要超過區間四。中間穿插3分鐘的恢復跑／走，強度在區間一至二。用區間二強度跑，區間一強度走，進行緩和收操15分鐘。
週三 時間：1:00 時間：0:30	**法特萊克間歇跑**：衝刺搭配練習。認真暖身15分鐘，從區間一至二逐步增強到區間三至五。在一段起伏的場地，花1-2分鐘提升到比5公里配速（區間六至七）還要快的速度，衝刺間搭配區間一至二強度進行恢復，休息長度依個人需求而定。注意跑姿和步頻！用最後10分鐘收操，以區間一的強度跑或走。 **當天第二次練跑**：區間一至二輕鬆跑
週四 時間：1:00 時間：0:30	**突破跑步法**：先用區間一至二的強度跑10-15分鐘，接著逐步提高配速，加強到介於舒適和不適的程度。檢視你的功率區間，有可能會是區間三至四。維持在這個區間，同時想辦法再跑得更快。試著突破這個舒適圈，努力加快的同時，不要增加輸出的瓦特。這是要練習用技術維持或提升速度。注意你的節奏、步頻、姿勢前傾、腳輕輕著地、放鬆、眼睛和頭部位置。最後10分鐘在區間一至二輕鬆跑。 **當天第二次練跑**：區間一至二輕鬆跑
週五 時間：0	**休息日**：今天要認真著重在恢復：（1）盡可能讓雙腿休息；（2）密切注意營養攝取（健康的碳水化合物、精瘦蛋白質、好脂肪）；（3）伸展；（4）口渴就喝水。其他常見幫助恢復的做法，包括按摩、小睡片刻、抬腿、著壓力衣。
週六 時間：1:20 時間：0:30	**目標配速節奏跑**：認真暖身15分鐘，最後1分鐘增強到區間四。過程中在區間五做幾次衝刺練習，每次約10-15秒。休息幾分鐘。接著用半馬的目標配速，在區間四至五，做4×10分鐘的節奏跑，場地選擇類似比賽的場地，中間搭配2分鐘恢復休息。最後在區間一至二慢跑及走路，收操15分鐘。 **當天第二次練跑**：區間一至二輕鬆跑
週日 時間：2:00 時間：0:30	**輕鬆跑／走**：在區間一至二跑，用區間二強度跑9分鐘，接著用區間一強度走1分鐘，在整段期間循環重複。 **當天第二次練跑**：區間一至二輕鬆跑

總時間：9:10

第七週：1:20以下半馬訓練計畫，14週特定準備期	
週一 時間：0:40	輕鬆跑／走：在區間一至二跑40分鐘，用區間二強度跑4分鐘，接著用區間一強度走1分鐘，在整段期間循環重複。
週二 時間：1:10	4×1英里練習：認真暖身15分鐘，從區間一至二強度逐漸增強至區間三至五。在平坦場地上用區間四強度做4×1英里（或1.6公里）練習。不要超過區間四。維持在此區間，中間穿插3分鐘的恢復跑／走，強度在區間一至二。用區間二強度跑，區間一強度走，進行緩和收操15分鐘。
時間：0:30	當天第二次練跑：區間一至二輕鬆跑
週三 時間：0:40	輕鬆跑／走：在區間一至二跑40分鐘，用區間二強度跑4分鐘，接著用區間一強度走1分鐘，在整段期間循環重複。
週四 時間：1:00	法特萊克間歇跑：衝刺搭配練習。認真暖身15分鐘，從區間一至二逐步增強到區間三至五。在一段起伏的場地，花1-2分鐘提升到比10公里配速（區間六至七）還要快的速度，衝刺間搭配區間一至二強度進行恢復，休息長度依個人需求而定。注意跑姿和步頻！用最後10分鐘收操，以區間一的強度跑或走。
時間：0:30	當天第二次練跑：區間一至二輕鬆跑
週五 時間：0:40	輕鬆跑／走：在區間一至二輕鬆跑40分鐘，用區間二強度跑4分鐘，接著用區間一強度走1分鐘，在整段期間循環重複。
週六 時間：1:30	目標配速節奏跑：認真暖身15分鐘，最後1分鐘增強到區間四。過程中在區間五做幾次衝刺練習，每次約10-15秒。休息幾分鐘。接著用半馬的目標配速，在區間四至五，做4×12分鐘的節奏跑，場地選擇類似比賽的場地，中間搭配2分鐘恢復休息。最後在區間一至二慢跑及走路，收操15分鐘。
時間：0:30	當天第二次練跑：區間一至二輕鬆跑
週日 時間：2:00 時間：0:30	輕鬆跑／走：在區間一至二跑，用區間二強度跑9分鐘，接著用區間一強度走1分鐘，在整段期間循環重複。 當天第二次練跑：區間一至二輕鬆跑

總時間：9:40

第八週：1:20以下半馬訓練計畫，14週特定準備期

週一 時間：0	休息日：今天要認真著重在恢復：（1）盡可能讓雙腿休息；（2）密切注意營養攝取（健康的碳水化合物、精瘦蛋白質、好脂肪）；（3）伸展；（4）口渴就喝水。其他常見幫助恢復的做法，包括按摩、小睡片刻、抬腿、著壓力衣。
週二 時間：0:40	輕鬆跑／走：在區間一至二跑40分鐘，用區間二強度跑4分鐘，接著用區間一強度走1分鐘，在整段期間循環重複。
週三 時間：1:10 時間：0:30	3/9分鐘Stryd測驗：暖身15分鐘，為最後強度較強的部分做準備；用全力跑3分鐘的間歇練習；接著進行恢復，先走5分鐘、輕鬆跑10分鐘、走5分鐘、輕鬆跑5分鐘、再走5分鐘（共30分鐘）；用全力跑9分鐘的間歇練習；緩和收操10-15分鐘。 *根據第4章的說明進行這項測驗，估測你的rFTPw和rFTPa。* **當天第二次練跑**：區間一至二輕鬆跑
週四 時間：0:40	輕鬆跑／走：在區間一至二輕鬆跑40分鐘，用區間二強度跑4分鐘，接著用區間一強度走1分鐘，在整段期間循環重複。
週五 時間：1:00 時間：0:30	突破跑步法：先用區間一至二的強度跑10-15分鐘，接著逐步提高配速，加強到介於舒適和不適的程度。檢視你的功率區間，有可能會是區間三至四。維持在這個區間，同時想辦法再跑得更快。試著突破這個舒適圈，努力加快的同時，不要增加輸出的瓦特。這是要練習用技術維持或提升速度。注意你的節奏、步頻、姿勢前傾、腳輕輕著地、放鬆、眼睛和頭部位置。最後10分鐘在區間一至二輕鬆跑。 **當天第二次練跑**：區間一至二輕鬆跑
週六 時間：1:00 時間：0:30	法特萊克間歇跑：衝刺搭配練習。認真暖身15分鐘，從區間一至二逐步增強到區間三至五。在一段起伏的場地，花1-2分鐘提升到比10公里配速（區間六至七）還要快的速度，衝刺間搭配區間一至二強度進行恢復，休息長度依個人需求而定。注意跑姿和步頻！用最後10分鐘收操，以區間一的強度跑或走。 **當天第二次練跑**：區間一至二輕鬆跑
週日 時間：1:45 時間：0:30	突破跑步法：先用區間一至二的強度跑10-15分鐘，接著逐步提高配速，加強到介於舒適和不適的程度。檢視你的功率區間，有可能會是區間三至四。維持在這個區間，同時想辦法再跑得更快。試著突破這個舒適圈，努力加快的同時，不要增加輸出的瓦特。這是要練習用技術維持或提升速度。注意你的節奏、步頻、姿勢前傾、腳輕輕著地、放鬆、眼睛和頭部位置。最後10分鐘在區間一至二輕鬆跑。 **當天第二次練跑**：區間一至二輕鬆跑

總時間：8:15

第九週：1:20以下半馬訓練計畫，14週特定準備期	
週一 時間：0	休息日：今天要認真著重在恢復：（1）盡可能讓雙腿休息；（2）密切注意營養攝取（健康的碳水化合物、精瘦蛋白質、好脂肪）；（3）伸展；（4）口渴就喝水。其他常見幫助恢復的做法，包括按摩、小睡片刻、抬腿、著壓力衣。
週二 時間：1:00 時間：0:30	法特萊克間歇跑：衝刺搭配練習。認真暖身15分鐘，從區間一至二逐步增強到區間三至五。在一段起伏的場地，花1-2分鐘提升到比10公里配速（區間六至七）還要快的速度，衝刺間搭配區間一至二強度進行恢復，休息長度依個人需求而定。注意跑姿和步頻！用最後10分鐘收操，以區間一的強度跑或走。 **當天第二次練跑**：區間一至二輕鬆跑
週三 時間：0:40	輕鬆跑／走：在區間一至二輕鬆跑40分鐘，用區間二強度跑4分鐘，接著用區間一強度走1分鐘，在整段期間循環重複。
週四 時間：1:10 時間：0:30	4×1英里練習：認真暖身15分鐘，從區間一至二強度逐漸增強至區間三至五。在平坦場地上用區間四強度做4×1英里（或1.6公里）練習。不要超過區間四。維持在此區間，中間穿插3分鐘的恢復跑／走，強度在區間一至二。用區間二強度跑，區間一強度走，進行緩和收操15分鐘。 **當天第二次練跑**：區間一至二輕鬆跑
週五 時間：0:40	輕鬆跑／走：在區間一至二輕鬆跑40分鐘，用區間二強度跑4分鐘，接著用區間一強度走1分鐘，在整段期間循環重複。
週六 時間：1:30 時間：0:30	目標配速節奏跑：認真暖身15分鐘，最後1分鐘增強到區間四。過程中在區間五做幾次衝刺練習，每次約10-15秒。休息幾分鐘。接著用半馬的目標配速，在區間四至五，做4×12分鐘的節奏跑，場地選擇類似比賽的場地，中間搭配2分鐘恢復休息。最後在區間一至二慢跑及走路，收操15分鐘。 **當天第二次練跑**：區間一至二輕鬆跑
週日 時間：1:45 時間：0:30	突破跑步法：先用區間一至二的強度跑10-15分鐘，接著逐步提高配速，加強到介於舒適和不適的程度。檢視你的功率區間，有可能會是區間三至四。維持在這個區間，同時想辦法再跑得更快。試著突破這個舒適圈，努力加快的同時，不要增加輸出的瓦特。這是要練習用技術維持或提升速度。注意你的節奏、步頻、姿勢前傾、腳輕輕著地、放鬆、眼睛和頭部位置。最後10分鐘在區間一至二輕鬆跑。 **當天第二次練跑**：區間一至二輕鬆跑

總時間：8:45

第十週：1:20以下半馬訓練計畫，14週特定準備期

週一 時間：0	休息日：今天要認真著重在恢復：（1）盡可能讓雙腿休息；（2）密切注意營養攝取（健康的碳水化合物、精瘦蛋白質、好脂肪）；（3）伸展；（4）口渴就喝水。其他常見幫助恢復的做法，包括按摩、小睡片刻、抬腿、讓身體在水中漂浮、聽音樂。
週二 時間：1:00 時間：0:30	**法特萊克間歇跑**：衝刺搭配練習。認真暖身15分鐘，從區間一至二逐步增強到區間三至五。在一段起伏的場地，花1-2分鐘提升到比10公里配速（區間六至七）還要快的速度，衝刺間搭配區間一至二強度進行恢復，休息長度依個人需求而定。注意跑姿和步頻！用最後10分鐘收操，以區間一的強度跑或走。 **當天第二次練跑**：區間一至二輕鬆跑
週三 時間：0:40	**輕鬆跑／走**：在區間一至二輕鬆跑40分鐘，用區間二強度跑4分鐘，接著用區間一強度走1分鐘，在整段期間循環重複。
週四 時間：1:00 時間：0:30	**目標配速節奏跑**：認真暖身15分鐘，最後1分鐘增強到區間四。過程中在區間五做幾次衝刺練習，每次約10-15秒。休息幾分鐘。接著用半馬的目標配速，在區間四至五，做30分鐘的節奏跑，場地選擇類似比賽的場地。最後在區間一至二慢跑及走路，收操15分鐘。 **當天第二次練跑**：區間一至二輕鬆跑
週五 時間：0:40	**輕鬆跑／走**：在區間一至二輕鬆跑40分鐘，用區間二強度跑4分鐘，接著用區間一強度走1分鐘，在整段期間循環重複。
週六 時間：1:45 時間：0:30	**目標配速節奏跑**：認真暖身15分鐘，最後1分鐘增強到區間四。過程中在區間五做幾次衝刺練習，每次約10-15秒。休息幾分鐘。接著用半馬的目標配速，在區間四至五，做4×15分鐘的節奏跑，場地選擇類似比賽的場地，中間搭配2分鐘恢復休息。最後在區間一至二慢跑及走路，收操15分鐘。 **當天第二次練跑**：區間一至二輕鬆跑
週日 時間：2:00 時間：0:30	**輕鬆跑／走**：在區間一至二跑，用區間二強度跑9分鐘，接著用區間一強度走1分鐘，在整段期間循環重複。 **當天第二次練跑**：區間一至二輕鬆跑

總時間：9:05

第十一週：1:20以下半馬訓練計畫，14週特定準備期

週一 時間：0	休息日：今天要認真著重在恢復：（1）盡可能讓雙腿休息；（2）密切注意營養攝取（健康的碳水化合物、精瘦蛋白質、好脂肪）；（3）伸展；（4）口渴就喝水。其他常見幫助恢復的做法，包括按摩、小睡片刻、抬腿、著壓力衣。
週二 時間：1:00 時間：0:30	法特萊克間歇跑：衝刺搭配練習。認真暖身15分鐘，從區間一至二逐步增強到區間三至五。在一段起伏的場地，花1-2分鐘提升到比10公里配速（區間六至七）還要快的速度，衝刺間搭配區間一至二強度進行恢復，休息長度依個人需求而定。注意跑姿和步頻！用最後10分鐘收操，以區間一的強度跑或走。 當天第二次練跑：區間一至二輕鬆跑
週三 時間：0:40	輕鬆跑／走：在區間一至二輕鬆跑40分鐘，用區間二強度跑4分鐘，接著用區間一強度走1分鐘，在整段期間循環重複。
週四 時間：1:10 時間：0:30	4×1英里練習：認真暖身15分鐘，從區間一至二強度逐漸增強至區間三至五。在平坦場地上用區間四強度做4×1英里（或1.6公里）練習。不要超過區間四。維持在此區間，中間穿插3分鐘的恢復跑，強度在區間一至二。用區間二強度跑，區間一強度走，進行緩和收操15分鐘。 當天第二次練跑：區間一至二輕鬆跑
週五 時間：0:40	輕鬆跑／走：在區間一至二輕鬆跑40分鐘，用區間二強度跑4分鐘，接著用區間一強度走1分鐘，在整段期間循環重複。
週六 時間：1:45 時間：0:30	目標配速節奏跑：認真暖身15分鐘，最後1分鐘增強到區間四。過程中在區間五做幾次衝刺練習，每次約10-15秒。休息幾分鐘。接著用半馬的目標配速，在區間四至五，做4×15分鐘的節奏跑，場地選擇類似比賽的場地，中間搭配2分鐘恢復休息。最後在區間一至二慢跑及走路，收操15分鐘。 當天第二次練跑：區間一至二輕鬆跑
週日 時間：2:00 時間：0:30	突破跑步法：先用區間一至二的強度跑10-15分鐘，接著逐步提高配速，加強到介於舒適和不適的程度。檢視你的功率區間，有可能會是區間三至四。維持在這個區間，同時想辦法再跑得更快。試著突破這個舒適圈，努力加快的同時，不要增加輸出的瓦特。這是要練習用技術維持或提升速度。注意你的節奏、步頻、姿勢前傾、腳輕輕著地、放鬆、眼睛和頭部位置。最後10分鐘在區間一至二輕鬆跑。 當天第二次練跑：區間一至二輕鬆跑

總時間：9:15

第十二週：1:20以下半馬訓練計畫，14週特定準備期	
週一 時間：0	**休息日**：今天要認真著重在恢復：（1）盡可能讓雙腿休息；（2）密切注意營養攝取（健康的碳水化合物、精瘦蛋白質、好脂肪）；（3）伸展；（4）口渴就喝水。其他常見幫助恢復的做法，包括按摩、小睡片刻、抬腿、著壓力衣。
週二 時間：0:40	**輕鬆跑／走**：在區間一至二輕鬆跑40分鐘，用區間二強度跑4分鐘，接著用區間一強度走1分鐘，在整段期間循環重複。
週三 時間：1:10 時間：0:30	**3/9分鐘Stryd測驗**：暖身15分鐘，為最後強度較強的部分做準備；用全力跑3分鐘的間歇練習；接著進行恢復，先走5分鐘、輕鬆跑10分鐘、走5分鐘、輕鬆跑5分鐘、再走5分鐘（共30分鐘）；用全力跑9分鐘的間歇練習的間歇練習；緩和收操10-15分鐘。 *根據第4章的說明進行這項測驗，估測你的rFTPw和rFTPa。* **當天第二次練跑**：區間一至二輕鬆跑
週四 時間：1:00	**突破跑步法**：先用區間一至二的強度跑10-15分鐘，接著逐步提高配速，加強到介於舒適和不適的程度。檢視你的功率區間，有可能會是區間三至四。維持在這個區間，同時想辦法再跑得更快。試著突破這個舒適圈，努力加快的同時，不要增加輸出的瓦特。這是要練習用技術維持或提升速度。注意你的節奏、步頻、姿勢前傾、腳輕輕著地、放鬆、眼睛和頭部位置。最後10分鐘在區間一至二輕鬆跑。
週五 時間：0:40	**輕鬆跑／走**：在區間一至二輕鬆跑40分鐘，用區間二強度跑4分鐘，接著用區間一強度走1分鐘，在整段期間循環重複。
週六 時間：1:45 時間：0:30	**目標配速節奏跑**：認真暖身15分鐘，最後1分鐘增強到區間四。過程中用區間五強度進行幾次衝刺，每次約10-15秒。休息幾分鐘。接著用你的半馬目標配速做4×15分鐘節奏跑，強度在區間四至五，場地選在類似比賽的場地，中間搭配2分鐘恢復休息。最後在區間一至二輕鬆跑及走路，收操15分鐘。 **當天第二次練跑**：區間一至二輕鬆跑
週日 時間：0	**休息日**：今天要認真著重在恢復：（1）盡可能讓雙腿休息；（2）密切注意營養攝取（健康的碳水化合物、精瘦蛋白質、好脂肪）；（3）伸展；（4）口渴就喝水。其他常見幫助恢復的做法，包括按摩、小睡片刻、抬腿、讓身體在水中漂浮、聽音樂。

總時間：6:15

第十三週：1:20以下半馬訓練計畫，14週特定準備期

週一 時間：0:40	輕鬆跑／走：在區間一至二輕鬆跑40分鐘，用區間二強度跑4分鐘，接著用區間一強度走1分鐘，在整段期間循環重複。
週二 時間：1:10 時間：0:30	4×1英里練習：認真暖身15分鐘，從區間一至二強度逐漸增強至區間三至五。在平坦場地上用區間四強度做4×1英里（或1.6公里）練習。*不要超過區間四。*維持在此區間，中間穿插3分鐘的恢復跑／走，強度在區間一至二。用區間二強度跑，區間一強度走，進行緩和收操15分鐘。 當天第二次練跑：區間一至二輕鬆跑
週三 時間：0:40 時間：0:30	輕鬆跑／走：在區間一至二輕鬆跑40分鐘，用區間二強度跑4分鐘，接著用區間一強度走1分鐘，在整段期間循環重複。 當天第二次練跑：區間一至二輕鬆跑
週四 時間：0:40	法特萊克間歇跑：衝刺搭配練習。認真暖身15分鐘，從區間一至二逐步增強到區間三至五。在一段起伏的場地，花1-2分鐘提升到比10公里配速（區間六至七）還要快的速度，衝刺間搭配區間一至二強度進行恢復，休息長度依個人需求而定。注意跑姿和步頻！用最後10分鐘收操，以區間一的強度跑或走。
週五 時間：0	休息日：今天要認真著重在恢復：（1）盡可能讓雙腿休息；（2）密切注意營養攝取（健康的碳水化合物、精瘦蛋白質、好脂肪）；（3）伸展；（4）口渴就喝水。其他常見幫助恢復的做法，包括按摩、小睡片刻、抬腿、著壓力衣。
週六 時間：1:10 時間：0:30	目標配速節奏跑：認真暖身15分鐘，最後1分鐘增強到區間四。過程中在區間五做幾次衝刺練習，每次約10-15秒。休息幾分鐘。接著用半馬的目標配速，在區間四至五，做3×10分鐘的節奏跑，場地選擇類似比賽的場地，中間搭配2分鐘恢復休息。最後在區間一至二慢跑及走路，收操15分鐘。 當天第二次練跑：區間一至二輕鬆跑
週日 時間：0:40	輕鬆跑／走：在區間一至二輕鬆跑40分鐘，用區間二強度跑4分鐘，接著用區間一強度走1分鐘，在整段期間循環重複。

總時間：6:30

第十四週：1:20以下半馬訓練計畫，14週特定準備期

週一 時間：0	休息日：今天要認真著重在恢復：（1）盡可能讓雙腿休息；（2）密切注意營養攝取（健康的碳水化合物、精瘦蛋白質、好脂肪）；（3）伸展；（4）口渴就喝水。其他常見幫助恢復的做法，包括按摩、小睡片刻、抬腿、著壓力衣。
週二 時間：0:40	5×2分鐘／區間四至六：暖身15分鐘，接著做5×2分鐘練習，頭1分鐘從區間四強度開始，最後1分鐘增強至區間五至六，搭配2分鐘輕鬆恢復跑。最後以區間一至二緩和收操，將整段訓練做滿40分鐘。
週三 時間：0:40 時間：0:30	輕鬆跑／走：在區間一至二輕鬆跑40分鐘，用區間二強度跑4分鐘，接著用區間一強度走1分鐘，在整段期間循環重複。 當天第二次練跑：區間一至二輕鬆跑
週四 時間：0:30	衝刺搭配練習：第一部分輕鬆跑，接著用區間六至七的強度做5-7×7秒鐘的衝刺，中間搭配較長的恢復時間，並在過程中速度逐漸加快。專注在前腳掌落地、快速步頻、微微前傾、流暢的動作，動作自然不刻意勉強。
週五 時間：0:20	場地勘查：跑賽道一開始與結束的部分。過程中注意地標，練習幾次加速到比賽配速，其他時間都用區間一強度練習。
週六	半馬比賽

總時間：2:40

週一 時間：1:10	3/9分鐘Stryd測驗：暖身15分鐘，為最後強度較強的部分做準備；用全力跑3分鐘的間歇練習；接著進行恢復，先走5分鐘、輕鬆跑10分鐘、走5分鐘、輕鬆跑5分鐘、再走5分鐘（共30分鐘）；用全力跑9分鐘的間歇練習；和收操10-15分鐘。 *根據第4章的說明進行這項測驗，估測你的rFTPw和rFTPa。*
週二 時間：0:40	輕鬆跑／走：在區間一至二輕鬆跑40分鐘，用區間二強度跑4分鐘，接著用區間一強度走1分鐘，在整段期間循環重複。
週三 時間：0:40	輕鬆跑／走：在區間一至二輕鬆跑40分鐘，用區間二強度跑4分鐘，接著用區間一強度走1分鐘，在整段期間循環重複。
週四 時間：1:00	30分鐘測驗：暖身15分鐘，為最後強度較強的部分做準備。先在平坦道路或跑道上進行30分鐘測驗（最佳表現），過程中蒐集功率數據（如果可以，也一併蒐集配速與心率數據）。花10-15分鐘緩和收操。 *根據第4章的說明進行這項測驗，估測你的rFTPw和rFTPa。*
週五 時間：0:40 時間：0:30	輕鬆跑／走：在區間一至二輕鬆跑40分鐘，用區間二強度跑4分鐘，接著用區間一強度走1分鐘，在整段期間循環重複。 當天第二次練跑：區間一至二輕鬆跑
週六 時間：0	休息日：今天要認真著重在恢復：（1）盡可能讓雙腿休息；（2）密切注意營養攝取（健康的碳水化合物、精瘦蛋白質、好脂肪）；（3）伸展；（4）口渴就喝水。其他常見幫助恢復的做法，包括按摩、小睡片刻、抬腿、著壓力衣。
週日 時間：1:00 時間：0:30	輕鬆跑／走：在區間一至二跑，用區間二強度跑5分鐘，接著用區間一強度走1分鐘，在整段期間循環重複。 當天第二次練跑：區間一至二輕鬆跑

總時間：6:10

第二週：1:40以下半馬訓練計畫，14週特定準備期

週一 時間：1:10	長間歇跑：暖身15分鐘，在過程中建立強度，從區間一開始，最後1分鐘落在區間四至五。接著做4×8分鐘練習，強度在區間三至四（2分鐘恢復休息）。監測配速，在同樣功率輸出下，試著變得更快。最後用區間一至二強度收操15分鐘。
週二 時間：0:40	輕鬆跑／走：在區間一至二輕鬆跑40分鐘，用區間二強度跑4分鐘，接著用區間一強度走1分鐘，在整段期間循環重複。
週三 時間：1:15 時間：0:30	長間歇跑：暖身15分鐘，在過程中建立強度，從區間一開始，最後1分鐘落在區間四至五。接著做4×8分鐘的練習，強度在區間五至六（3分鐘恢復休息）。監測配速，在同樣功率輸出下，試著變得更快。最後用區間一至二強度收操15分鐘。 當天第二次練跑：區間一至二輕鬆跑
週四 時間：0:40	輕鬆跑／走：在區間一至二輕鬆跑40分鐘，用區間二強度跑4分鐘，接著用區間一強度走1分鐘，在整段期間循環重複。
週五 時間：1:00 時間：0:30	突破跑步法：先用區間一至二的強度跑10-15分鐘，接著逐步提高配速，加強到介於舒適和不適的程度。檢視你的功率區間，有可能會是區間三至四。維持在這個區間，同時想辦法再跑得更快。試著突破這個舒適圈，努力加快的同時，不要增加輸出的瓦特。這是要練習用技術維持或提升速度。注意你的節奏、步頻、姿勢前傾、腳輕輕著地、放鬆、眼睛和頭部位置。最後10分鐘在區間一至二輕鬆跑。 當天第二次練跑：區間一至二輕鬆跑
週六 時間：1:10	長間歇跑：暖身15分鐘，在過程中建立強度，從區間一開始，最後1分鐘落在區間四至五。接著做5×6分鐘的練習，強度在區間五（2分鐘恢復休息）。監測配速，在同樣功率輸出下，試著變得更快。最後用區間一至二強度收操15分鐘。
週日 時間：1:15 時間：0:30	輕鬆跑／走：在區間一至二跑，用區間二強度跑5分鐘，接著用區間一強度走1分鐘，在整段期間循環重複。 *跑步與走路的比例無法平均分配在整段時間中，最後一段會是跑步。完成後再走個幾分鐘。* 當天第二次練跑：區間一至二輕鬆跑

總時間：8:40

第三週：1:40以下半馬訓練計畫，14週特定準備期

週一 時間：0:40	輕鬆跑／走：在區間一至二輕鬆跑40分鐘，用區間二強度跑4分鐘，接著用區間一強度走1分鐘，在整段期間循環重複。
週二 時間：1:00	目標配速節奏跑：認真暖身15分鐘，最後1分鐘增強到區間四。過程中在區間五做幾次衝刺練習，每次約10-15秒。休息幾分鐘。接著用半馬的目標配速，在區間三至四，做30分鐘的節奏跑，場地選擇類似比賽的場地。最後在區間一至二慢跑及走路，收操15分鐘。
週三 時間：0:40 時間：0:30	輕鬆跑／走：在區間一至二輕鬆跑40分鐘，用區間二強度跑4分鐘，接著用區間一強度走1分鐘，在整段期間循環重複。 當天第二次練跑：區間一至二輕鬆跑
週四 時間：1:00 時間：0:30	法特萊克間歇跑：衝刺搭配練習。認真暖身15分鐘，從區間一至二逐步增強到區間三至五。在一段起伏的場地，花1-2分鐘提升到比10公里配速（區間五至六）還要快的速度，衝刺間搭配區間一至二強度進行恢復，休息長度依個人需求而定。注意跑姿和步頻！用最後10分鐘收操，以區間一的強度跑或走。 當天第二次練跑：區間一至二輕鬆跑
週五 時間：1:00	突破跑步法：先用區間一至二的強度跑10-15分鐘，接著逐步提高配速，加強到介於舒適和不適的程度。檢視你的功率區間，有可能會是區間三至四。維持在這個區間，同時想辦法再跑得更快。試著突破這個舒適圈，努力加快的同時，不要增加輸出的瓦特。這是要練習用技術維持或提升速度。注意你的節奏、步頻、姿勢前傾、腳輕輕著地、放鬆、眼睛和頭部位置。最後10分鐘在區間一至二輕鬆跑。
週六 時間：1:30 時間：0:30	輕鬆跑／走：在區間一至二跑，用區間二強度跑9分鐘，接著用區間一強度走1分鐘，在整段期間循環重複。 當天第二次練跑：區間一至二輕鬆跑
週日 時間：0	休息日：今天要認真著重在恢復：（1）盡可能讓雙腿休息；（2）密切注意營養攝取（健康的碳水化合物、精瘦蛋白質、好脂肪）；（3）伸展；（4）口渴就喝水。其他常見幫助恢復的做法，包括按摩、小睡片刻、抬腿、著壓力衣。

總時間：7:20

第四週：1:40以下半馬訓練計畫，14週特定準備期

週一 時間：0:40	**輕鬆跑／走**：在區間一至二輕鬆跑40分鐘，用區間二強度跑4分鐘，接著用區間一強度走1分鐘，在整段期間循環重複。
週二 時間：1:10	**3/9分鐘Stryd測驗**：暖身15分鐘，為最後強度較強的部分做準備；用全力跑3分鐘的間歇練習；接著進行恢復，先走5分鐘、輕鬆跑10分鐘、走5分鐘、輕鬆跑5分鐘、再走5分鐘（共30分鐘）；用全力跑9分鐘的間歇練習；緩和收操10-15分鐘。 *根據第4章的說明進行這項測驗，估測你的rFTPw和rFTPa。*
週三 時間：0:40	**輕鬆跑／走**：在區間一至二輕鬆跑40分鐘，用區間二強度跑4分鐘，接著用區間一強度走1分鐘，在整段期間循環重複。
週四 時間：0:40	**輕鬆跑／走**：在區間一至二輕鬆跑40分鐘，用區間二強度跑4分鐘，接著用區間一強度走1分鐘，在整段期間循環重複。
週五 時間：1:00 時間：0:30	**30分鐘測驗**：暖身15分鐘，為最後強度較強的部分做準備。先在平坦道路或跑道上進行30分鐘測驗（最佳表現），過程中蒐集功率數據（如果可以，也一併蒐集配速與心率數據）。花10-15分鐘緩和收操。 *根據第4章的說明進行這項測驗，估測你的rFTPw和rFTPa。現在你應該可以看到3/9測驗和30分鐘測驗的正向關係。為避免在其餘的練習中採用30分鐘測驗，把重點放在3/9測驗。* **當天第二次練跑**：區間一至二輕鬆跑
週六 時間：0	**休息日**：今天要認真著重在恢復：（1）盡可能讓雙腿休息；（2）密切注意營養攝取（健康的碳水化合物、精瘦蛋白質、好脂肪）；（3）伸展；（4）口渴就喝水。其他常見幫助恢復的做法，包括按摩、小睡片刻、抬腿、讓身體在水中漂浮、聽音樂。
週日 時間：1:30 時間：0:30	**突破跑步法**：先用區間一至二的強度跑10-15分鐘，接著逐步提高配速，加強到介於舒適和不適的程度。檢視你的功率區間，有可能會是區間三至四。維持在這個區間，同時想辦法再跑得更快。試著突破這個舒適圈，努力加快的同時，不要增加輸出的瓦特。這是要練習用技術維持或提升速度。注意你的節奏、步頻、姿勢前傾、腳輕輕著地、放鬆、眼睛和頭部位置。最後10分鐘在區間一至二輕鬆跑。 **當天第二次練跑**：區間一至二輕鬆跑

總時間：6:40

第五週：1:40以下半馬訓練計畫，14週特定準備期

週一 時間：0:40	**輕鬆跑／走：**在區間一至二輕鬆跑40分鐘，用區間二強度跑6分鐘，接著用區間一強度走1分鐘，在整段期間循環重複。 *這段7分鐘為單位的練習，無法平均分配進40分鐘內，最後一段會是跑步。完成後再走個幾分鐘。*
週二 時間：1:00	**法特萊克間歇跑：**衝刺搭配練習。認真暖身15分鐘，從區間一至二逐步增強到區間三至五。在一段起伏的場地，花1-2分鐘提升到比10公里配速（區間五至六）還要快的速度，衝刺間搭配區間一至二強度進行恢復，休息長度依個人需求而定。注意跑姿和步頻！用最後10分鐘收操，以區間一的強度跑或走。
週三 時間：1:00 時間：0:30	**突破跑步法：**先用區間一至二的強度跑10-15分鐘，接著逐步提高配速，加強到介於舒適和不適的程度。檢視你的功率區間，有可能會是區間三至四。維持在這個區間，同時想辦法再跑得更快。試著突破這個舒適圈，努力加快的同時，不要增加輸出的瓦特。這是要練習用技術維持或提升速度。注意你的節奏、步頻、姿勢前傾、腳輕輕著地、放鬆、眼睛和頭部位置。最後10分鐘在區間一至二輕鬆跑。 **當天第二次練跑：**區間一至二輕鬆跑
週四 時間：1:00 時間：0:30	**5×1英里練習：**認真暖身15分鐘，從區間一至二強度逐漸增強至區間三至五。在平坦場地上用區間三至四的強度做5×1英里（或1.6公里）練習。不要超過區間四。中間穿插2分鐘的恢復跑，強度在區間一至二。用區間二強度跑，區間一強度走，進行緩和收操15分鐘。 **當天第二次練跑：**區間一至二輕鬆跑
週五 時間：0:40	**輕鬆跑／走：**在區間一至二輕鬆跑40分鐘，用區間二強度跑6分鐘，接著用區間一強度走1分鐘，在整段期間循環重複。 *這段7分鐘為單位的練習，無法平均分配進40分鐘內，最後一段會是跑步。完成後再走個幾分鐘。*
週六 時間：1:20 時間：0:30	**目標配速節奏跑：**認真暖身15分鐘，最後1分鐘增強到區間四。過程中在區間五做幾次衝刺練習，每次約10-15秒。休息幾分鐘。接著用半馬的目標配速，在區間三至四，做4×10分鐘的節奏跑，場地選擇類似比賽的場地，中間搭配2分鐘恢復休息。最後在區間一至二慢跑及走路，收操15分鐘。 **當天第二次練跑：**區間一至二輕鬆跑
週日 時間：1:30 時間：0:30	**輕鬆跑／走：**在區間一至二跑，用區間二強度跑9分鐘，接著用區間一強度走1分鐘，在整段期間循環重複。 **當天第二次練跑：**區間一至二輕鬆跑

總時間：9:10

第六週：1:40以下半馬訓練計畫，14週特定準備期

週一 時間：0:40	**輕鬆跑／走**：在區間一至二輕鬆跑40分鐘，用區間二強度跑6分鐘，接著用區間一強度走1分鐘，在整段期間循環重複。 *這段7分鐘為單位的練習，無法平均分配進40分鐘內，最後一段會是跑步。完成後再走個幾分鐘。*
週二 時間：1:10	**4×1英里練習**：認真暖身15分鐘，從區間一至二強度逐漸增強至區間三至五。在平坦場地上用區間四強度做4×1英里（或1.6公里）練習。不要超過區間四。中間穿插3分鐘的恢復跑／走，強度在區間一至二。用區間二強度跑，區間一強度走，進行緩和收操15分鐘。
週三 時間：1:00 時間：0:30	**法特萊克間歇跑**：衝刺搭配練習。認真暖身15分鐘，從區間一至二逐步增強到區間三至五。在一段起伏的場地，花1-2分鐘提升到比10公里配速（區間六至七）還要快的速度，衝刺間搭配區間一至二強度進行恢復，休息長度依個人需求而定。注意跑姿和步頻！用最後10分鐘收操，以區間一的強度跑或走。 **當天第二次練跑**：區間一至二輕鬆跑
週四 時間：1:00 時間：0:30	**突破跑步法**：先用區間一至二的強度跑10-15分鐘，接著逐步提高配速，加強到介於舒適和不適的程度。檢視你的功率區間，有可能會是區間三至四。維持在這個區間，同時想辦法再跑得更快。試著突破這個舒適圈，努力加快的同時，不要增加輸出的瓦特。這是要練習用技術維持或提升速度。注意你的節奏、步頻、姿勢前傾、腳輕輕著地、放鬆、眼睛和頭部位置。最後10分鐘在區間一至二輕鬆跑。 **當天第二次練跑**：區間一至二輕鬆跑
週五 時間：0	**休息日**：今天要認真著重在恢復：（1）盡可能讓雙腿休息；（2）密切注意營養攝取（健康的碳水化合物、精瘦蛋白質、好脂肪）；（3）伸展；（4）口渴就喝水。其他常見幫助恢復的做法，包括按摩、小睡片刻、抬腿、著壓力衣。
週六 時間：1:20 時間：0:30	**目標配速節奏跑**：認真暖身15分鐘，最後1分鐘增強到區間四。過程中在區間五做幾次衝刺練習，每次約10-15秒。休息幾分鐘。接著用半馬的目標配速，在區間三至四，做4×10分鐘的節奏跑，場地選擇類似比賽的場地，中間搭配2分鐘恢復休息。最後在區間一至二慢跑及走路，收操15分鐘。 **當天第二次練跑**：區間一至二輕鬆跑
週日 時間：2:00 時間：0:30	**輕鬆跑／走**：在區間一至二跑，用區間二強度跑9分鐘，接著用區間一強度走1分鐘，在整段期間循環重複。 **當天第二次練跑**：區間一至二輕鬆跑

總時間：9:10

第七週：1:40以下半馬訓練計畫，14週特定準備期

週一 時間：0:40	輕鬆跑／走：在區間一至二輕鬆跑40分鐘，用區間二強度跑4分鐘，接著用區間一強度走1分鐘，在整段期間循環重複。
週二 時間：1:10 時間：0:30	4×1英里練習：認真暖身15分鐘，從區間一至二強度逐漸增強至區間三至五。在平坦場地上用區間四強度做4×1英里（或1.6公里）練習。不要超過區間四。中間穿插3分鐘的恢復跑／走，強度在區間一至二。用區間二強度跑，區間一強度走，進行緩和收操15分鐘。 當天第二次練跑：區間一至二輕鬆跑
週三 時間：0:40	輕鬆跑／走：在區間一至二輕鬆跑40分鐘，用區間二強度跑4分鐘，接著用區間一強度走1分鐘，在整段期間循環重複。
週四 時間：1:00 時間：0:30	法特萊克間歇跑：衝刺搭配練習。認真暖身15分鐘，從區間一至二逐步增強到區間三至五。在一段起伏的場地，花1-2分鐘提升到比10公里配速（區間六至七）還要快的速度，衝刺間搭配區間一至二強度進行恢復，休息長度依個人需求而定。注意跑姿和步頻！用最後10分鐘收操，以區間一的強度跑或走。 當天第二次練跑：區間一至二輕鬆跑
週五 時間：0:40	輕鬆跑／走：在區間一至二輕鬆跑40分鐘，用區間二強度跑4分鐘，接著用區間一強度走1分鐘，在整段期間循環重複。
週六 時間：1:30 時間：0:30	目標配速節奏跑：認真暖身15分鐘，最後1分鐘增強到區間四。過程中在區間五做幾次衝刺練習，每次約10-15秒。休息幾分鐘。接著用半馬的目標配速，在區間三至四，做4×12分鐘的節奏跑，場地選擇類似比賽的場地，中間搭配2分鐘恢復休息。最後在區間一至二慢跑及走路，收操15分鐘。 當天第二次練跑：區間一至二輕鬆跑
週日 時間：2:00 時間：0:30	輕鬆跑／走：在區間一至二跑，用區間二強度跑9分鐘，接著用區間一強度走1分鐘，在整段期間循環重複。 當天第二次練跑：區間一至二輕鬆跑

總時間：9:40

第八週：1:40以下半馬訓練計畫，14週特定準備期

週一 時間：0	休息日：今天要認真著重在恢復：（1）盡可能讓雙腿休息；（2）密切注意營養攝取（健康的碳水化合物、精瘦蛋白質、好脂肪）；（3）伸展；（4）口渴就喝水。其他常見幫助恢復的做法，包括按摩、小睡片刻、抬腿、著壓力衣。
週二 時間：0:40	輕鬆跑／走：在區間一至二輕鬆跑40分鐘，用區間二強度跑4分鐘，接著用區間一強度走1分鐘，在整段期間循環重複。
週三 時間：1:10 時間：0:30	3/9分鐘Stryd測驗：暖身15分鐘，為最後強度較強的部分做準備；用全力跑3分鐘的間歇練習；接著進行恢復，先走5分鐘、輕鬆跑10分鐘、走5分鐘、輕鬆跑5分鐘、再走5分鐘（共30分鐘）；用全力跑9分鐘的間歇練習；緩和收操10-15分鐘。 *根據第4章的說明進行這項測驗，估測你的rFTPw和rFTPa。* **當天第二次練跑**：區間一至二輕鬆跑
週四 時間：0:40	輕鬆跑／走：在區間一至二輕鬆跑40分鐘，用區間二強度跑4分鐘，接著用區間一強度走1分鐘，在整段期間循環重複。
週五 時間：1:00 時間：0:30	突破跑步法：先用區間一至二的強度跑10-15分鐘，接著逐步提高配速，加強到介於舒適和不適的程度。檢視你的功率區間，有可能會是區間三至四。維持在這個區間，同時想辦法再跑得更快。試著突破這個舒適圈，努力加快的同時，不要增加輸出的瓦特。這是要練習用技術維持或提升速度。注意你的節奏、步頻、姿勢前傾、腳輕輕著地、放鬆、眼睛和頭部位置。最後10分鐘在區間一至二輕鬆跑。 **當天第二次練跑**：區間一至二輕鬆跑
週六 時間：1:00 時間：0:30	法特萊克間歇跑：衝刺搭配練習。認真暖身15分鐘，從區間一至二逐步增強到區間三至五。在一段起伏的場地，花1-2分鐘提升到比10公里配速（區間六至七）還要快的速度，衝刺間搭配區間一至二強度進行恢復，休息長度依個人需求而定。注意跑姿和步頻！用最後10分鐘收操，以區間一的強度跑或走。 **當天第二次練跑**：區間一至二輕鬆跑
週日 時間：1:45 時間：0:30	突破跑步法：先用區間一至二的強度跑10-15分鐘，接著逐步提高配速，加強到介於舒適和不適的程度。檢視你的功率區間，有可能會是區間三至四。維持在這個區間，同時想辦法再跑得更快。試著突破這個舒適圈，努力加快的同時，不要增加輸出的瓦特。這是要練習用技術維持或提升速度。注意你的節奏、步頻、姿勢前傾、腳輕輕著地、放鬆、眼睛和頭部位置。最後10分鐘在區間一至二輕鬆跑。 **當天第二次練跑**：區間一至二輕鬆跑

總時間：8:15

	第九週：1:40以下半馬訓練計畫，14週特定準備期
週一 時間：0	休息日：今天要認真著重在恢復：（1）盡可能讓雙腿休息；（2）密切注意營養攝取（健康的碳水化合物、精瘦蛋白質、好脂肪）；（3）伸展；（4）口渴就喝水。其他常見幫助恢復的做法，包括按摩、小睡片刻、抬腿、著壓力衣。
週二 時間：1:00 時間：0:30	法特萊克間歇跑：衝刺搭配練習。認真暖身15分鐘，從區間一至二逐步增強到區間三至五。在一段起伏的場地，花1-2分鐘提升到比10公里配速（區間六至七）還要快的速度，衝刺間搭配區間一至二強度進行恢復，休息長度依個人需求而定。注意跑姿和步頻！用最後10分鐘收操，以區間一的強度跑或走。 **當天第二次練跑**：區間一至二輕鬆跑
週三 時間：0:40	輕鬆跑／走：在區間一至二輕鬆跑40分鐘，用區間二強度跑4分鐘，接著用區間一強度走1分鐘，在整段期間循環重複。
週四 時間：1:10 時間：0:30	4×1英里練習：認真暖身15分鐘，從區間一至二強度逐漸增強至區間三至五。在平坦場地上用區間四強度做4×1英里（或1.6公里）練習。不要超過區間四。維持在此區間，中間穿插3分鐘的恢復跑／走，強度在區間一至二。用區間二強度跑，區間一強度走，進行緩和收操15分鐘。 **當天第二次練跑**：區間一至二輕鬆跑
週五 時間：0:40	輕鬆跑／走：在區間一至二輕鬆跑40分鐘，用區間二強度跑4分鐘，接著用區間一強度走1分鐘，在整段期間循環重複。
週六 時間：1:30 時間：0:30	目標配速節奏跑：認真暖身15分鐘，最後1分鐘增強到區間四。過程中在區間五做幾次衝刺練習，每次約10-15秒。休息幾分鐘。接著用半馬的目標配速，在區間三至四，做4×12分鐘的節奏跑，場地選擇類似比賽的場地，中間搭配2分鐘恢復休息。最後在區間一至二慢跑及走路，收操15分鐘。 **當天第二次練跑**：區間一至二輕鬆跑
週日 時間：1:45 時間：0:30	突破跑步法：先用區間一至二的強度跑10-15分鐘，接著逐步提高配速，加強到介於舒適和不適的程度。檢視你的功率區間，有可能會是區間三至四。維持在這個區間，同時想辦法再跑得更快。試著突破這個舒適圈，努力加快的同時，不要增加輸出的瓦特。這是要練習用技術維持或提升速度。注意你的節奏、步頻、姿勢前傾、腳輕輕著地、放鬆、眼睛和頭部位置。最後10分鐘在區間一至二輕鬆跑。 **當天第二次練跑**：區間一至二輕鬆跑

總時間：8:45

第十週：1:40以下半馬訓練計畫，14週特定準備期

週一 時間：0	休息日：今天要認真著重在恢復：（1）盡可能讓雙腿休息；（2）密切注意營養攝取（健康的碳水化合物、精瘦蛋白質、好脂肪）；（3）伸展；（4）口渴就喝水。其他常見幫助恢復的做法，包括按摩、小睡片刻、抬腿、讓身體在水中漂浮、聽音樂。
週二 時間：1:00 時間：0:30	法特萊克間歇跑：衝刺搭配練習。認真暖身15分鐘，從區間一至二逐步增強到區間三至五。在一段起伏的場地，花1-2分鐘提升到比10公里配速（區間六至七）還要快的速度，衝刺間搭配區間一至二強度進行恢復，休息長度依個人需求而定。注意跑姿和步頻！用最後10分鐘收操，以區間一的強度跑或走。 當天第二次練跑：區間一至二輕鬆跑
週三 時間：0:40	輕鬆跑／走：在區間一至二輕鬆跑40分鐘，用區間二強度跑4分鐘，接著用區間一強度走1分鐘，在整段期間循環重複。
週四 時間：1:00 時間：0:30	目標配速節奏跑：認真暖身15分鐘，最後1分鐘增強到區間四。過程中在區間五做幾次衝刺練習，每次約10-15秒。休息幾分鐘。接著用半馬的目標配速，在區間三至四，做30分鐘的節奏跑，場地選擇類似比賽的場地。最後在區間一至二慢跑及走路，收操15分鐘。 當天第二次練跑：區間一至二輕鬆跑
週五 時間：0:40	輕鬆跑／走：在區間一至二輕鬆跑40分鐘，用區間二強度跑4分鐘，接著用區間一強度走1分鐘，在整段期間循環重複。
週六 時間：1:45 時間：0:30	目標配速節奏跑：認真暖身15分鐘，最後1分鐘增強到區間四。過程中在區間五做幾次衝刺練習，每次約10-15秒。休息幾分鐘。接著用半馬的目標配速，在區間三至四，做4×15分鐘的節奏跑，場地選擇類似比賽的場地，中間搭配2分鐘恢復休息。最後在區間一至二慢跑及走路，收操15分鐘。 當天第二次練跑：區間一至二輕鬆跑
週日 時間：2:00 時間：0:30	輕鬆跑／走：在區間一至二跑，用區間二強度跑9分鐘，接著用區間一強度走1分鐘，在整段期間循環重複。 當天第二次練跑：區間一至二輕鬆跑

總時間：9:05

第十一週：1:40以下半馬訓練計畫，14週特定準備期	
週一 時間：0	休息日：今天要認真著重在恢復：（1）盡可能讓雙腿休息；（2）密切注意營養攝取（健康的碳水化合物、精瘦蛋白質、好脂肪）；（3）伸展；（4）口渴就喝水。其他常見幫助恢復的做法，包括按摩、小睡片刻、抬腿、著壓力衣。
週二 時間：1:00 時間：0:30	法特萊克間歇跑：衝刺搭配練習。認真暖身15分鐘，從區間一至二逐步增強到區間三至五。在一段起伏的場地，花1-2分鐘提升到比10公里配速（區間六至七）還要快的速度，衝刺間搭配區間一至二強度進行恢復，休息長度依個人需求而定。注意跑姿和步頻！用最後10分鐘收操，以區間一的強度跑或走。 當天第二次練跑：區間一至二輕鬆跑
週三 時間：0:40	輕鬆跑／走：在區間一至二輕鬆跑40分鐘，用區間二強度跑4分鐘，接著用區間一強度走1分鐘，在整段期間循環重複。
週四 時間：1:10 時間：0:30	4×1英里練習：認真暖身15分鐘，從區間一至二強度逐漸增強至區間三至五。在平坦場地上用區間四強度做4×1英里（或1.6公里）練習。不要超過區間四。中間穿插3分鐘的恢復跑／走，強度在區間一至二。用區間二強度跑，區間一強度走，進行緩和收操15分鐘。 當天第二次練跑：區間一至二輕鬆跑
週五 時間：0:40	輕鬆跑／走：在區間一至二輕鬆跑40分鐘，用區間二強度跑4分鐘，接著用區間一強度走1分鐘，在整段期間循環重複。
週六 時間：1:45 時間：0:30	目標配速節奏跑：認真暖身15分鐘，最後1分鐘增強到區間四。過程中在區間五做幾次衝刺練習，每次約10-15秒。休息幾分鐘。接著用半馬的目標配速，在區間三至四，做4×15分鐘的節奏跑，場地選擇類似比賽的場地，中間搭配3分鐘恢復休息。最後在區間一至二慢跑及走路，收操15分鐘。 當天第二次練跑：區間一至二輕鬆跑
週日 時間：2:00 時間：0:30	突破跑步法：先用區間一至二的強度跑10-15分鐘，接著逐步提高配速，加強到介於舒適和不適的程度。檢視你的功率區間，有可能會是區間三至四。維持在這個區間，同時想辦法再跑得更快。試著突破這個舒適圈，努力加快的同時，不要增加輸出的瓦特。這是要練習用技術維持或提升速度。注意你的節奏、步頻、姿勢前傾、腳輕輕著地、放鬆、眼睛和頭部位置。最後10分鐘在區間一至二輕鬆跑。 當天第二次練跑：區間一至二輕鬆跑

總時間：9:15

第十二週：1:40以下半馬訓練計畫，14週特定準備期

週一 時間：0	休息日：今天要認真著重在恢復：（1）盡可能讓雙腿休息；（2）密切注意營養攝取（健康的碳水化合物、精瘦蛋白質、好脂肪）；（3）伸展；（4）口渴就喝水。其他常見幫助恢復的做法，包括按摩、小睡片刻、抬腿、著壓力衣。
週二 時間：0:40	輕鬆跑／走：在區間一至二輕鬆跑40分鐘，用區間二強度跑4分鐘，接著用區間一強度走1分鐘，在整段期間循環重複。
週三 時間：1:10 時間：0:30	3/9分鐘Stryd測驗：暖身15分鐘，為最後強度較強的部分做準備；用全力跑3分鐘的間歇練習；接著進行恢復，先走5分鐘、輕鬆跑10分鐘、走5分鐘、輕鬆跑5分鐘、再走5分鐘（共30分鐘）；用全力9分鐘的間歇練習；緩和收操10-15分鐘。 *根據第4章的說明進行這項測驗，估測你的rFTPw和rFTPa。* **當天第二次練跑**：區間一至二輕鬆跑
週四 時間：1:00	突破跑步法：先用區間一至二的強度跑10-15分鐘，接著逐步提高配速，加強到介於舒適和不適的程度。檢視你的功率區間，有可能會是區間三至四。維持在這個區間，同時想辦法再跑得更快。試著突破這個舒適圈，努力加快的同時，不要增加輸出的瓦特。這是要練習用技術維持或提升速度。注意你的節奏、步頻、姿勢前傾、腳輕輕著地、放鬆、眼睛和頭部位置。最後10分鐘在區間一至二輕鬆跑。
週五 時間：0:40	輕鬆跑／走：在區間一至二輕鬆跑40分鐘，用區間二強度跑4分鐘，接著用區間一強度走1分鐘，在整段期間循環重複。
週六 時間：1:45 時間：0:30	目標配速節奏跑：認真暖身15分鐘，最後1分鐘增強到區間四。過程中在區間五做幾次衝刺練習，每次約10-15秒。休息幾分鐘。接著用半馬的目標配速，在區間三至四，做4×15分鐘的節奏跑，場地選擇類似比賽的場地，中間搭配3分鐘恢復休息。最後在區間一至二慢跑及走路，收操15分鐘。 **當天第二次練跑**：區間一至二輕鬆跑
週日 時間：0	休息日：今天要認真著重在恢復：（1）盡可能讓雙腿休息；（2）密切注意營養攝取（健康的碳水化合物、精瘦蛋白質、好脂肪）；（3）伸展；（4）口渴就喝水。其他常見幫助恢復的做法，包括按摩、小睡片刻、抬腿、讓身體在水中漂浮、聽音樂。

總時間：6:15

第十三週：1:40以下半馬訓練計畫，14週特定準備期

週一 時間：0:40	**輕鬆跑／走**：在區間一至二輕鬆跑40分鐘，用區間二強度跑4分鐘，接著用區間一強度走1分鐘，在整段期間循環重複。
週二 時間：1:10 時間：0:30	**4×1英里練習**：認真暖身15分鐘，從區間一至二強度逐漸增強至區間三至五。在平坦場地上用區間四強度做4×1英里（或1.6公里）練習。不要超過區間四。維持在此區間，中間穿插3分鐘的恢復跑／走，強度在區間一至二。用區間二強度跑，區間一強度走，進行緩和收操15分鐘。 **當天第二次練跑**：區間一至二輕鬆跑
週三 時間：0:40 時間：0:30	**輕鬆跑／走**：在區間一至二輕鬆跑40分鐘，用區間二強度跑4分鐘，接著用區間一強度走1分鐘，在整段期間循環重複。 **當天第二次練跑**：區間一至二輕鬆跑
週四 時間：0:40	**法特萊克間歇跑**：衝刺搭配練習。認真暖身15分鐘，從區間一至二逐步增強到區間三至五。在一段起伏的場地，花1-2分鐘提升到比10公里配速（區間六至七）還要快的速度，衝刺間搭配區間一至二強度進行恢復，休息長度依個人需求而定。注意跑姿和步頻！用最後10分鐘收操，以區間一的強度跑或走。
週五 時間：0	**休息日**：今天要認真著重在恢復：（1）盡可能讓雙腿休息；（2）密切注意營養攝取（健康的碳水化合物、精瘦蛋白質、好脂肪）；（3）伸展；（4）口渴就喝水。其他常見幫助恢復的做法，包括按摩、小睡片刻、抬腿、著壓力衣。
週六 時間：1:10 時間：0:30	**目標配速節奏跑**：認真暖身15分鐘，最後1分鐘增強到區間四。過程中在區間五做幾次衝刺練習，每次約10-15秒。休息幾分鐘。接著用半馬的目標配速，在區間三至四，做3×10分鐘的節奏跑，場地選擇類似比賽的場地，中間搭配2分鐘恢復休息。最後在區間一至二慢跑及走路，收操15分鐘。 **當天第二次練跑**：區間一至二輕鬆跑
週日 時間：0:40	**輕鬆跑／走**：在區間一至二輕鬆跑40分鐘，用區間二強度跑4分鐘，接著用區間一強度走1分鐘，在整段期間循環重複。

總時間：6:30

第十四週：1:40以下半馬訓練計畫，14週特定準備期

週一 時間：0	休息日：今天要認真著重在恢復：（1）盡可能讓雙腿休息；（2）密切注意營養攝取（健康的碳水化合物、精瘦蛋白質、好脂肪）；（3）伸展；（4）口渴就喝水。其他常見幫助恢復的做法，包括按摩、小睡片刻、抬腿、著壓力衣。
週二 時間：0:40	5×2分鐘練習／區間三至四：暖身15分鐘，接著做5×2分鐘練習，頭1分鐘從區間三開始，最後1分鐘增強至區間四，中間穿插2分鐘恢復跑。最後在區間一至二緩和收操，將整段練習做滿40分鐘。
週三 時間：0:40 時間：0:30	輕鬆跑／走：在區間一至二輕鬆跑40分鐘，用區間二強度跑4分鐘，接著用區間一強度走1分鐘，在整段期間循環重複。 當天第二次練跑：區間一至二輕鬆跑
週四 時間：0:30	衝刺搭配練習：第一部分輕鬆跑，接著用區間六至七的強度做5-7×7秒鐘的衝刺，中間搭配較長的恢復時間，並在過程中速度逐漸加快。專注在前腳掌落地、快速步頻、微微前傾、流暢的動作，動作自然不刻意勉強。
週五 時間：0:20	場地勘查：在賽道一開始與結束的部分練習。過程中注意地標，練習幾次加速到比賽配速，其他時間都用區間一強度練習。
週六	半馬比賽

總時間：2:40

第一週：2:30以下馬拉松訓練計畫，14週特定準備期

週一 時間：1:10	3/9分鐘Stryd測驗：暖身15分鐘，為最後強度較強的部分做準備；用全力跑3分鐘的間歇練習；接著進行恢復，先走5分鐘、輕鬆跑10分鐘、走5分鐘、輕鬆跑5分鐘、再走5分鐘（共30分鐘）；用全力跑9分鐘的間歇練習；輕鬆收操10-15分鐘。 *根據第4章的說明進行這項測驗，估測你的rFTPw和rFTPa。*
週二 時間：0:40	輕鬆跑／走：在區間一至二輕鬆跑40分鐘，用區間二強度跑4分鐘，接著用區間一強度走1分鐘，在整段期間循環重複。
週三 時間：0:40	輕鬆跑／走：在區間一至二輕鬆跑40分鐘，用區間二強度跑4分鐘，接著用區間一強度走1分鐘，在整段期間循環重複。
週四 時間：1:00	30分鐘測驗：暖身15分鐘，為最後強度較強的部分做準備。先在平坦道路或跑道上進行30分鐘測驗（最佳表現），過程中蒐集功率數據（如果可以，也一併蒐集配速與心率數據）。花10-15分鐘緩和收操。 *根據第4章的說明進行這項測驗，估測你的rFTPw和rFTPa。*
週五 時間：0:40 時間：0:30	輕鬆跑／走：在區間一至二輕鬆跑40分鐘，用區間二強度跑4分鐘，接著用區間一強度走1分鐘，在整段期間循環重複。 當天第二次練跑：區間一至二輕鬆跑
週六 時間：0	休息日：今天要認真著重在恢復：（1）盡可能讓雙腿休息；（2）密切注意營養攝取（健康的碳水化合物、精瘦蛋白質、好脂肪）；（3）伸展；（4）口渴就喝水。其他常見幫助恢復的做法，包括按摩、小睡片刻、抬腿、讓身體在水中漂浮、著壓力衣。
週日 時間：1:30 時間：0:30	輕鬆跑／走：在區間一至二跑，用區間二強度跑4分鐘，接著用區間一強度走1分鐘，在整段期間循環重複。 當天第二次練跑：區間一至二輕鬆跑

總時間：6:40

第二週：2:30以下馬拉松訓練計畫，14週特定準備期

週一 時間：1:00	長間歇跑：暖身15分鐘，在過程中建立強度，從區間一開始，最後1分鐘落在區間四至五。接著做3×8分鐘練習，強度在區間三至四（搭配3分鐘恢復休息）。監測配速，在同樣功率輸出下，試著變得更快。最後用區間一至二強度收操15分鐘。
週二 時間：1:00 時間：0:40	目標配速節奏跑：認真暖身15分鐘，最後1分鐘增強到區間四。過程中在區間五做幾次衝刺練習，每次約10-15秒。休息幾分鐘。接著用你的馬拉松目標配速，做30分鐘的節奏跑，場地選擇類似比賽的場地。最後在區間一至二慢跑及走路，收操15分鐘。 **當天第二次練跑**：區間一至二輕鬆跑
週三 時間：1:00 時間：0:30	突破跑步法：先用區間一至二的強度跑10-15分鐘，接著逐步提高配速，加強到介於舒適和不適的程度。檢視你的功率區間，有可能會是區間三至四。維持在這個區間，同時想辦法再跑得更快。試著突破這個舒適圈，努力加快的同時，不要增加輸出的瓦特。這是要練習用技術維持或提升速度。注意你的節奏、步頻、姿勢前傾、腳輕輕著地、放鬆、眼睛和頭部位置。最後10分鐘在區間一至二輕鬆跑。 **當天第二次練跑**：區間一至二輕鬆跑
週四 時間：0:40	輕鬆跑／走：在區間一至二輕鬆跑40分鐘，用區間二強度跑4分鐘，接著用區間一強度走1分鐘，在整段期間循環重複。
週五 時間：1:00 時間：0:30	突破跑步法：先用區間一至二的強度跑10-15分鐘，接著逐步提高配速，加強到介於舒適和不適的程度。檢視你的功率區間，有可能會是區間三至四。維持在這個區間，同時想辦法再跑得更快。試著突破這個舒適圈，努力加快的同時，不要增加輸出的瓦特。這是要練習用技術維持或提升速度。注意你的節奏、步頻、姿勢前傾、腳輕輕著地、放鬆、眼睛和頭部位置。最後10分鐘在區間一至二輕鬆跑。 **當天第二次練跑**：區間一至二輕鬆跑
週六 時間：1:20 時間：0:30	目標配速節奏跑：認真暖身15分鐘，最後1分鐘增強到區間四。過程中在區間五做幾次衝刺練習，每次約10-15秒。休息幾分鐘。接著用你的馬拉松目標配速，做4×10分鐘的節奏跑，場地選擇類似比賽的場地，中間搭配2分鐘恢復休息。最後在區間一至二慢跑及走路，收操15分鐘。 **當天第二次練跑**：區間一至二輕鬆跑
週日 時間：1:30 時間：0:30	突破跑步法：先用區間一至二的強度跑10-15分鐘，接著逐步提高配速，加強到介於舒適和不適的程度。檢視你的功率區間，有可能會是區間三至四。維持在這個區間，同時想辦法再跑得更快。試著突破這個舒適圈，努力加快的同時，不要增加輸出的瓦特。這是要練習用技術維持或提升速度。注意你的節奏、步頻、姿勢前傾、腳輕輕著地、放鬆、眼睛和頭部位置。最後10分鐘在區間一至二輕鬆跑。 **當天第二次練跑**：區間一至二輕鬆跑

總時間：10:10

第三週：2:30以下馬拉松訓練計畫，14週特定準備期	
週一 時間：0:40	輕鬆跑／走：在區間一至二輕鬆跑40分鐘，用區間二強度跑4分鐘，接著用區間一強度走1分鐘，在整段期間循環重複。
週二 時間：1:15 時間：0:30	目標配速節奏跑：認真暖身15分鐘，最後1分鐘增強到區間四。過程中在區間五做幾次衝刺練習，每次約10-15秒。休息幾分鐘。接著用你的馬拉松目標配速，做45分鐘的節奏跑，場地選擇類似比賽的場地。最後在區間一至二慢跑及走路，收操15分鐘。 當天第二次練跑：區間一至二輕鬆跑
週三 時間：0:40 時間：0:30	輕鬆跑／走：在區間一至二輕鬆跑40分鐘，用區間二強度跑4分鐘，接著用區間一強度走1分鐘，在整段期間循環重複。 當天第二次練跑：區間一至二輕鬆跑
週四 時間：1:20	目標配速節奏跑：認真暖身15分鐘，最後1分鐘增強到區間四。過程中在區間五做幾次衝刺練習，每次約10-15秒。休息幾分鐘。接著用你的馬拉松目標配速，做4×10分鐘的節奏跑，場地選擇類似比賽的場地，中間搭配2分鐘恢復休息。最後在區間一至二慢跑及走路，收操15分鐘。
週五 時間：1:00 時間：0:30	突破跑步法：先用區間一至二的強度跑10-15分鐘，接著逐步提高配速，加強到介於舒適和不適的程度。檢視你的功率區間，有可能會是區間三至四。維持在這個區間，同時想辦法再跑得更快。試著突破這個舒適圈，努力加快的同時，不要增加輸出的瓦特。這是要練習用技術維持或提升速度。注意你的節奏、步頻、姿勢前傾、腳輕輕著地、放鬆、眼睛和頭部位置。最後10分鐘在區間一至二輕鬆跑。 當天第二次練跑：區間一至二輕鬆跑
週六 時間：1:45 時間：0:30	輕鬆跑／走：在區間一至二跑，用區間二強度跑5分鐘，接著用區間一強度走1分鐘，在整段期間循環重複。 *跑步與走路的比例無法平均分配，最後一段會是跑步。完成後再走個幾分鐘。* 當天第二次練跑：區間一至二輕鬆跑
週日 時間：0	休息日：今天要認真著重在恢復：（1）盡可能讓雙腿休息；（2）密切注意營養攝取（健康的碳水化合物、精瘦蛋白質、好脂肪）；（3）伸展；（4）口渴就喝水。其他常見幫助恢復的做法，包括按摩、小睡片刻、抬腿、著壓力衣。

總時間：8:40

第四週：2:30以下馬拉松訓練計畫，14週特定準備期

週一 時間：0:40	**輕鬆跑／走**：在區間一至二輕鬆跑40分鐘，用區間二強度跑4分鐘，接著用區間一強度走1分鐘，在整段期間循環重複。
週二 時間：1:10	**3/9分鐘Stryd測驗**：暖身15分鐘，為最後強度較強的部分做準備；用全力跑3分鐘的間歇練習；接著進行恢復，先走5分鐘、輕鬆跑10分鐘、走5分鐘、輕鬆跑5分鐘、再走5分鐘（共30分鐘）；用全力跑9分鐘的間歇練習；緩和收操10-15分鐘。 *根據第4章的說明進行這項測驗，估測你的rFTPw和rFTPa。*
週三 時間：0:40	**輕鬆跑／走**：在區間一至二輕鬆跑40分鐘，用區間二強度跑4分鐘，接著用區間一強度走1分鐘，在整段期間循環重複。
週四 時間：0:40	**輕鬆跑／走**：在區間一至二輕鬆跑40分鐘，用區間二強度跑4分鐘，接著用區間一強度走1分鐘，在整段期間循環重複。
週五 時間：1:00 時間：0:30	**30分鐘測驗**：暖身15分鐘，為最後強度較強的部分做準備。先在平坦道路或跑道上進行30分鐘測驗（最佳表現），過程中蒐集功率數據（如果可以，也一併蒐集配速與心率數據）。花10-15分鐘緩和收操。 *根據第4章的說明進行這項測驗，估測你的rFTPw和rFTPa。* **當天第二次練跑**：區間一至二輕鬆跑
週六 時間：0	**休息日**：今天要認真著重在恢復：（1）盡可能讓雙腿休息；（2）密切注意營養攝取（健康的碳水化合物、精瘦蛋白質、好脂肪）；（3）伸展；（4）口渴就喝水。其他常見幫助恢復的做法，包括按摩、小睡片刻、抬腿、著壓力衣。
週日 時間：2:00 時間：0:30	**輕鬆跑／走**：在區間一至二跑，用區間二強度跑9分鐘，接著用區間一強度走1分鐘，在整段期間循環重複。 **當天第二次練跑**：區間一至二輕鬆跑

總時間：7:10

第五週：2:30以下馬拉松訓練計畫，14週特定準備期	
週一 時間：0:40	**輕鬆跑／走：** 在區間一至二輕鬆跑40分鐘，用區間二強度跑6分鐘，接著用區間一強度走1分鐘，在整段期間循環重複。 *這7分鐘為單位的循環練習，無法平均分配進40分鐘，最後一段會是跑步。完成後再走個幾分鐘。*
週二 時間：0:40	**輕鬆跑／走：** 在區間一至二輕鬆跑40分鐘，用區間二強度跑6分鐘，接著用區間一強度走1分鐘，在整段期間循環重複。 *這7分鐘為單位的循環練習，無法平均分配進40分鐘，最後一段會是跑步。完成後再走個幾分鐘。*
時間：0:30	**當天第二次練跑：** 區間一至二輕鬆跑
週三 時間：1:30	**8×1英里練習：** 認真暖身15分鐘，從區間一至二強度逐漸增強至區間三至五。在平坦場地上用區間三至四強度，用你的馬拉松目標配速，做8×1英里（或1.6公里）練習。不要超過區間四，中間穿插2分鐘的恢復跑，強度在區間一至二。用區間二強度跑，區間一強度走，進行緩和收操15分鐘。
時間：0:30	**當天第二次練跑：** 區間一至二輕鬆跑
週四 時間：1:30	**突破跑步法：** 先用區間一至二的強度跑10-15分鐘，接著逐步提高配速，加強到介於舒適和不適的程度。檢視你的功率區間，有可能會是區間三至四。維持在這個區間，同時想辦法再跑得更快。試著突破這個舒適圈，努力加快的同時，不要增加輸出的瓦特。這是要練習用技術維持或提升速度。注意你的節奏、步頻、姿勢前傾、腳輕輕著地、放鬆、眼睛和頭部位置。最後10分鐘在區間一至二輕鬆跑。
時間：0:30	**當天第二次練跑：** 區間一至二輕鬆跑
週五 時間：0:40	**輕鬆跑／走：** 在區間一至二輕鬆跑40分鐘，用區間二強度跑6分鐘，接著用區間一強度走1分鐘，在整段期間循環重複。 *這段7分鐘為單位的練習，無法平均分配進40分鐘內，最後一段會是跑步。完成後再走個幾分鐘。*
週六 時間：1:45	**目標配速節奏跑：** 認真暖身15分鐘，最後1分鐘增強到區間四。過程中在區間五做幾次衝刺練習，每次約10-15秒。休息幾分鐘。接著用你的馬拉松目標配速做4×15分鐘的節奏跑，場地選擇類似比賽的場地，中間穿插3分鐘的恢復休息。最後在區間一至二慢跑及走路，收操15分鐘。
時間：0:30	**當天第二次練跑：** 區間一至二輕鬆跑
週日 時間：2:30 時間：0:30	**輕鬆跑／走：** 在區間一至二跑，用區間二強度跑9分鐘，接著用區間一強度走1分鐘，在整段期間循環重複。 **當天第二次練跑：** 區間一至二輕鬆跑

總時間：11:45

第六週：2:30以下馬拉松訓練計畫，14週特定準備期

週一 時間：0:40	**輕鬆跑／走**：在區間一至二輕鬆跑40分鐘，用區間二強度跑6分鐘，接著用區間一強度走1分鐘，在整段期間循環重複。 *這段7分鐘為單位的練習。無法平均分配進40分鐘內，最後一段會是跑步。完成後再走個幾分鐘。*
週二 時間：0:40	**輕鬆跑／走**：在區間一至二輕鬆跑40分鐘，用區間二強度跑7分鐘，接著用區間一強度走1分鐘，在整段在整段期間循環重複。 *這段8分鐘為單位的練習，無法平均分配進40分鐘內，最後一段會是跑步。完成後再走個幾分鐘。*
時間：0:30	**當天第二次練跑**：區間一至二輕鬆跑
週三 時間：1:30	**5×2英里練習**：認真暖身15分鐘，從區間一至二強度逐漸增強至區間三至五。在平坦場地上用區間三至四強度，做5×2英里（或1.6公里）練習。不要超過區間四。中間穿插3分鐘的恢復跑／走，強度在區間一至二。用區間二強度跑，區間一強度走，進行緩和收操15分鐘。
時間：0:30	**當天第二次練跑**：區間一至二輕鬆跑
週四 時間：1:00	**突破跑步法**：先用區間一至二的強度跑10-15分鐘，接著逐步提高配速，加強到介於舒適和不適的程度。檢視你的功率區間，有可能會是區間三至四。維持在這個區間，同時想辦法再跑得更快。試著突破這個舒適圈，努力加快的同時，不要增加輸出的瓦特。這是要練習用技術維持或提升速度。注意你的節奏、步頻、姿勢前傾、腳輕輕著地、放鬆、眼睛和頭部位置。最後10分鐘在區間一至二輕鬆跑。
時間：0:30	**當天第二次練跑**：區間一至二輕鬆跑
週五 時間：0	**休息日**：今天要認真著重在恢復：（1）盡可能讓雙腿休息；（2）密切注意營養攝取（健康的碳水化合物、精瘦蛋白質、好脂肪）；（3）伸展；（4）口渴就喝水。其他常見幫助恢復的做法，包括按摩、小睡片刻、抬腿、著壓力衣。
週六 時間：2:00	**目標配速節奏跑**：認真暖身15分鐘，最後1分鐘增強到區間四。過程中在區間五做幾次衝刺練習，每次約10-15秒。休息幾分鐘。接著用你的馬拉松目標配速做4×20分鐘的節奏跑，場地選擇類似比賽的場地，中間搭配3分鐘恢復休息。最後在區間一至二慢跑及走路，收操15分鐘。
時間：0:30	**當天第二次練跑**：區間一至二輕鬆跑
週日 時間：2:30 時間：0:30	**輕鬆跑／走**：在區間一至二跑，用區間二強度跑9分鐘，接著用區間一強度走1分鐘，在整段期間循環重複。 **當天第二次練跑**：區間一至二輕鬆跑

總時間：10:50

第七週：2:30以下馬拉松訓練計畫，14週特定準備期

週一 時間：0:40	**輕鬆跑／走**：在區間一至二輕鬆跑40分鐘，用區間二強度跑4分鐘，接著用區間一強度走1分鐘，在整段期間循環重複。
週二 時間：1:15 時間：0:30	**5×1英里練習**：認真暖身15分鐘，從區間一至二強度逐漸增強至區間三至五。在平坦場地上用區間三至四強度，做5×1英里（或1.6公里）練習。*不要超過區間四*。中間穿插3分鐘的恢復跑／走，強度在區間一至二。用區間二強度跑，區間一強度走，進行緩和收操15分鐘。 **當天第二次練跑**：區間一至二輕鬆跑
週三 時間：0:40 時間：0:30	**輕鬆跑／走**：在區間一至二輕鬆跑40分鐘，用區間二強度跑4分鐘，接著用區間一強度走1分鐘，在整段期間循環重複。 **當天第二次練跑**：區間一至二輕鬆跑
週四 時間：1:30 時間：0:30	**5×2英里練習**：認真暖身15分鐘，從區間一至二強度逐漸增強至區間三至五。在平坦場地上用區間三至四強度，做5×2英里（或1.6公里）練習。*不要超過區間四*。中間穿插3分鐘的恢復跑／走，強度在區間一至二。用區間二強度跑，區間一強度走，進行緩和收操15分鐘。 **當天第二次練跑**：區間一至二輕鬆跑
週五 時間：0:40	**輕鬆跑／走**：在區間一至二輕鬆跑40分鐘，用區間二強度跑4分鐘，接著用區間一強度走1分鐘，在整段期間循環重複。
週六 時間：2:30 時間：0:30	**目標配速節奏跑**：認真暖身15分鐘，最後1分鐘增強到區間四。過程中在區間五做幾次衝刺練習，每次約10-15秒。休息幾分鐘。接著用你的馬拉松目標配速做3×30分鐘的節奏跑，場地選擇類似比賽的場地，中間穿插3分鐘的休息。最後在區間一至二慢跑及走路，收操15分鐘。 **當天第二次練跑**：區間一至二輕鬆跑
週日 時間：2:30 時間：0:30	**輕鬆跑／走**：在區間一至二跑，用區間二強度跑9分鐘，接著用區間一強度走1分鐘，在整段期間循環重複。 **當天第二次練跑**：區間一至二輕鬆跑

總時間：12:15

第八週：2:30以下馬拉松訓練計畫，14週特定準備期

週一 時間：0	休息日：今天要認真著重在恢復：（1）盡可能讓雙腿休息；（2）密切注意營養攝取（健康的碳水化合物、精瘦蛋白質、好脂肪）；（3）伸展；（4）口渴就喝水。其他常見幫助恢復的做法，包括按摩、小睡片刻、抬腿、著壓力衣。
週二 時間：0:40	輕鬆跑／走：在區間一至二輕鬆跑40分鐘，用區間二強度跑4分鐘，接著用區間一強度走1分鐘，在整段期間循環重複。
週三 時間：1:10 時間：0:30	3/9分鐘Stryd測驗：暖身15分鐘，為最後強度較強的部分做準備；用全力跑3分鐘的間歇練習；接著進行恢復，先走5分鐘、輕鬆跑10分鐘、走5分鐘、輕鬆跑5分鐘、再走5分鐘（共30分鐘）；用全力跑9分鐘的間歇練習；緩和收操10-15分鐘。 *根據第4章的說明進行這項測驗，估測你的rFTPw和rFTPa。* **當天第二次練跑**：區間一至二輕鬆跑
週四 時間：0:40	輕鬆跑／走：在區間一至二輕鬆跑40分鐘，用區間二強度跑4分鐘，接著用區間一強度走1分鐘，在整段期間循環重複。
週五 時間：1:00 時間：0:30	突破跑步法：先用區間一至二的強度跑10-15分鐘，接著逐步提高配速，加強到介於舒適和不適的程度。檢視你的功率區間，有可能會是區間三至四。維持在這個區間，同時想辦法再跑得更快。試著突破這個舒適圈，努力加快的同時，不要增加輸出的瓦特。這是要練習用技術維持或提升速度。注意你的節奏、步頻、姿勢前傾、腳輕輕著地、放鬆、眼睛和頭部位置。最後10分鐘在區間一至二輕鬆跑。 **當天第二次練跑**：區間一至二輕鬆跑。
週六 時間：2:30 時間：0:30	目標配速節奏跑：認真暖身15分鐘，最後1分鐘增強到區間四。過程中在區間五做幾次衝刺練習，每次約10-15秒。休息幾分鐘。接著用你的馬拉松目標配速做3×30分鐘的節奏跑，場地選擇類似比賽的場地，中間搭配3分鐘恢復休息。最後在區間一至二慢跑及走路，收操15分鐘。 **當天第二次練跑**：區間一至二輕鬆跑
週日 時間：2:30 時間：0:30	輕鬆跑／走：在區間一至二跑，用區間二強度跑9分鐘，接著用區間一強度走1分鐘，在整段期間循環重複。 **當天第二次練跑**：區間一至二輕鬆跑

總時間：10:30

第九週：2:30以下馬拉松訓練計畫，14週特定準備期

週一 時間：0	休息日：今天要認真著重在恢復：（1）盡可能讓雙腿休息；（2）密切注意營養攝取（健康的碳水化合物、精瘦蛋白質、好脂肪）；（3）伸展；（4）口渴就喝水。其他常見幫助恢復的做法，包括按摩、小睡片刻、抬腿、著壓力衣。
週二 時間：1:45 時間：0:30	目標配速節奏跑：認真暖身15分鐘，最後1分鐘增強到區間四。過程中在區間五做幾次衝刺練習，每次約10-15秒。休息幾分鐘。接著用你的馬拉松目標配速做4×15分鐘的節奏跑，場地選擇類似比賽的場地，中間搭配3分鐘恢復休息。最後在區間一至二慢跑及走路，收操15分鐘。 當天第二次練跑：區間一至二輕鬆跑
週三 時間：0:40 時間：0:30	輕鬆跑／走：在區間一至二輕鬆跑40分鐘，用區間二強度跑4分鐘，接著用區間一強度走1分鐘，在整段期間循環重複。 當天第二次練跑：區間一至二輕鬆跑
週四 時間：1:10 時間：0:30	4×1英里練習：認真暖身15分鐘，從區間一至二強度逐漸增強至區間三至五。在平坦場地上用區間三至四強度做4×1英里（或1.6公里）練習。不要超過區間四。中間穿插3分鐘的恢復跑／走，強度在區間一至二。用區間二強度跑，區間一強度走，進行緩和收操15分鐘。 當天第二次練跑：區間一至二輕鬆跑
週五 時間：0:40	輕鬆跑／走：在區間一至二輕鬆跑40分鐘，用區間二強度跑4分鐘，接著用區間一強度走1分鐘，在整段期間循環重複。
週六 時間：2:30 時間：0:30	目標配速節奏跑：認真暖身15分鐘，最後1分鐘增強到區間四。過程中在區間五做幾次衝刺練習，每次約10-15秒。休息幾分鐘。接著用你的馬拉松目標配速做3×30分鐘的節奏跑，場地選擇類似比賽的場地，中間搭配5分鐘恢復休息。最後在區間一至二慢跑及走路，收操15分鐘。 當天第二次練跑：區間一至二輕鬆跑
週日 時間：2:30 時間：0:30	輕鬆跑／走：在區間一至二跑，用區間二強度跑9分鐘，接著用區間一強度走1分鐘，在整段期間循環重複。 當天第二次練跑：區間一至二輕鬆跑

總時間：11:45

第十週：2:30以下馬拉松訓練計畫，14週特定準備期

週一 時間：0	休息日：今天要認真著重在恢復：（1）盡可能讓雙腿休息；（2）密切注意營養攝取（健康的碳水化合物、精瘦蛋白質、好脂肪）；（3）伸展；（4）口渴就喝水。其他常見幫助恢復的做法，包括按摩、小睡片刻、抬腿、著壓力衣。
週二 時間：1:30 時間：0:30	5×2英里練習：認真暖身15分鐘，從區間一至二強度逐漸增強至區間三至五。在平坦場地上用區間三至四強度，做5×2英里（或1.6公里）練習。不要超過區間四。中間穿插3分鐘的恢復跑／走，強度在區間一至二。用區間二強度跑，區間一強度走，進行緩和收操15分鐘。 當天第二次練跑：區間一至二輕鬆跑
週三 時間：0:40 時間：0:30	輕鬆跑／走：在區間一至二輕鬆跑40分鐘，用區間二強度跑4分鐘，接著用區間一強度走1分鐘，在整段期間循環重複。 當天第二次練跑：區間一至二輕鬆跑
週四 時間：1:00 時間：0:30	目標配速節奏跑：認真暖身15分鐘，最後1分鐘增強到區間四。過程中在區間五做幾次衝刺練習，每次約10-15秒。休息幾分鐘。接著用你的馬拉松目標配速做30分鐘的節奏跑，場地選擇類似比賽的場地。最後在區間一至二慢跑及走路，收操15分鐘。 當天第二次練跑：區間一至二輕鬆跑
週五 時間：0:40	輕鬆跑／走：在區間一至二輕鬆跑40分鐘，用區間二強度跑4分鐘，接著用區間一強度走1分鐘，在整段期間循環重複。
週六 時間：2:00 時間：0:30	目標配速節奏跑：認真暖身15分鐘，最後1分鐘增強到區間四。過程中在區間五做幾次衝刺練習，每次約10-15秒。休息幾分鐘。接著用你的馬拉松目標配速做4×20分鐘的節奏跑，場地選擇類似比賽的場地，搭配3分鐘的恢復休息。最後在區間一至二慢跑及走路，收操15分鐘。 當天第二次練跑：區間一至二輕鬆跑
週日 時間：2:00 時間：0:30	輕鬆跑／走：在區間一至二跑，用區間二強度跑9分鐘，接著用區間一強度走1分鐘，在整段期間循環重複。 當天第二次練跑：區間一至二輕鬆跑

總時間：10:20

第十一週：2:30以下馬拉松訓練計畫，14週特定準備期	
週一 時間：0	休息日：今天要認真著重在恢復：（1）盡可能讓雙腿休息；（2）密切注意營養攝取（健康的碳水化合物、精瘦蛋白質、好脂肪）；（3）伸展；（4）口渴就喝水。其他常見幫助恢復的做法，包括按摩、小睡片刻、抬腿、著壓力衣。
週二 時間：1:30 時間：0:30	目標配速節奏跑：認真暖身15分鐘，最後1分鐘增強到區間四。過程中在區間五做幾次衝刺練習，每次約10-15秒。休息幾分鐘。接著用你的馬拉松目標配速做60分鐘的節奏跑，場地選擇類似比賽的場地。最後在區間一至二慢跑及走路，收操15分鐘。 當天第二次練跑：區間一至二輕鬆跑
週三 時間：0:40 時間：0:30	輕鬆跑／走：在區間一至二輕鬆跑40分鐘，用區間二強度跑4分鐘，接著用區間一強度走1分鐘，在整段期間循環重複。 當天第二次練跑：區間一至二輕鬆跑
週四 時間：1:10 時間：0:30	4×1英里練習：認真暖身15分鐘，從區間一至二強度逐漸增強至區間三至五。在平坦場地上用區間三至四強度，做4×1英里（或1.6公里）練習。不要超過區間四。中間穿插3分鐘的恢復跑，強度在區間一至二。用區間二強度跑，區間一強度走，進行緩和收操15分鐘。 當天第二次練跑：區間一至二輕鬆跑
週五 時間：0:40	輕鬆跑／走：在區間一至二輕鬆跑40分鐘，用區間二強度跑4分鐘，接著用區間一強度走1分鐘，在整段期間循環重複。
週六 時間：2:00 時間：0:30	目標配速節奏跑：認真暖身15分鐘，最後1分鐘增強到區間四。過程中在區間五做幾次衝刺練習，每次約10-15秒。休息幾分鐘。接著用你的馬拉松目標配速做4×20分鐘的節奏跑，場地選擇類似比賽的場地，中間搭配3分鐘恢復休息。最後在區間一至二慢跑及走路，收操15分鐘。 當天第二次練跑：區間一至二輕鬆跑
週日 時間：2:00 時間：0:30	突破跑步法：先用區間一至二的強度跑10-15分鐘，接著逐步提高配速，加強到介於舒適和不適的程度。檢視你的功率區間，有可能會是區間三至四。維持在這個區間，同時想辦法再跑得更快。試著突破這個舒適圈，努力加快的同時，不要增加輸出的瓦特。這是要練習用技術維持或提升速度。注意你的節奏、步頻、姿勢前傾、腳輕輕著地、放鬆、眼睛和頭部位置。最後10分鐘在區間一至二輕鬆跑。 當天第二次練跑：區間一至二輕鬆跑

總時間：10:30

第十二週：2:30以下馬拉松訓練計畫，14週特定準備期

週一 時間：0	休息日：今天要認真著重在恢復：（1）盡可能讓雙腿休息；（2）密切注意營養攝取（健康的碳水化合物、精瘦蛋白質、好脂肪）；（3）伸展；（4）口渴就喝水。其他常見幫助恢復的做法，包括按摩、小睡片刻、抬腿、著壓力衣。
週二 時間：0:40	輕鬆跑／走：在區間一至二輕鬆跑40分鐘，用區間二強度跑4分鐘，接著用區間一強度走1分鐘，在整段期間循環重複。
週三 時間：1:10 時間：0:30	3/9分鐘Stryd測驗：暖身15分鐘，為最後強度較強的部分做準備；用全力跑3分鐘的間歇練習；接著進行恢復，先走5分鐘、輕鬆跑10分鐘、走5分鐘、輕鬆跑5分鐘、再走5分鐘（共30分鐘）；用全力跑9分鐘的間歇練習；緩和收操10-15分鐘。 *根據第4章的說明進行這項測驗，估測你的rFTPw和rFTPa。* **當天第二次練跑：**區間一至二輕鬆跑
週四 時間：1:00 時間：0:30	突破跑步法：先用區間一至二的強度跑10-15分鐘，接著逐步提高配速，加強到介於舒適和不適的程度。檢視你的功率區間，有可能會是區間三至四。維持在這個區間，同時想辦法再跑得更快。試著突破這個舒適圈，努力加快的同時，不要增加輸出的瓦特。這是要練習用技術維持或提升速度。注意你的節奏、步頻、姿勢前傾、腳輕輕著地、放鬆、眼睛和頭部位置。最後10分鐘在區間一至二輕鬆跑。 **當天第二次練跑：**區間一至二輕鬆跑
週五 時間：0:40	輕鬆跑／走：在區間一至二輕鬆跑40分鐘，用區間二強度跑4分鐘，接著用區間一強度走1分鐘，在整段期間循環重複。
週六 時間：2:00 時間：0:30	目標配速節奏跑：認真暖身15分鐘，最後1分鐘增強到區間四。過程中在區間五做幾次衝刺練習，每次約10-15秒。休息幾分鐘。接著用你的馬拉松目標配速，做5×15分鐘的節奏跑，場地選擇類似比賽的場地，中間搭配3分鐘的恢復休息。最後在區間一至二慢跑及走路，收操15分鐘。 **當天第二次練跑：**區間一至二輕鬆跑
週日 時間：0	休息日：今天要認真著重在恢復：（1）盡可能讓雙腿休息；（2）密切注意營養攝取（健康的碳水化合物、精瘦蛋白質、好脂肪）；（3）伸展；（4）口渴就喝水。其他常見幫助恢復的做法，包括按摩、小睡片刻、抬腿、著壓力衣。

總時間：7:00

第十三週：2:30以下馬拉松訓練計畫，14週特定準備期	
週一 時間：0:40	輕鬆跑／走：在區間一至二輕鬆跑40分鐘，用區間二強度跑4分鐘，接著用區間一強度走1分鐘，在整段期間循環重複。
週二 時間：1:15 時間：0:30	5×1英里練習：認真暖身15分鐘，從區間一至二強度逐漸增強至區間三至五。在平坦場地上用區間三至四強度做5×1英里（或1.6公里）練習。不要超過區間四。中間穿插3分鐘的恢復跑／走，強度在區間一至二。用區間二強度跑，區間一強度走，進行緩和收操15分鐘。 當天第二次練跑：區間一至二輕鬆跑
週三 時間：0:40 時間：0:30	輕鬆跑／走：在區間一至二輕鬆跑40分鐘，用區間二強度跑4分鐘，接著用區間一強度走1分鐘，在整段期間循環重複。 當天第二次練跑：區間一至二輕鬆跑
週四 時間：0:40	法特萊克間歇跑：衝刺搭配練習。認真暖身15分鐘，從區間一至二逐步增強到區間三至五。在一段起伏的場地，花1-2分鐘提升到比5公里配速（區間六至七）還要快的速度，衝刺間搭配區間一至二強度進行恢復，休息長度依個人需求而定。注意跑姿和步頻！用最後10分鐘收操，以區間一的強度跑或走。
週五 時間：0	休息日：今天要認真著重在恢復：（1）盡可能讓雙腿休息；（2）密切注意營養攝取（健康的碳水化合物、精瘦蛋白質、好脂肪）；（3）伸展；（4）口渴就喝水。其他常見幫助恢復的做法，包括按摩、小睡片刻、抬腿、著壓力衣。
週六 時間：1:20 時間：0:30	目標配速節奏跑：認真暖身15分鐘，最後1分鐘增強到區間四。過程中在區間五做幾次衝刺練習，每次約10-15秒。休息幾分鐘。接著用你的馬拉松目標配速做3×15分鐘的節奏跑，場地選擇類似比賽的場地，中間搭配2分鐘的恢復休息。。最後在區間一至二慢跑及走路，收操15分鐘。 當天第二次練跑：區間一至二輕鬆跑
週日 時間：0:40	輕鬆跑／走：在區間一至二輕鬆跑40分鐘，用區間二強度跑4分鐘，接著用區間一強度走1分鐘，在整段期間循環重複。

總時間：6:45

第十四週：2:30以下馬拉松訓練計畫，14週特定準備期

週一 時間：0	休息日：今天要認真著重在恢復：（1）盡可能讓雙腿休息；（2）密切注意營養攝取（健康的碳水化合物、精瘦蛋白質、好脂肪）；（3）伸展；（4）口渴就喝水。其他常見幫助恢復的做法，包括按摩、小睡片刻、抬腿、著壓力衣。
週二 時間：0:40	5×2分鐘練習／區間三至四：認真暖身15分鐘，接著做5×2分鐘練習，頭1分鐘從區間三開始，最後1分鐘增強到區間四，中間搭配2分鐘輕鬆恢復跑。用區間一至二強度收操，將整段練習做滿40分鐘。
週三 時間：0:40 時間：0:30	輕鬆跑／走：在區間一至二輕鬆跑40分鐘，用區間二強度跑4分鐘，接著用區間一強度走1分鐘，在整段期間循環重複。 當天第二次練跑：區間一至二輕鬆跑
週四 時間：0:30	衝刺搭配練習：第一部分輕鬆跑，接著用區間六至七的強度做5-7×7秒鐘的衝刺，中間搭配較長的恢復時間，並在過程中速度逐漸加快。專注在前腳掌落地、快速步頻、微微前傾、流暢的動作，動作自然不刻意勉強。
週五 時間：0:20	場地勘查：在賽道一開始與結束的部分練習。過程中注意地標，練習幾次加速到比賽配速，其他時間都用區間一強度練習。
週六	馬拉松比賽

總時間：2:40

第一週：3:30以下馬拉松訓練計畫，14週特定準備期	
週一 時間：1:10	3/9分鐘Stryd測驗：暖身15分鐘，為最後強度較強的部分做準備；用全力跑3分鐘的間歇練習；接著進行恢復，先走5分鐘、輕鬆跑10分鐘、走5分鐘、輕鬆跑5分鐘、再走5分鐘（共30分鐘）；用全力跑9分鐘的間歇練習；緩和收操10-15分鐘。 *根據第4章的說明進行這項測驗，估測你的rFTPw和rFTPa。*
週二 時間：0:40	輕鬆跑／走：在區間一至二輕鬆跑40分鐘，用區間二強度跑4分鐘，接著用區間一強度走1分鐘，在整段期間循環重複。
週三 時間：0:40	輕鬆跑／走：在區間一至二輕鬆跑40分鐘，用區間二強度跑4分鐘，接著用區間一強度走1分鐘，在整段期間循環重複。
週四 時間：1:00	30分鐘測驗：暖身15分鐘，為最後強度較強的部分做準備。先在平坦道路或跑道上進行30分鐘測驗（最佳表現），過程中蒐集功率數據（如果可以，也一併蒐集配速與心率數據）。花10-15分鐘緩和收操。 *根據第4章的說明進行這項測驗，估測你的rFTPw和rFTPa。*
週五 時間：0:40 時間：0:30	輕鬆跑／走：在區間一至二輕鬆跑40分鐘，用區間二強度跑4分鐘，接著用區間一強度走1分鐘，在整段期間循環重複。 當天第二次練跑：區間一至二輕鬆跑
週六 時間：0	休息日：今天要認真著重在恢復：（1）盡可能讓雙腿休息；（2）密切注意營養攝取（健康的碳水化合物、精瘦蛋白質、好脂肪）；（3）伸展；（4）口渴就喝水。其他常見幫助恢復的做法，包括按摩、小睡片刻、抬腿、讓身體在水中漂浮、著壓力衣。
週日 時間：1:30 時間：0:30	輕鬆跑／走：在區間一至二跑，用區間二強度跑5分鐘，接著用區間一強度走1分鐘，在整段期間循環重複。 當天第二次練跑：區間一至二輕鬆跑

總時間：6:40

第二週：3:30以下馬拉松訓練計畫，14週特定準備期

週一 時間：1:10	**長間歇跑**：暖身15分鐘，在過程中建立強度，從區間一開始，最後1分鐘落在區間四至五。接著做4×8分鐘練習，強度在區間三至四（2分鐘恢復休息）。監測配速，在同樣功率輸出下，試著變得更快。最後用區間一至二強度收操15分鐘。
週二 時間：1:00 時間：0:40	**目標配速節奏跑**：認真暖身15分鐘，最後1分鐘增強到區間四。過程中在區間五做幾次衝刺練習，每次約10-15秒。休息幾分鐘。接著用你的馬拉松目標配速做30分鐘的節奏跑，場地選擇類似比賽的場地。最後在區間一至二慢跑及走路，收操15分鐘。 **輕鬆跑／走**：在區間一至二輕鬆跑40分鐘，用區間二強度跑4分鐘，接著用區間一強度走1分鐘，在整段期間循環重複。
週三 時間：1:00 時間：0:30	**突破跑步法**：先用區間一至二的強度跑10-15分鐘，接著逐步提高配速，加強到介於舒適和不適的程度。檢視你的功率區間，有可能會是區間三至四。維持在這個區間，同時想辦法再跑得更快。試著突破這個舒適圈，努力加快的同時，不要增加輸出的瓦特。這是要練習用技術維持或提升速度。注意你的節奏、步頻、姿勢前傾、腳輕輕著地、放鬆、眼睛和頭部位置。最後10分鐘在區間一至二輕鬆跑。 **當天第二次練跑**：區間一至二輕鬆跑
週四 時間：0:40	**輕鬆跑／走**：在區間一至二輕鬆跑40分鐘，用區間二強度跑4分鐘，接著用區間一強度走1分鐘，在整段期間循環重複。
週五 時間：1:00 時間：0:30	**突破跑步法**：先用區間一至二的強度跑10-15分鐘，接著逐步提高配速，加強到介於舒適和不適的程度。檢視你的功率區間，有可能會是區間三至四。維持在這個區間，同時想辦法再跑得更快。試著突破這個舒適圈，努力加快的同時，不要增加輸出的瓦特。這是要練習用技術維持或提升速度。注意你的節奏、步頻、姿勢前傾、腳輕輕著地、放鬆、眼睛和頭部位置。最後10分鐘在區間一至二輕鬆跑。 **當天第二次練跑**：區間一至二輕鬆跑
週六 時間：1:20 時間：0:30	**目標配速節奏跑**：認真暖身15分鐘，最後1分鐘增強到區間四。過程中在區間五做幾次衝刺練習，每次約10-15秒。休息幾分鐘。接著用你的馬拉松目標配速做4×10分鐘的節奏跑，場地選擇類似比賽的場地，中間搭配2分鐘恢復休息。最後在區間一至二慢跑及走路，收操15分鐘。 **當天第二次練跑**：區間一至二輕鬆跑
週日 時間：1:30 時間：0:30	**突破跑步法**：先用區間一至二的強度跑10-15分鐘，接著逐步提高配速，加強到介於舒適和不適的程度。檢視你的功率區間，有可能會是區間三至四。維持在這個區間，同時想辦法再跑得更快。試著突破這個舒適圈，努力加快的同時，不要增加輸出的瓦特。這是要練習用技術維持或提升速度。注意你的節奏、步頻、姿勢前傾、腳輕輕著地、放鬆、眼睛和頭部位置。最後10分鐘在區間一至二輕鬆跑。 **當天第二次練跑**：區間一至二輕鬆跑

總時間：10:20

第三週：3:30以下馬拉松訓練計畫，14週特定準備期	
週一 時間：0:40	**輕鬆跑／走**：在區間一至二輕鬆跑40分鐘，用區間二強度跑4分鐘，接著用區間一強度走1分鐘，在整段期間循環重複。
週二 時間：1:15 時間：0:30	**目標配速節奏跑**：認真暖身15分鐘，最後1分鐘增強到區間四。過程中在區間五做幾次衝刺練習，每次約10-15秒。休息幾分鐘。接著用你的馬拉松目標配速做45分鐘的節奏跑，場地選擇類似比賽的場地。最後在區間一至二慢跑及走路，收操15分鐘。 **當天第二次練跑**：區間一至二輕鬆跑
週三 時間：0:40 時間：0:30	**輕鬆跑／走**：在區間一至二輕鬆跑40分鐘，用區間二強度跑4分鐘，接著用區間一強度走1分鐘，在整段期間循環重複。 **當天第二次練跑**：區間一至二輕鬆跑
週四 時間：1:20	**目標配速節奏跑**：認真暖身15分鐘，最後1分鐘增強到區間四。過程中在區間五做幾次衝刺練習，每次約10-15秒。休息幾分鐘。接著用你的馬拉松目標配速做4×10分鐘的節奏跑，場地選擇類似比賽的場地，中間搭配2分鐘恢復休息。最後在區間一至二慢跑及走路，收操15分鐘。
週五 時間：1:00 時間：0:30	**突破跑步法**：先用區間一至二的強度跑10-15分鐘，接著逐步提高配速，加強到介於舒適和不適的程度。檢視你的功率區間，有可能會是區間三至四。維持在這個區間，同時想辦法再跑得更快。試著突破這個舒適圈，努力加快的同時，不要增加輸出的瓦特。這是要練習用技術維持或提升速度。注意你的節奏、步頻、姿勢前傾、腳輕輕著地、放鬆、眼睛和頭部位置。最後10分鐘在區間一至二輕鬆跑。 **當天第二次練跑**：區間一至二輕鬆跑
週六 時間：1:45 時間：0:30	**輕鬆跑／走**：在區間一至二跑，用區間二強度跑5分鐘，接著用區間一強度走1分鐘，在整段期間循環重複。 *跑步與走路的比例無法平均分配，最後一段會是跑步。完成後再走個幾分鐘。* **當天第二次練跑**：區間一至二輕鬆跑
週日 時間：0	**休息日**：今天要認真著重在恢復：（1）盡可能讓雙腿休息；（2）密切注意營養攝取（健康的碳水化合物、精瘦蛋白質、好脂肪）；（3）伸展；（4）口渴就喝水。其他常見幫助恢復的做法，包括按摩、小睡片刻、抬腿、著壓力衣。

總時間：8:40

第四週：3:30以下馬拉松訓練計畫，14週特定準備期	
週一 時間：0:40	**輕鬆跑／走**：在區間一至二輕鬆跑40分鐘，用區間二強度跑4分鐘，接著用區間一強度走1分鐘，在整段期間循環重複。
週二 時間：1:10	**3/9分鐘Stryd測驗**：暖身15分鐘，為最後強度較強的部分做準備；用全力跑3分鐘的間歇練習；接著進行恢復，先走5分鐘、輕鬆跑10分鐘、走5分鐘、輕鬆跑5分鐘、再走5分鐘（共30分鐘）；用全力跑9分鐘的間歇練習；緩和收操10-15分鐘。 *根據第4章的說明進行這項測驗，估測你的rFTPw和rFTPa。*
週三 時間：0:40	**輕鬆跑／走**：在區間一至二輕鬆跑40分鐘，用區間二強度跑4分鐘，接著用區間一強度走1分鐘，在整段期間循環重複。
週四 時間：0:40	**輕鬆跑／走**：在區間一至二輕鬆跑40分鐘，用區間二強度跑4分鐘，接著用區間一強度走1分鐘，在整段期間循環重複。
週五 時間：1:00 時間：0:30	**30分鐘測驗**：暖身15分鐘，為最後強度較強的部分做準備。先在平坦道路或跑道上進行30分鐘測驗（最佳表現），過程中蒐集功率數據（如果可以，也一併蒐集配速與心率數據）。花10-15分鐘緩和收操。 *根據第4章的說明進行這項測驗，估測你的rFTPw和rFTPa。* **當天第二次練跑**：區間一至二輕鬆跑
週六 時間：0	**休息日**：今天要認真著重在恢復：（1）盡可能讓雙腿休息；（2）密切注意營養攝取（健康的碳水化合物、精瘦蛋白質、好脂肪）；（3）伸展；（4）口渴就喝水。其他常見幫助恢復的做法，包括按摩、小睡片刻、抬腿、讓身體在水中漂浮、聽音樂。
週日 時間：2:00 時間：0:30	**輕鬆跑／走**：在區間一至二跑，用區間二強度跑9分鐘，接著用區間一強度走1分鐘，在整段期間循環重複。 **當天第二次練跑**：區間一至二輕鬆跑

總時間：7:10

第五週：3:30以下馬拉松訓練計畫，14週特定準備期

週一 時間：0:40	**輕鬆跑／走**：在區間一至二輕鬆跑40分鐘，用區間二強度跑6分鐘，接著用區間一強度走1分鐘，在整段期間循環重複。 *這段7分鐘為單位的循環練習，無法平均分配在40分鐘內，最後一段會是跑步。完成後再走個幾分鐘。*
週二 時間：0:40	**輕鬆跑／走**：在區間一至二輕鬆跑40分鐘，用區間二強度跑6分鐘，接著用區間一強度走1分鐘，在整段期間循環重複。 *這段7分鐘為單位的循環練習，無法平均分配進40分鐘內，最後一段會是跑步。完成後再走個幾分鐘。*
時間：0:30	**當天第二次練跑**：區間一至二輕鬆跑
週三 時間：1:30	**8×1英里練習**：認真暖身15分鐘，從區間一至二強度逐漸增強至區間三至五。在平坦場地上用區間三強度、馬拉松目標配速，做8×1英里（或1.6公里）練習。不要超過區間三。中間穿插2分鐘的恢復跑／走，強度在區間一至二。用區間二強度跑，區間一強度走，進行緩和收操15分鐘。
時間：0:30	**當天第二次練跑**：區間一至二輕鬆跑
週四 時間：1:30	**突破跑步法**：先用區間一至二的強度跑10-15分鐘，接著逐步提高配速，加強到介於舒適和不適的程度。檢視你的功率區間，有可能會是區間三至四。維持在這個區間，同時想辦法再跑得更快。試著突破這個舒適圈，努力加快的同時，不要增加輸出的瓦特。這是要練習用技術維持或提升速度。注意你的節奏、步頻、姿勢前傾、腳輕輕著地、放鬆、眼睛和頭部位置。最後10分鐘在區間一至二輕鬆跑。
時間：0:30	**當天第二次練跑**：區間一至二輕鬆跑
週五 時間：0:40	**輕鬆跑／走**：在區間一至二輕鬆跑40分鐘，用區間二強度跑6分鐘，接著用區間一強度走1分鐘，在整段期間循環重複。 *這段7分鐘為單位的循環練習，無法平均分配進40分鐘內，最後一段會是跑步。完成後再走個幾分鐘。*
週六 時間：1:45	**目標配速節奏跑**：認真暖身15分鐘，最後1分鐘增強到區間四。過程中在區間五做幾次衝刺練習，每次約10-15秒。休息幾分鐘。接著用你的馬拉松目標配速做4×15分鐘的節奏跑，場地選擇類似比賽的場地，中間穿插3分鐘恢復休息。最後在區間一至二慢跑及走路，收操15分鐘。
時間：0:30	**當天第二次練跑**：區間一至二輕鬆跑
週日 時間：2:30 時間：0:30	**輕鬆跑／走**：在區間一至二跑，用區間二強度跑9分鐘，接著用區間一強度走1分鐘，在整段期間循環重複。 **當天第二次練跑**：區間一至二輕鬆跑

總時間：11:45

第六週：3:30以下馬拉松訓練計畫，14週特定準備期

週一 時間：0:40	**輕鬆跑／走**：在區間一至二輕鬆跑40分鐘，用區間二強度跑6分鐘，接著用區間一強度走1分鐘，在整段期間循環重複。 *這段7分鐘為單位的循環練習，無法平均分配進40分鐘內，最後一段會是跑步。完成後再走個幾分鐘。*
週二 時間：0:40	**輕鬆跑／走**：在區間一至二輕鬆跑40分鐘，用區間二強度跑7分鐘，接著用區間一強度走1分鐘，在整段期間循環重複。 *這段8分鐘為單位的循環練習，無法平均分配進40分鐘內，最後一段會是跑步。完成後再走個幾分鐘。*
時間：0:30	**當天第二次練跑**：區間一至二輕鬆跑
週三 時間：1:30	**5×2英里練習**：認真暖身15分鐘，從區間一至二強度逐漸增強至區間三至五。在平坦場地上用區間三強度做5×2英里（或1.6公里）練習。不要超過區間三。中間穿插3分鐘的恢復跑／走，強度在區間一至二。用區間二強度跑，區間一強度走，進行緩和收操15分鐘。
時間：0:30	**當天第二次練跑**：區間一至二輕鬆跑
週四 時間：1:00	**突破跑步法**：先用區間一至二的強度跑10-15分鐘，接著逐步提高配速，加強到介於舒適和不適的程度。檢視你的功率區間，有可能會是區間三至四。維持在這個區間，同時想辦法再跑得更快。試著突破這個舒適圈，努力加快的同時，不要增加輸出的瓦特。這是要練習用技術維持或提升速度。注意你的節奏、步頻、姿勢前傾、腳輕輕著地、放鬆、眼睛和頭部位置。最後10分鐘在區間一至二輕鬆跑。
時間：0:30	**當天第二次練跑**：區間一至二輕鬆跑
週五 時間：0	**休息日**：今天要認真著重在恢復：（1）盡可能讓雙腿休息；（2）密切注意營養攝取（健康的碳水化合物、精瘦蛋白質、好脂肪）；（3）伸展；（4）口渴就喝水。其他常見幫助恢復的做法，包括按摩、小睡片刻、抬腿、著壓力衣。
週六 時間：2:00	**目標配速節奏跑**：認真暖身15分鐘，最後1分鐘增強到區間四。過程中在區間五做幾次衝刺練習，每次約10-15秒。休息幾分鐘。接著用你的馬拉松目標配速做4×20分鐘的節奏跑，場地選擇類似比賽的場地，中間搭配3分鐘恢復休息。最後在區間一至二慢跑及走路，收操15分鐘。
時間：0:30	**當天第二次練跑**：區間一至二輕鬆跑
週日 時間：2:45	**輕鬆跑／走**：在區間一至二跑，用區間二強度跑9分鐘，接著用區間一強度走1分鐘，在整段期間循環重複。 *跑步與走路的比例無法平均分配在整段時間中，最後一段會是跑步。完成後再走個幾分鐘。*
時間：0:30	**當天第二次練跑**：區間一至二輕鬆跑

總時間： 11:05

第七週：3:30以下馬拉松訓練計畫，14週特定準備期	
週一 時間：0:40	**輕鬆跑／走**：在區間一至二輕鬆跑40分鐘，用區間二強度跑4分鐘，接著用區間一強度走1分鐘，在整段期間循環重複。
週二 時間：1:15 時間：0:30	**5×1英里練習**：認真暖身15分鐘，從區間一至二強度逐漸增強至區間三至五。在平坦場地上用區間三強度做5×1英里（或1.6公里）練習。不要超過區間三。中間穿插3分鐘的恢復跑／走，強度在區間一至二。用區間二強度跑，區間一強度走，進行緩和收操15分鐘。 **當天第二次練跑**：區間一至二輕鬆跑
週三 時間：0:40 時間：0:30	**輕鬆跑／走**：在區間一至二輕鬆跑40分鐘，用區間二強度跑4分鐘，接著用區間一強度走1分鐘，在整段期間循環重複。 **當天第二次練跑**：區間一至二輕鬆跑
週四 時間：1:30 時間：0:30	**5×2英里練習**：認真暖身15分鐘，從區間一至二強度逐漸增強至區間三至五。在平坦場地上用區間三強度做5×2英里（或1.6公里）練習。不要超過區間三。中間穿插3分鐘的恢復跑／走，強度在區間一至二。用區間二強度跑，區間一強度走，進行緩和收操15分鐘。 **當天第二次練跑**：區間一至二輕鬆跑
週五 時間：0:40	**輕鬆跑／走**：在區間一至二輕鬆跑40分鐘，用區間二強度跑4分鐘，接著用區間一強度走1分鐘，在整段期間循環重複。
週六 時間：2:30 時間：0:30	**目標配速節奏跑**：認真暖身15分鐘，最後1分鐘增強到區間四。過程中在區間五做幾次衝刺練習，每次約10-15秒。休息幾分鐘。接著用你的馬拉松目標配速做3×30分鐘的節奏跑，場地選擇類似比賽的場地，中間搭配3分鐘恢復休息。最後在區間一至二慢跑及走路，收操15分鐘。 **當天第二次練跑**：區間一至二輕鬆跑
週日 時間：2:45 時間：0:30	**輕鬆跑／走**：在區間一至二跑，用區間二強度跑9分鐘，接著用區間一強度走1分鐘，在整段期間循環重複。 *跑步與走路的比例無法平均分配在整段時間中，最後一段會是跑步。完成後再走個幾分鐘。* **當天第二次練跑**：區間一至二輕鬆跑

總時間：12:30

第八週：3:30以下馬拉松訓練計畫，14週特定準備期	
週一 時間：0	休息日：今天要認真著重在恢復：（1）盡可能讓雙腿休息；（2）密切注意營養攝取（健康的碳水化合物、精瘦蛋白質、好脂肪）；（3）伸展；（4）口渴就喝水。其他常見幫助恢復的做法，包括按摩、小睡片刻、抬腿、著壓力衣。
週二 時間：0:40	輕鬆跑／走：在區間一至二輕鬆跑40分鐘，用區間二強度跑4分鐘，接著用區間一強度走1分鐘，在整段期間循環重複。
週三 時間：1:10 時間：0:30	3/9分鐘Stryd測驗：暖身15分鐘，為最後強度較強的部分做準備；用全力跑3分鐘的間歇練習；接著進行恢復，先走5分鐘、輕鬆跑10分鐘、走5分鐘、輕鬆跑5分鐘、再走5分鐘（共30分鐘）；用全力跑9分鐘的間歇練習；緩和收操10-15分鐘。 *根據第4章的說明進行這項測驗，估測你的rFTPw和rFTPa。* **當天第二次練跑：**區間一至二輕鬆跑
週四 時間：0:40	輕鬆跑／走：在區間一至二輕鬆跑40分鐘，用區間二強度跑4分鐘，接著用區間一強度走1分鐘，在整段期間循環重複。
週五 時間：1:00 時間：0:30	突破跑步法：先用區間一至二的強度跑10-15分鐘，接著逐步提高配速，加強到介於舒適和不適的程度。檢視你的功率區間，有可能會是區間三至四。維持在這個區間，同時想辦法再跑得更快。試著突破這個舒適圈，努力加快的同時，不要增加輸出的瓦特。這是要練習用技術維持或提升速度。注意你的節奏、步頻、姿勢前傾、腳輕輕著地、放鬆、眼睛和頭部位置。最後10分鐘在區間一至二輕鬆跑。 **當天第二次練跑：**區間一至二輕鬆跑
週六 時間：2:30 時間：0:30	目標配速節奏跑：認真暖身15分鐘，最後1分鐘增強到區間四。過程中在區間五做幾次衝刺練習，每次約10-15秒。休息幾分鐘。接著用你的馬拉松目標配速，在區間三的強度做3×30分鐘的節奏跑，場地選擇類似比賽的場地，中間搭配3分鐘恢復休息。最後在區間一至二慢跑及走路，收操15分鐘。 **當天第二次練跑：**區間一至二輕鬆跑
週日 時間：3:00 時間：0:30	輕鬆跑／走：在區間一至二跑，用區間二強度跑9分鐘，接著用區間一強度走1分鐘，在整段期間循環重複。 **當天第二次練跑：**區間一至二輕鬆跑

總時間：11:00

第九週：3:30以下馬拉松訓練計畫，14週特定準備期

週一 時間：0	休息日：今天要認真著重在恢復：（1）盡可能讓雙腿休息；（2）密切注意營養攝取（健康的碳水化合物、精瘦蛋白質、好脂肪）；（3）伸展；（4）口渴就喝水。其他常見幫助恢復的做法，包括按摩、小睡片刻、抬腿、著壓力衣。
週二 時間：1:45 時間：0:30	目標配速節奏跑：認真暖身15分鐘，最後1分鐘增強到區間四。過程中在區間五做幾次衝刺練習，每次約10-15秒。休息幾分鐘。接著用你的馬拉松目標配速，在區間三，做4×15分鐘的節奏跑，場地選擇類似比賽的場地，中間搭配3分鐘恢復休息。最後在區間一至二慢跑及走路，收操15分鐘。 當天第二次練跑：區間一至二輕鬆跑
週三 時間：0:40 時間：0:30	輕鬆跑／走：在區間一至二輕鬆跑40分鐘，用區間二強度跑4分鐘，接著用區間一強度走1分鐘，在整段期間循環重複。 當天第二次練跑：區間一至二輕鬆跑
週四 時間：1:10 時間：0:30	4×1英里練習：認真暖身15分鐘，從區間一至二強度逐漸增強至區間三至五。在平坦場地上用區間四強度做4×1英里（或1.6公里）練習。不要超過區間四。中間穿插3分鐘的恢復跑／走，強度在區間一至二。用區間二強度跑，區間一強度走，進行緩和收操15分鐘。 當天第二次練跑：區間一至二輕鬆跑
週五 時間：0:40	輕鬆跑／走：在區間一至二輕鬆跑40分鐘，用區間二強度跑4分鐘，接著用區間一強度走1分鐘，在整段期間循環重複。
週六 時間：2:30 時間：0:30	目標配速節奏跑：認真暖身15分鐘，最後1分鐘增強到區間四。過程中在區間五做幾次衝刺練習，每次約10-15秒。休息幾分鐘。接著用你的馬拉松目標配速，做3×30分鐘的節奏跑，場地選擇類似比賽的場地，中間搭配5分鐘恢復休息。最後在區間一至二慢跑及走路，收操15分鐘。 當天第二次練跑：區間一至二輕鬆跑
週日 時間：3:00 時間：0:30	輕鬆跑／走：在區間一至二跑，用區間二強度跑9分鐘，接著用區間一強度走1分鐘，在整段期間循環重複。 當天第二次練跑：區間一至二輕鬆跑

總時間：12:15

第十週：3:30以下馬拉松訓練計畫，14週特定準備期

週一 時間：0	休息日：今天要認真著重在恢復：（1）盡可能讓雙腿休息；（2）密切注意營養攝取（健康的碳水化合物、精瘦蛋白質、好脂肪）；（3）伸展；（4）口渴就喝水。其他常見幫助恢復的做法，包括按摩、小睡片刻、抬腿、讓身體在水中漂浮、聽音樂。
週二 時間：1:30 時間：0:30	**5×2英里練習**：認真暖身15分鐘，從區間一至二強度逐漸增強至區間三至五。在平坦場地上用區間三強度做5×2英里（或1.6公里）練習。不要超過區間三。維持在此區間，中間穿插3分鐘的恢復跑／走，強度在區間一至二。用區間二強度跑，區間一強度走，進行緩和收操15分鐘。 **當天第二次練跑**：區間一至二輕鬆跑
週三 時間：0:40 時間：0:30	**輕鬆跑／走**：在區間一至二輕鬆跑40分鐘，用區間二強度跑4分鐘，接著用區間一強度走1分鐘，在整段期間循環重複。 **當天第二次練跑**：區間一至二輕鬆跑
週四 時間：1:00 時間：0:30	**目標配速節奏跑**：認真暖身15分鐘，最後1分鐘增強到區間四。過程中在區間五做幾次衝刺練習，每次約10-15秒。休息幾分鐘。接著用你的馬拉松目標配速，在區間三，做30分鐘的節奏跑，場地選擇類似比賽的場地。最後在區間一至二慢跑及走路，收操15分鐘。 **當天第二次練跑**：區間一至二輕鬆跑
週五 時間：0:40	**輕鬆跑／走**：在區間一至二輕鬆跑40分鐘，用區間二強度跑4分鐘，接著用區間一強度走1分鐘，在整段期間循環重複。
週六 時間：2:00 時間：0:30	**目標配速節奏跑**：認真暖身15分鐘，最後1分鐘增強到區間四。過程中在區間五做幾次衝刺練習，每次約10-15秒。休息幾分鐘。接著用你的馬拉松目標配速，在區間三做4×20分鐘的節奏跑，場地選擇類似比賽的場地，中間搭配3分鐘恢復休息。最後在區間一至二慢跑及走路，收操15分鐘。 **當天第二次練跑**：區間一至二輕鬆跑
週日 時間：3:00 時間：0:30	**輕鬆跑／走**：在區間一至二跑，用區間二強度跑9分鐘，接著用區間一強度走1分鐘，在整段期間循環重複。 **當天第二次練跑**：區間一至二輕鬆跑

總時間：11:20

第十一週：3:30以下馬拉松訓練計畫，14週特定準備期

週一 時間：0	**休息日：** 今天要認真著重在恢復：（1）盡可能讓雙腿休息；（2）密切注意營養攝取（健康的碳水化合物、精瘦蛋白質、好脂肪）；（3）伸展；（4）口渴就喝水。其他常見幫助恢復的做法，包括按摩、小睡片刻、抬腿、著壓力衣。
週二 時間：1:30 時間：0:30	**目標配速節奏跑：** 認真暖身15分鐘，最後1分鐘增強到區間四。過程中在區間五做幾次衝刺練習，每次約10-15秒。休息幾分鐘。接著用你的馬拉松目標配速，在區間三進行60分鐘的節奏跑，場地選擇類似比賽的場地。最後在區間一至二慢跑及走路，收操15分鐘。 **當天第二次練跑：** 區間一至二輕鬆跑
週三 時間：0:40 時間：0:30	**輕鬆跑／走：** 在區間一至二輕鬆跑40分鐘，用區間二強度跑4分鐘，接著用區間一強度走1分鐘，在整段期間循環重複。 **當天第二次練跑：** 區間一至二輕鬆跑
週四 時間：1:10 時間：0:30	**4×1英里練習：** 認真暖身15分鐘，從區間一至二強度逐漸增強至區間三至五。在平坦場地上用區間三強度做4×1英里（或1.6公里）練習。不要超過區間三。維持在此區間，中間穿插3分鐘的恢復跑／走，強度在區間一至二。用區間二強度跑，區間一強度走，進行緩和收操15分鐘。 **當天第二次練跑：** 區間一至二輕鬆跑
週五 時間：0:40	**輕鬆跑／走：** 在區間一至二輕鬆跑40分鐘，用區間二強度跑4分鐘，接著用區間一強度走1分鐘，在整段期間循環重複。
週六 時間：2:00 時間：0:30	**目標配速節奏跑：** 認真暖身15分鐘，最後1分鐘增強到區間四。過程中在區間五做幾次衝刺練習，每次約10-15秒。休息幾分鐘。接著用你的馬拉松目標配速，在區間三進行4×20分鐘的節奏跑，場地選擇類似比賽的場地，中間搭配3分鐘恢復休息。最後在區間一至二慢跑及走路，收操15分鐘。 **當天第二次練跑：** 區間一至二輕鬆跑
週日 時間：3:00 時間：0:30	**輕鬆跑／走：** 在區間一至二跑，用區間二強度跑9分鐘，接著用區間一強度走1分鐘，在整段期間循環重複。 **當天第二次練跑：** 區間一至二輕鬆跑

總時間：11:30

第十二週：3:30以下馬拉松訓練計畫，14週特定準備期

週一 時間：0	**休息日**：今天要認真著重在恢復：（1）盡可能讓雙腿休息；（2）密切注意營養攝取（健康的碳水化合物、精瘦蛋白質、好脂肪）；（3）伸展；（4）口渴就喝水。其他常見幫助恢復的做法，包括按摩、小睡片刻、抬腿、著壓力衣。
週二 時間：0:40	**輕鬆跑／走**：在區間一至二輕鬆跑40分鐘，用區間二強度跑4分鐘，接著用區間一強度走1分鐘，在整段期間循環重複。
週三 時間：1:10 時間：0:30	**3/9分鐘Stryd測驗**：暖身15分鐘，為最後強度較強的部分做準備；用全力跑3分鐘的間歇練習；接著進行恢復，先走5分鐘、輕鬆跑10分鐘、走5分鐘、輕鬆跑5分鐘、再走5分鐘（共30分鐘）；用全力跑9分鐘的間歇練習；輕鬆收操10-15分鐘。 *根據第4章的說明進行這項測驗，估測你的rFTPw和rFTPa。* **當天第二次練跑**：區間一至二輕鬆跑
週四 時間：1:00 時間：0:30	**突破跑步法**：先用區間一至二的強度跑10-15分鐘，接著逐步提高配速，加強到介於舒適和不適的程度。檢視你的功率區間，有可能會是區間三至四。維持在這個區間，同時想辦法再跑得更快。試著突破這個舒適圈，努力加快的同時，不要增加輸出的瓦特。這是要練習用技術維持或提升速度。注意你的節奏、步頻、姿勢前傾、腳輕輕著地、放鬆、眼睛和頭部位置。最後10分鐘在區間一至二輕鬆跑。 **當天第二次練跑**：區間一至二輕鬆跑
週五 時間：0:40	**輕鬆跑／走**：在區間一至二輕鬆跑40分鐘，用區間二強度跑4分鐘，接著用區間一強度走1分鐘，在整段期間循環重複。
週六 時間：2:00 時間：0:30	**目標配速節奏跑**：認真暖身15分鐘，最後1分鐘增強到區間四。過程中在區間五做幾次衝刺練習，每次約10-15秒。休息幾分鐘。接著用你的馬拉松目標配速，在區間三做5×15分鐘的節奏跑，場地選擇類似比賽的場地，中間搭配3分鐘恢復休息。最後在區間一至二慢跑及走路，收操15分鐘。 **當天第二次練跑**：區間一至二輕鬆跑
週日 時間：0	**休息日**：今天要認真著重在恢復：（1）盡可能讓雙腿休息；（2）密切注意營養攝取（健康的碳水化合物、精瘦蛋白質、好脂肪）；（3）伸展；（4）口渴就喝水。其他常見幫助恢復的做法，包括按摩、小睡片刻、抬腿、讓身體在水中漂浮、聽音樂。

總時間：7:00

第十三週：3:30以下馬拉松訓練計畫，14週特定準備期

週一 時間：0:40	輕鬆跑／走：在區間一至二輕鬆跑40分鐘，用區間二強度跑4分鐘，接著用區間一強度走1分鐘，在整段期間循環重複。
週二 時間：1:10 時間：0:30	5×1英里練習：認真暖身15分鐘，從區間一至二強度逐漸增強至區間三至五。在平坦場地上用區間三至四強度，做5×1英里（或1.6公里）練習。不要超過區間四。維持在此區間，中間穿插3分鐘的恢復跑，強度在區間一至二。用區間二強度跑，區間一強度走，進行緩和收操15分鐘。 當天第二次練跑：區間一至二輕鬆跑
週三 時間：0:40 時間：0:30	輕鬆跑／走：在區間一至二輕鬆跑40分鐘，用區間二強度跑4分鐘，接著用區間一強度走1分鐘，在整段期間循環重複。 當天第二次練跑：區間一至二輕鬆跑
週四 時間：0:40	法特萊克間歇跑：衝刺搭配練習。認真暖身15分鐘，從區間一至二逐步增強到區間三至五。在一段起伏的場地，花1-2分鐘提升到比5公里配速（區間六至七）還要快的速度，衝刺間搭配區間一至二強度進行恢復，休息長度依個人需求而定。注意跑姿和步頻！用最後10分鐘收操，以區間一的強度跑或走。
週五 時間：0	休息日：今天要認真著重在恢復：（1）盡可能讓雙腿休息；（2）密切注意營養攝取（健康的碳水化合物、精瘦蛋白質、好脂肪）；（3）伸展；（4）口渴就喝水。其他常見幫助恢復的做法，包括按摩、小睡片刻、抬腿、著壓力衣。
週六 時間：1:20 時間：0:30	目標配速節奏跑：認真暖身15分鐘，最後1分鐘增強到區間四。過程中在區間五做幾次衝刺練習，每次約10-15秒。休息幾分鐘。接著用你的馬拉松目標配速做3×15分鐘的節奏跑，場地選擇類似比賽的場地，中間搭配2分鐘恢復休息。最後在區間一至二慢跑及走路，收操15分鐘。 當天第二次練跑：區間一至二輕鬆跑
週日 時間：0:40	輕鬆跑／走：在區間一至二輕鬆跑40分鐘，用區間二強度跑4分鐘，接著用區間一強度走1分鐘，在整段期間循環重複。

總時間：6:40

第十四週：3:30以下馬拉松訓練計畫，14週特定準備期

週一 時間：0	休息日：今天要認真著重在恢復：（1）盡可能讓雙腿休息；（2）密切注意營養攝取（健康的碳水化合物、精瘦蛋白質、好脂肪）；（3）伸展；（4）口渴就喝水。其他常見幫助恢復的做法，包括按摩、小睡片刻、抬腿、著壓力衣。
週二 時間：0:40	5×2分鐘練習／區間三至四：跑步暖身15分鐘，接著做5×2分鐘練習，頭1分鐘從區間三開始，逐漸增強，最後1分鐘強度落在區間四，搭配2分鐘輕鬆恢復跑。用區間一至二強度緩和收操，將整段運動做滿40分鐘。
週三 時間：0:40 時間：0:30	輕鬆跑／走：在區間一至二輕鬆跑40分鐘，用區間二強度跑4分鐘，接著用區間一強度走1分鐘，在整段期間循環重複。 當天第二次練跑：區間一至二輕鬆跑
週四 時間：0:30	衝刺搭配練習：第一部分輕鬆跑，接著用區間六至七的強度做5-7×7秒鐘的衝刺，中間搭配較長的恢復時間，並在過程中速度逐漸加快。專注在前腳掌落地、快速步頻、微微前傾、流暢的動作，動作自然不刻意勉強。
週五 時間：0:20	場地勘查：在賽道一開始與結束的部分練習。過程中注意地標，練習幾次加速到比賽配速，其他時間都用區間一強度練習。
週六	馬拉松比賽

總時間：2:40

功率計和
分析軟體

截至目前為止，那些能幫助你深入瞭解功率計所蒐集到訓練數據的軟體都還算適用，而以下這些軟體已經能提供更有力的分析。從本書的撰寫到出版（編注：本書英文版的出版時間為 2016 年）的短短時間中，這些軟體也做了更新，對使用者來說變得更好用，分析也更為全面。隨著這些設備愈來愈受歡迎，更多來自世界各地的跑者及教練開始採用這項新科技，相信這股趨勢也將持續快速成長。我建議各位定期向你的功率計製造商，以及其他軟體的銷售廠商確認是否有最新的軟體更新。

TRAININGPEAKS（TRAININGPEAKS.COM）

這是一個提供蒐集功率數據與分析的線上平台。易於使用。許多不同產品皆適用。運動員可以透過社群媒體分享訓練的結果。使用進階軟體分析需支付月費，但許多不錯的基本功能皆可免費使用。

WKO（TRAININGPEAKS.COM/WKO）

這套 TrainingPeaks 產品可單機離線使用，能標示或獨立不同類型的功率數據。不同版本可進行不同程度的深入分析，但所有版本皆可運算本書中提到的分析內容。所有蒐集到的數據都可上傳到 TrainingPeaks 的使用者帳戶，供備援儲存。

THE PACING PROJECT（THEPACINGPROJECT.COM）

可根據特定地形運算的進階配速計算器，幫助使用者找到最佳配速策略。在本書撰寫之際（編注：本書英文版的出版時間為 2016 年），這套免費的線上軟體並不提供功率分析或規劃，但能幫助跑者更了解特定跑道的需求，而

配速又會如何受到高度的影響。在針對特定賽事進行訓練規劃、模擬賽道狀況時，這套軟體很有幫助。這也是 TrainingPeaks 的其中一項產品。

GOLDEN CHEETAH（GOLDENCHEETAH.ORG）

這是一套免費、可離線使用的開放原始碼軟體，這套軟體的忠實使用者貢獻了他們的時間，持續為軟體更新。發展蓬勃且持續成長。這套軟體可以處理本書提到的所有分析功能，讓跑者或教練得以深入分析跑者的表現。

STRAVA（STRAVA.COM）

一開始，這套軟體是用來與附近周遭的人分享不同的跑步與自行車活動，現在也提供分析功能。需搭配 GPS（手錶、手機，或相關設備）使用。

STRYD POWERCENTER（STRYD.COM/POWERCENTER）

這套線上軟體只能與 Stryd Pioneer 功率計搭配使用。使用者可以設定 rFTPw、檢視訓練段落等等。也可直接與 Garmin Connect、TrainingPeaks、Strava 連結使用。

RPM2（提供智慧型手機應用程式）

目前只能在智慧型手機等類似產品上使用，如平板電腦。數據分析範圍廣泛，能夠用來與教練溝通、圖示化各項指標、將數據傳至其他分析軟體。這套軟體只能與 RPM2 功率計搭配使用。

GARMIN CONNECT（CONNECT.GARMIN.COM）

　　對於使用 Garmin 設備連接功率計的跑者，這套免費的線上軟體，可以蒐集並展示跑步的許多基本關鍵指標，並可分享至社群媒體。也可直接連結 Stryd Power Center、TrainingPeaks 等。使用者可以在 Connect IQ 商店增加想監測的指標，在跑步時也可透過穿戴式裝置進行監測。

▶ 重要詞彙

短期訓練量（Acute Training Load，ATL）：近期運動訓練量，通常是最近 7 天內的訓練量，以每日平均訓練壓力分數（TSS）表示。

有氧閾值（Aerobic threshold）：在產生能量的過程中，無氧能量開始超越有氧能量的臨界點。

平均功率（Average power，AP）：一次訓練所蒐集到的總功率量，除以時間單位，例如，分鐘數。

步頻（Cadence）：跑步過程中，腳步移動的速率。

長期訓練量（Chronic Training Load，CTL）：長期的運動訓練量，通常是指過去 42 天的訓練量，以每日平均訓練壓力分數（TSS）表示。

效率指數（Efficiency Index，EI）：用以表示跑者每瓦特產生速度的指標。用該段跑步時間中，每分鐘跑的公尺數，除以平均功率。

功能性閾值效率指數（EI@FT）：用以表示運動員在功率和配速上，達到功能性閾值的效率指數。

作用力（Force）：在跑步時，雙腳踩地，克服阻力所需的能量。

功能性閾值（Functional Threshold，FT）：一小時可以產出的最佳表現。

功能性閾值配速（Functional Threshold Pace，rFTPa）：在平坦跑道上，相較之下疲勞程度低，且整體狀況好的狀態下，在一個小時能產生的最佳配速。

功能性閾值功率（Functional Threshold Power，rFTPw）：在平坦跑道上，相對之下疲勞程度低的狀態下，一小時能產生的最佳功率。

顯示器（Head unit）：跑步過程中或結束後，蒐集並顯示功率計數據的設備。可以是手錶、平板電腦、智慧型手機，或電腦。

水平功率（Horizontal power）：水平面上，前後運動所做的功率。

強度因子（Intensity Factor，IF）：標準化功率與功能性閾值功率的比。用以顯示某次運動或其中一小段運動的強度。

千卡（Kilocalorie，kcal）：跑步過程中所消耗生物能量的測量單位，通常稱為「卡」（calories）。

千焦耳（Kilojoule，kJ）：測量力學能或做功的單位，以 kJ 表示。

每公里消耗的千焦耳數（Kilojoule per km，kJ/km）：用來表示跑一公里所需做功的指標。

乳酸閾值（Lactate threshold）：血液中乳酸的累積速度大於減少速度的強度。

側向功率（Lateral power）：運動中，側向平面所做的功率。

標準化功率（Normalized Power，NP）：一次跑步的平均功率，根據該段運動過程中功率變化調整後的結果。相較於平均功率，更能顯示該段運動的強度與代謝消耗。

峰值功率（Peak power，P）：跑者在特定一段時間內，可以達到的最高平均功率，例如，2 秒、1 分鐘、5 分鐘、60 分鐘。通常用 P 表示，後面以分鐘為單位註明時間。5 分鐘寫成 P5，30 秒則寫成 P.5。

表現管理表（Performance Management Chart，PMC）：許多分析軟體都提供的分析工具，幫助運動員或教練監測並管理 CTL（長期訓練量）、 ATL（短期訓練量）與 TSB（訓練壓力差額）。

功率計（Power meter）：測量或估測跑者做功速率的裝置，包括測量兩個平面（2D）或三個平面（3D）的運動。

轉速（Revolutions per minute，RPM）：跑者的步頻，一隻腳在一分鐘內平均的步數。

每分鐘步數（Steps per minute，SPM）：跑者步頻，一分鐘內雙腳平均總步數。

減量（Taper）：這個訓練模型是將幾天或更長一段時間的運動量減少，以便在重要賽事活動前，排除疲勞的狀態。

節奏跑（Tempo）：在功率區間三強度下做的訓練。

訓練壓力差額（Training Stress Balance，TSB）：呈現運動員是否充分休息，以及能拿出最佳表現的潛力。計算方式是將 CTL（長期訓練量）減掉 ATL（短期訓練量）。

訓練壓力分數（Training Stress Score，TSS）：根據跑步的強度與時間長度測出的做功負荷。

變異性指數（Variability Index，VI）：能顯示某次練習配速的狀況。是該段練習中，標準化功率與平均功率的比。

垂直功率（Vertical power）：運動中，垂直平面上所做的功率。

瓦特（Watt，w）：測量功率的單位。

每公斤輸出的瓦特（Watts per kilogram，w/kg）：跑者功率輸出與質量的比。

做功（Work）：跑者跑一段距離的運動。

參考書目

第4章：跑步強度

Tucker, Ross, Michael I. Lambert, and Timothy D. Noakes. "An Analysis of Pacing Strategies During Men's World-Record Performances in Track Athletics." *International Journal of Sports Physiology and Performance*, 2006; 1:233–245, http://www.humankinetics.com/acucustom/sitename/Documents/Documen- tItem/6067.pdf.

第5章：用功率達到效率

Schepens, B., P. A. Willems, G. A. Cavagna, and N. C. Heglund. "Mechanical Power and Efficiency in Running Children." *Pflügers Archiv* 442, no. 1 (April 2001): 107–116.

第6章：功率區間

Coggan, Andy R. "Power Training Zones for Cycling." TrainingPeaks, October 10, 2008, http://home.trainingpeaks.com/blog/article/power-training-levels.

致謝

要寫第一本介紹這麼新，又尚有許多未知工具的書，還蠻嚇人的。幸好有一群很棒的人支持著我，包括朋友、家人、專業人士和同業，都提供我許多指引。我想要感謝：

高中越野與田徑教練麥克・霍曼（Mike Holman），他開啟了我對跑步與有氧運動的熱愛，並在我還很年輕的時候了解到擔任一名優秀教練的價值。

我在內布拉斯加大學（University of Nebraska）的教練杰・德克森（Jay Dirksen）教了我非常多。我要很自豪地說，我也曾經是內布拉斯加大學越野與田徑代表，我希望透過這本書為跑步界帶來的貢獻，可以做為我在這所大學受過高品質訓練的最佳證明。

內布拉斯加大學的莉蒂雅・庫拉佩博士（Dr. Lydia Kualapai）教導我寫作的力量，讓我知道自己有能力寫作。沒有她的諄諄教導，我可能永遠都不會嘗試寫出具有任何重要性的作品。

我的鐵人三項教練們，則教我許多關於最高階的訓練與表現相關知識。這些教練分別是：彼得・瑞德（Peter Reid）、葛雷格・威爾許（Greg Welch）、喬・弗里爾（Joe Friel）、鮑伯・席博哈（Bob Seebohar）。

我美麗的太太奧蘭達（Orlanda）和兩個可愛的兒子亞利斯泰（Alistair）和艾爾登（Alden），我在寫這本書時老么才剛出生。沒有他們的體諒與支持，我不可能有時間進行這項計畫。做為一名父親，犧牲與家人相處的時光，把時間投注在寫這本書，感覺很自私，也增添了這項工作的挑戰。但現在看到努力有了甜美的果實，感到特別值得。

我的媽媽朗達（Rhonda）和爸爸鮑伯（Bob）一直都督促著我，希望我

變得更好，提供我各種機會，讓我有機會達到人生的這個階段。

維洛出版社（VeloPress）的泰德‧寇斯譚提諾（Ted Costantino）非常有耐心，讓我延後交稿日期，以便有更多時間研究這項新科技。這本書就是泰德的想法，在我撰寫這本書時，他的引導和遠見對我的助益甚多。在他的編輯之下，這個作品也變得更加出色。

喬‧弗里爾多年來一直是我的教練、導師、同事和朋友。當他協助評論此書時，曾跟我說過他讀了之後覺得很驚艷。他的肯定，讓我知道自己有了一點不錯的成績。

鮑比‧麥基（Bobby McGee）從我還是運動員時，一直到我成為教練後無數次的通話，陪伴了我許多時光。他對我的指導和我對他的敬重，我永遠難以完整言述。他總是給我最誠實的答案，在進行這項計畫時，他的建言更是重要。

我還要感謝 Stryd 的葛斯‧波內茲（Gus Pernetz）以及 Stryd 整體團隊，他們提供了寶貴看法、這項產品如何運作等等資訊。他們對這項產品的知識，協助我更清楚如何設定本書內容。Stryd 的論壇也非常實用，協助我了解運動員的問題，以及他們實際使用的體驗。

RPM2的強尼‧羅斯（Johnny Ross）及其團隊，從一開始就很熱心幫助我，允許我自由出入他們的公司，並清楚展示這項科技及其能耐。

安德魯‧科根博士（Dr. Andrew Coggan）在自行車功率訓練的著作，奠定了我做為運動員時透過功率訓練的知識與經驗。我寫完這本書後，對他的作品又有更深一層的敬意。他的書回答了許多問題，他在撰寫相關著作、率

先採用科技工具進行訓練的經驗，都提供了我寶貴的指引。

我也要謝謝在 TrainingPeaks 研發出分析工具的人員，我在這整本書中都相當仰賴這些分析。TrainingPeaks 的指標與軟體幫助我學到很多跑步功率的知識。如果沒有這些工作人員，如果我這些年來沒有用 TrainingPeaks 做訓練，一定更難掌握這些新的功率工具。

我很敬重的亞倫・庫森（Alan Couzens）則督促我提供有助於教練協助運動員的指導方法。他很興奮能學習使用這項科技，對我來說，有這個機會對自己所敬重的人有所貢獻，也是莫大的榮耀。

還要謝謝那些定期使用功率計的運動員，因為他們的協助，我們才能在短短的時間內學到這麼多。這些運動員包括：法蘭克・皮普（Frank Pipp）、布萊德・溫索（Brad Wenzel）、傑森・邦曲（Jason Bunch）、班奈狄克特・因巴赫（Benedikt Imbach）、羅恩・理查（Ron Richards）、派脆克・芬恩（Patrick Flynn）及葛斯・波內茲。

最後，謝謝我的朋友莎莉・梅耶霍夫（Sally Meyerhoff）、JT・圖莫森（JT Tumilson）、丹尼斯・克拉克（Dennis Clark）、亞歷克斯・蘭姆（Alex Lamme）。他們分別在 2011 至 2013 的期間，年紀輕輕就離開我們。莎莉當時才 27 歲，其他人也才三十多歲。他們都是很棒的人，他們的離世讓我瞭解到生命之短暫，所以在我還有機會的時候，一定要做點有意義的事情。他們也都是跑者，希望如果他們有機會的話，也會覺得這本書值得一讀。

科學化跑步功率訓練

徹底了解功率計關鍵數據，規劃最佳訓練及恢復期，
突破自我極限

Run with Power: The Complete Guide to Power Meters for Running

作　　者／吉姆·萬斯（Jim Vance）　　　行銷統籌／駱漢琦
譯　　者／張芷盈　　　　　　　　　　業務發行／邱紹溢
特約編輯／陳慧淑　　　　　　　　　　業務統籌／郭其彬
封面設計／巫麗雪　　　　　　　　　　責任編輯／賴靜儀
內頁排版／簡至成　　　　　　　　　　副總編輯／何維民
行銷企劃／林芳如、王淳眉　　　　　　總 編 輯／李亞南

發 行 人／蘇拾平
出　　版／漫遊者文化事業股份有限公司
地　　址／10544 台北市松山區復興北路331號4樓
電　　話／886-2-27152022
傳　　真／886-2-27152021
讀者服務信箱／service@azothbooks.com
漫遊者臉書／www.facebook.com/azothbooks.read
劃撥帳號／50022001
戶　　名／漫遊者文化事業股份有限公司
發　　行／大雁出版基地
地　　址／10544 台北市松山區復興北路333號11樓之4

初版一刷／2018年5月
定　　價／台幣680元
I S B N／978-986-489-263-1

國家圖書館出版品預行編目（CIP）資料

科學化跑步功率訓練: 徹底了解功率計關鍵數據,
規劃最佳訓練及恢復期,突破自我極限/ 吉姆.萬斯（Jim Vance）著;
張芷盈譯.
--初版.-- 臺北市: 漫遊者文化出版:
大雁文化發行, 2018.05
352 面; 17×23公分
譯自 : Run with power : the complete guide to power meters for running
ISBN 978-986-489-263-1（平裝）
1.賽跑　2.馬拉松賽跑　3.運動訓練
528.946　　　　　　　　　　　　　　　107005675